HANS WALTER WOLFF
GÜNTHER BORNKAMM

ZUGANG ZUR BIBEL

THEMEN DER THEOLOGIE
BAND 7 UND 9

ALS STUDIENAUSGABE

HANS WALTER WOLFF
GÜNTHER BORNKAMM

Zugang zur Bibel

EINE EINFÜHRUNG
IN DIE SCHRIFTEN
DES ALTEN UND NEUEN TESTAMENTS

KREUZ VERLAG STUTTGART · BERLIN

CIP-KURZTITELAUFNAHME DER DEUTSCHEN BIBLIOTHEK

ZUGANG ZUR BIBEL: E. EINF. IN D. SCHRIFTEN
D. ALTEN U. NEUEN TESTAMENTS / HANS WALTER
WOLFF; GÜNTHER BORNKAMM. — UNVERÄND. STUDIEN-
AUSG., 1. — 7. TSD. — STUTTGART, BERLIN : KREUZ-
VERLAG, 1980.
(THEMEN DER THEOLOGIE ; BD. 7 U. 9)
ORIG.-AUSG. GESONDERT U. D. T.: WOLFF, HANS
WALTER: BIBEL U. BORNKAMM, GÜNTHER: BIBEL
ISBN 3-7831-0613-3
NE: WOLFF, HANS WALTER [MITARB.]; BORNKAMM,
GÜNTHER [MITARB.]

UNVERÄNDERTE STUDIENAUSGABE IN EINEM BAND VON:
HANS WALTER WOLFF: BIBEL — DAS ALTE TESTAMENT
THEMEN DER THEOLOGIE BAND 7
© KREUZ VERLAG, STUTTGART 1970 UND
GÜNTHER BORNKAMM: BIBEL — DAS NEUE TESTAMENT
© KREUZ VERLAG, STUTTGART 1971
© DIESER AUSGABE: KREUZ VERLAG STUTTGART 1980
1.—7. TAUSEND DER STUDIENAUSGABE
(14.—20. TAUSEND DER GESAMTAUFLAGE)
GESTALTUNG: HANS HUG
DRUCK UND EINBAND: EBNER, ULM
ISBN 3 7831 0613 3

INHALT

HANS WALTER WOLFF

Das Alte Testament

EINE EINFÜHRUNG
IN SEINE SCHRIFTEN
UND IN DIE METHODEN
IHRER ERFORSCHUNG

EINLEITUNG

Das Alte Testament als Thema der Theologie

Die alttestamentliche Bibel soll hier als ein Thema der Theologie vorgestellt werden. Aber ist diese Sammlung von Schriften aus dem vorchristlichen Israel nicht lediglich ein Dokument altorientalischer Literaturgeschichte? Als Thema der Semitistik würde sie desto schneller anerkannt, je weniger sie irgendeine Verbindlichkeit, etwa als »Wort Gottes«, beanspruchte. Seit den Tagen Marcions im 2. Jahrhundert bis in die Glaubenskämpfe unserer Zeit wurde ihr denn auch jedes Mitspracherecht in Theologie und Kirche immer wieder bestritten. Marcions Schüler Apelles verurteilte das Alte Testament als ein unglaubwürdiges Lügen- und Fabelbuch. Er fand und findet Gehör. Der Leser richte sich mithin darauf ein, daß er sich hier einem Thema der Theologie nähert, das in vielen Einzelheiten und grundsätzlich in Frage gestellt wird. Es scheidet die Geister.

Vielleicht hat es gerade deshalb bis heute weder seinen Reiz noch seine Dringlichkeit verloren. Die Literatur der Neuzeit und des gegenwärtigen Umbruchs kann sich nicht vom Alten Testament trennen. Mehr noch als Goethes Faust und Thomas Manns Josephsroman zeigen Negro Spirituals (Go down, Moses) und zeitgenössische Denker (Ernst Bloch), mit welcher Kraft Mose und die Propheten heute Hoffen und Handeln bedrängter Menschen wecken. Alttestamentliche Themen erweisen sich als heutige Themen. Ist schon deshalb die alttestamentliche Bibel Thema der Theologie?

Sicher war sie es in den Anfängen der Christenheit. Paulus lehrte den Glauben, indem er an Abraham erinnerte (Röm. 4; Gal. 3). Sein großer Schüler Lukas war überzeugt, daß der gekreuzigte Jesus von Nazareth nur mit Hilfe des alttestamentlichen Kanons als der lebendige Herr zu erkennen wäre (Luk. 24,25–32). Das Gleichnis vom reichen Prasser und vom armen Lazarus führt zu einem grundsätzlichen Rat. Der Reiche möchte Lazarus aus dem Totenreich zu seinen Brüdern geschickt wissen; er solle sie zu Lebzeiten warnen. Aber Abraham — hier wieder entscheidende Instanz! — weist die Meinung als irrig zurück, ein Sendbote aus dem Jenseits würde mehr bewirken als das Schriftwort: »Wenn sie auf Mose und die Propheten nicht hören, werden sie sich auch nicht überzeugen lassen, wenn einer von den Toten aufersteht« (Luk. 16,31). Der Leser des Lukas soll für sein Leben in der Erkenntnis und Nachfolge Jesu das Alte Testament als höchste und hinreichende Lehrkraft vernehmen. Ähnlich preist der 2. Timotheusbrief (3,15 ff.) den Nutzen der Schrift »zur Belehrung, zur Zurechtweisung, zur Besserung und zur Erziehung in der Gerechtigkeit, damit der Mann Gottes vollkommen sei«.

Im 2. Jahrhundert kämpfen die Gemeinden gegen Marcion und die Gnostiker um Geltung und Bedeutung des Alten Testaments. Schon Justin und Irenäus festigen dabei das Ergebnis, daß es für die Christuserkenntnis und das christliche Leben unentbehrlich ist. Über die Einschätzung seiner verschiedenen Themen (Gesetz, Verheißung, Geschichte) und über die Verstehensweisen (allegorisch, typologisch, historisch) bleibt die Diskussion im Fluß. Dafür sorgt der Inhaltsreichtum seiner Bücher ebenso wie der Wandel der Probleme im Fortgang der Generationen. Im ganzen aber beantwortet der Kanon nicht nur aufgebrochene Fragen, vielmehr wirft er selbst grundlegende Themen der Theologie allererst auf; man muß sogar das Alte Testament selbst ein Generalthema frühchristlicher Theologie nennen.

Anders ist auch sein Name nicht zu verstehen. Die formale Bezeichnung »Bibel« ist so alt wie die Kirche selbst (2. Tim. 4,13: ta biblia = die Bücher) und spiegelt die selbstverständliche Geltung. »Altes Testament« heißt sie erst am Ende gründlicher theologischer Erwägungen, im Anschluß an Paulus (2. Kor. 3,14) und an Jeremia 31, 31 f., zur Zeit des weit späteren Abschlusses des neutestamentlichen Kanons. Das alte Versprechen Gottes ist vom neuen zu unterscheiden, aber nicht zu trennen.

Schon die Überlieferung der alttestamentlichen Schriften selbst ist ohne theologische Motive nicht zu begreifen. Tiefe Krisen des Glaubens haben sie provoziert. Das zeigen die ältesten Beispiele literarischer Fixierung mündlicher Traditionen.

Jesaja gibt als erster zu erkennen, warum und wozu Prophetensprüche aufgeschrieben werden. Er hatte Jerusalem das baldige Anstürmen der Assyrer angedroht (7,17 ff.; 8,1–8). Man bezichtigt ihn der Verschwörung (8,12). Als Abgewiesener beschließt er, »das Bezeugte aufzubewahren und es im Kreise seiner Jünger zu versiegeln«. »Ich aber harre auf Jahwe, der sein Antlitz vor dem Hause Jakobs verborgen hat, und bin gespannt auf ihn« (8,16 f.). Er schreibt also das Wort auf, weil seine Erfüllung noch aussteht. Grund, Zweck und Ziel der Niederschrift verdeutlicht ein späteres Wort, das er als Weisung seines Gottes festhält: »Nun komm, schreibe es vor ihnen auf eine Tafel, trage es ein in ein Buch, daß es endgültig für einen kommenden Tag als Zeuge dienen kann. Denn es ist ein widerspenstiges Volk, verlogene Söhne, Söhne, die auf Jahwes Weisung nicht hören wollen« (30,8 f.). Zur Schrift werden die Sprüche nicht, um Vergangenes zu konservieren, sondern als Bürgen des ergangenen Rufs, die ihre Verächter an einem kommenden Tag zur Verantwortung ziehen. Die Zukunftsbedeutung des Prophetenwortes führt zu seiner Aufzeichnung.

Hundert Jahre später diktiert Jeremia seinem Freunde Baruch die seit über zwanzig Jahren verkündeten Sprüche. Ihm ist das Tempelgelände als Verkündigungsplatz verwehrt. Auch hier ist Grund der Schriftwerdung nicht etwa die Verehrung, sondern die Ablehnung des Zeugen. Ziel aber ist die Wiederholbarkeit der Verkündigung mit Hoffnung auf besseres Gehör. Da der Prophet ausgesperrt ist, kann Baruch aus der Buchrolle lesen und vielleicht Umkehr im Volk bewirken (Jer. 36,1–7).

Die Geschichte des Kanons beginnt mit der Anweisung, dem verkündeten Lebenswort nichts hinzuzufügen und nichts wegzunehmen. Sie findet sich in der Unterweisung des Deuteronomiums (5. Mose 13,1; vgl. 4,2), im Befehl an den Propheten (Jer. 26,2) und in der weisheitlichen Belehrung (Sprüche 30,5 f.; Prediger 3,14); in der Offenbarung Johannis umgreift sie auch das neutestamentliche Wort (22,18 f.). Das Wort soll rein und ganz die neue Generation erreichen. Warum? Die Mahner sind gewiß, daß Gottes bezeugtes Werk und sein

Wort auch für die Künftigen in Kraft stehen und völlig zureichen; sie fürchten aber, daß die Zukunft umgreifende Verheißung und das Zukunft heraufführende Werk durch Erweiterung oder Verkürzung der Gefahr der Verfälschung anheimfallen.

Der Abschluß des alttestamentlichen Kanons erfolgte in drei großen Schritten. Die Thora liegt mit den »fünf Büchern Moses« (Genesis, Exodus, Leviticus, Numeri, Deuteronomium) schon am Ende des 4. Jahrhunderts v. Chr. abgeschlossen vor; denn seit jener Zeit überliefern die von Jerusalem getrennten Samaritaner den gleichen Textbestand. Am Anfang des 2. Jahrhunderts v. Chr. bezeugt Jesus Sirach zusätzlich den vollständigen Prophetenkanon mit Jesaja, Jeremia, Hesekiel und den zwölf Propheten, die als »spätere Propheten« den »früheren Propheten« (den Büchern Josua, Richter, Samuel und Könige) zugeordnet werden (Sir. 46,1–49,10). Im 1. Jahrhundert n. Chr. werden schließlich auch die »Schriften« als dritter Kanonteil festgelegt: Psalmen, Hiob, Sprüche (Proverbien), die fünf Festrollen (= Megillot: Ruth, Hoheslied, Prediger, Klagelieder, Esther), Daniel, Chronik, Esra und Nehemia. Im letzten Jahrzehnt des 1. Jahrhunderts n. Chr. weist eine jüdische Synode zu Jamnia (20 km südlich Jaffa) spekulative Apokalypsen und synkretistisches Schrifttum ab. Der Kanon soll die Offenbarungszeit von Mose bis Esra umfassen (s. u. S. 131 f.).

»Kanon« bezeichnet im Griechischen eine gerade Stange, an der sich etwas aus- und aufrichten, auch messen lassen kann. Das entsprechende hebräische Wort qanäh bedeutet auch »Maßstab«. So ist die Bibliothek biblischer Schriften als Sammlung solcher Dokumente zusammengestellt worden, die Maßstäbe setzen und Halt bieten zum geraden Wachstum. Die abschließende Kanonisierung antwortet auf die inneren Motive der Schriftwerdung; sie erkennt das Wort, das seine Hörer in der Zukunft erwartet, die Schrift, die wiederholt gelesen werden will und neues Horchen und Änderung des Lebens erhofft, das Dokument des vollendeten Lebensgeschenks des Gottes Israels.

So etwa wird summarisch die in tausend Jahren gewachsene Bücherei biblischer Schriften verstanden. Doch will auch der je eigene Beitrag ihrer außerordentlich verschiedenen Themen und Tendenzen zur Wegorientierung erfaßt sein. Nur so wird die Bedeutung des Ganzen aktuell begriffen.

Deshalb weist diese Einführung in das Alte Testament zunächst auf die bedeutsamen Stoffe hin. In der Auswahl gehen wir im wesentlichen den drei Hauptteilen des Kanons entlang. An charakteristischen Textbereichen sollen die Methoden sachgemäßer Forschung vorgeführt werden. Der heute mögliche Zugang zu den Reichtümern alttestamentlichen Schrifttums mag Verständnis dafür eröffnen, daß bisher kein anderes Buch mit ähnlicher Kraft hineingewirkt hat in die Welt des Judentums, in den weiten Umkreis des Christentums, auch des Islams, und noch in die jüngste Phase des atheistischen Marxismus. Seine Botschaft selbst muß erweisen, ob ein vom Alten Testament belebtes Denken und Handeln die Menschheit auf einen neuen, gemeinsamen Weg führen kann.

1 Geschichte
Die Geschichtsbücher

1.1 DER GOTT ISRAELS
Jahwe und die Götter

Die Bedeutung des Alten Testaments steht und fällt mit
seiner Rede von Gott. Wir müssen darum mit diesem
ebenso schwierigen wie entscheidenden Thema einset-
zen. Andernfalls droht uns die Gefahr, daß wir Unter-
geordnetes in einer Weise hochspielen, die den gegebenen Proportionen nicht entspricht. Der Leser soll aber
dem Alten Testament selbst und nicht einer uns geneh-
men Auslese begegnen. Wir suchen das stete, verbin-
dende Element in seinen vielfältigen Themen.

1. *Der Befund.* Fraglos gilt vom Kern des Kanons, der
Thora, daß alle seine Aussagen den Namen des Gottes
Israels, Jahwe, umkreisen, wie immer wir uns auch
methodisch ihm nähern. Schlagen wir Anfang und Ende
auf, so zeigt der literarische Rahmen eindeutig das
eigentliche Subjekt allen Geschehens. 1. Mose 1,1 beginnt: »Im Anfang schuf *Gott* den Himmel und die
Erde.« Die gleiche erzählerische Schicht, die Priesterschrift (s. u. S. 41 ff.), schließt mit dem Hinweis, daß die
Israeliten unter Moses Nachfolger Josua handelten,
»wie *Jahwe* Mose geboten hatte« (5. Mose 34,9). Ein

Nachtrag (V. 10–12) erläutert Jahwes Umgang mit Mose: Jahwe verkehrte mit ihm »von Angesicht zu Angesicht« und vollführte durch ihn sein Befreiungswerk in Ägypten. So bestimmt Gottes Wort und Werk alles Geschehen von der Schöpfung bis zum Leben Israels unter Josua. Doch dieser Rahmen der Thora ist literarisch jung.

Suchen wir die ältesten Stücke im Pentateuch, so finden wir das Mirjamlied (2. Mose 15,20 f.), das die Frauen Israels mit Handpauken im Tanz bis zur Erschöpfung sangen: »Jauchzet Jahwe, denn erhaben ist er, Roß und Reiter warf er ins Meer.« Der Atem der Geretteten schlägt uns entgegen. Nicht Kraft oder List der Männer Israels wird besungen, nicht Moses Führungskunst – Jahwe allein gilt der Jubel, ihm als dem Befreier der Verfolgten. Die historische Forschung sieht heute im Mirjamlied den unmittelbaren Reflex eines geschichtlichen Ereignisses, in dem entronnenen und verfolgten hebräischen Sklavengruppen östlich vom Nildelta Rettung widerfuhr. Das Lied setzt voraus, daß die Bezeugung des Gottes Jahwe direkt oder indirekt mit diesem Geschehen verbunden war.

Das Bekenntnis, daß Jahwe Israel aus Ägypten herausführte, erzählerisch in 2. Mose 1–15 ausgeführt, bildet den Kristallisationskern der übrigen Überlieferungszusammenhänge des Pentateuch. Auch dort stoßen wir auf Jahwe als eigentliches Subjekt aller großen Traditionsstücke: Jahwe hat Israel durch die Wüste geführt (2. Mose 16 ff.; 4. Mose 10 ff.); Jahwe hat Israel das Land Kanaan geschenkt (4. Mose 13 ff.); dieses Land hat Gott zuvor den Vätern verheißen, wie er ihnen auch das Anwachsen der Nachkommenschaft zum großen Volk versprochen hatte (1. Mose 12–50); von Jahwe allein, der am Sinai seinen Willen kundgetan hat, wird auch jegliche Rechts- und Kultordnung in Israel hergeleitet, und nicht etwa von irgendeiner völkischen oder staatlichen Instanz (2. Mose 19–4. Mose 10). Wenn schließlich die von Jahwe begründete Geschichte Israels in Beziehung gesetzt wird zu Völkertraditionen, die exemplarisch für die Menschheitsgeschichte stehen, dann wird hier ebenso Jahwe als Schöpfer, Richter und Erhalter bezeugt (1. Mose 1,1–12,3). So erweisen der junge Rahmen, der alte Kern wie die verschiedenen Traditionsblöcke die Rede von Gott als eigentliches Kontinuum.

Was vom Pentateuch gilt, trifft in Varianten auf das sonstige Alte Testament zu. Die Geschichtsberichte von der Richterzeit bis in die Tage Esras variieren erheblich hinsichtlich ihres Umfangs, ihrer Nähe zum berichteten Geschehen und ihrer Reflexionsstufe. Sie können Jahwes unmittelbares Eingreifen besingen (Richt. 5) oder schildern (Jos. 10,10 ff.); sie können mit Eifer den immanenten Zusammenhängen nachgehen und nur mit äußerster Zurückhaltung einen Schlüssel zum Verstehen darreichen, wie in der Geschichte vom Aufstieg Davids am Anfang (1. Sam. 16,14: »Der Geist Jahwes wich von Saul«) und am Ende (2. Sam. 5,10: »David wurde immer größer, und Jahwe, der Gott Zebaoth, war mit ihm«); sie können auch menschliche Taten, Verhaltensweisen und Leiden im Einzelfall oder in weiten Zusammenhängen als Wirkungen des verkündeten Wortes Gottes oder als Reaktionen darauf zu bedenken geben (1. Kön. 17 f.; 2. Kön. 17). Das theologische Niveau ist also außerordentlich verschieden. Doch keine alttestamentliche Geschichtsdarstellung sperrt sich dagegen, daß unser Begriff Geschichte biblisch exakt als »Werk Jahwes« definiert wird (Jos. 24,31; Ps. 44,2; Jes. 5,12).

Die spätere Geschichtsschreibung ist nicht ohne den Einfluß der klassischen Prophetie denkbar, die ihrerseits schon mit ihren Sprucheröffnungen (»So hat Jahwe gesprochen«, »Das Wort Jahwes erging an mich so«, »Höret das Wort Jahwes«) dem Versuch wehrt, sie anders denn als Rede von Gott in einem stringenten Sinne zu verstehen.

Selbstverständlich erwarten die Klagegebete Israels mit ihrer bezeichnenden Anrufung Jahwes allein von ihm die Wende, so wie die Lobpsalmen allein ihn preisen. Aber auch die Weisheit, deren internationale Schulverbindungen die jüngere Forschung aufdeckte und die entschlossen den Weltphänomenen und den innermenschlichen Beziehungen nachgeht, steht in Israel unter dem Leitsatz: »Die Furcht Jahwes ist Kopfstück der Erkenntnis« (Spr. 1,7; Hiob 28,28 u. ö.). Das Buch Esther erwähnt als einziges biblisches Buch Gott überhaupt nicht direkt, sondern nur einmal äußerst verhalten (»von anderer Seite« 4,14); seine Aufnahme in den Kanon war bis zuletzt umstritten.

Mit diesen Beobachtungen ist zunächst nur ermittelt, daß im Alten Testament selbst das Bekenntnis zu Jahwe, dem Gott Israels, von grundlegender, schlechthin charakterisierender Bedeutung ist. Doch ist mit der generellen Rede von Gott im Alten Testament deren Relevanz auch noch für Menschen gegeben, denen Götter lediglich Zubehör einer überholten religiösen Weltanschauung sind?

2. *Gott und die Götter.* Diese Frage muß sich dem Phänomen stellen, daß dem Alten Testament anders als allen antiken Schriften die Rede von Gott durchaus nicht selbstverständlich ist. Vielmehr entbrennt innerhalb des Alten Testaments ein heftiger Streit zwischen Jahwe und den Göttern; er verläuft völlig anders als die in einem Pantheon üblichen Kämpfe. Sein Ergebnis sei als These vorweggenommen: *Der in Israel bezeugte Gott hat die Welt allererst entgöttert und bewahrt Menschen in alle Zukunft hinein vor Vergottung von Weltlichem.* Dieser Satz weist nicht auf allgemeine und unveränderliche Doktrinen hin; sie sind dem Alten Testament unbekannt. Seine Dokumentationen bekunden Aktionen und Prozesse, in denen sich Entgötterung der Welt und Befreiung des Menschen vollziehen. Theologien wachsen im alttestamentlichen Schrifttum nicht in Richtung auf eine Einheitstheologie. Sie kämpfen an sehr verschiedenen Frontabschnitten. Immer soll der Mensch von seinen eigenen Göttern befreit werden, immer ist Jahwe selbst der Befreier, durch Taten und Zeugen.

Ich nenne drei typische Phasen des Ringens. Entscheidend ist der Ausschließlichkeitsanspruch, mit dem Jahwe sich selbst als Israels Gott »von Ägypten her« bezeugt. Das bekunden Kultformulare mit der Selbstvorstellung »Ich bin Jahwe« in Verbindung mit der Abweisung aller »anderen Götter« (2. Mose 20,2–6; 3. Mose 19,4; 5. Mose 4), ebenso prophetische Stimmen wie Hos. 13,4. Nach Jos. 24 hat sich der Bund der altisraelitischen Stämme konstituiert mit der Abkehr von den Göttern der Vorfahren und der Umwelt und mit dem einmütigen Bekenntnis zu Jahwe, der die Väter aus Ägypten herausgeführt hat (V. 14 ff.). Mit dem *Ausschluß* der anderen Götter steht deren Existenz zunächst noch gar nicht zur Diskussion. Auch ist nicht damit zu rechnen, daß die Zeugen des ausschließlichen Anspruchs Jahwes eine allgemeine Gleichschaltung des bunten religiösen Lebens der weithin eigenständigen Sippen Israels bewirkt haben.

Gerade deshalb konnte die Frage nach der Bewertung der anderen Götter nicht ausbleiben. Die männlichen und weiblichen Gottheiten der alteingesessenen kanaanäischen Bevölkerung bewirken in ihren heiligen Hochzeiten Fruchtbarkeit, in ihren Kämpfen Leben und Tod. Sie imponieren Israel. So setzen es die Kritik Hoseas und Jeremias und schon der Eifer Elias gegen die Baalgottheiten voraus. Jetzt wird ebendas durch die auf dem nordsyrischen Ruinenhügel ras-esch-schamra ausgegrabenen Texte beurkundet. Was soll Israel von den Göttern Kanaans denken? Ps. 95,3 preist Jahwe als »König über alle Götter«. In dieser Kampfphase wird der gebotene Ausschluß von Fremdgötteransprüchen in die Form ihrer Unterordnung gebracht. Die anderen Götter verlieren ihre selbständigen Geschäftsbereiche. Als einzige Aufgabe bleibt ihnen, Jahwe zu huldigen (Ps. 29). Ausschluß wird somit als *Unterordnung* bestimmt. Darüber kann es sogar zur Verurteilung der untergeordneten Götter kommen. In Ps. 82 klagt Jahwe sie in einer Götterversammlung an, weil sie Unterdrückung sanktionieren. Darum verfügt er: »Sterben müßt ihr wie Menschen, wie Fürsten werdet ihr fallen« (V. 7). Vielleicht spiegelt sich diese totale Degradierung noch in der häufigen Benennung »Jahwe Zebaoth«. Zebaoth kann zwar auch die Truppen Israels, die Sternenheere oder als Abstraktplural »Mächtigkeit« bezeichnen, jedoch führt die alte Verbindung dieses merkwürdigen Namens mit der »Lade Gottes« (1. Sam. 4,3 f.; 2. Sam. 6,2) auch zu der Möglichkeit, daß Zebaoth die göttlichen Machthaber der Umwelt meint; mit ihren selbständigen Funktionen sind ihnen ihre Eigennamen genommen; als Entthronte mehren sie nur noch die Machtfülle eben des »Jahwe Zebaoth«. Ein anschauliches Bild vom göttlichen Hofstaat Jahwes zeichnen Texte wie 1. Kön. 22,19 ff.; Jes. 6,1 ff.; Hiob 1,6 ff.; 2,1 ff. Überall sind die göttlichen Wesen, bis hin zum Satan als himmlischem Staatsanwalt, Jahwe völlig untergeordnet.

Hatte in Ps. 82 die Entmachtung der Götter die Form des Todesurteils über sie angenommen, so kündigt das schon eine dritte Phase der Bewertung an. Sie vollzieht sich als vernichtende Bestreitung in der klassischen Prophetie; Ausschluß wird *Verneinung*. Hosea spricht ein zum Kanaanäismus abfallendes Israel auf das Jungstierbild an; in ihm ist die Fruchtbarkeitskraft der Vieh- und Agrarkultur als das Wirtschaftspotential schlechthin vergöttert. Dazu Hosea: »Ein Techniker hat's gemacht. Das ist kein Gott. Zersplittert wird das Kalb Samarias« (8,6). Jesaja bekämpft die Vergottung politisch-militärischer Macht (31,3); sein Hohnwort für die Götterbilder klingt wie »Minigötter« und bedeutet »Stümper« oder »Nullen« (2.8.18). Hesekiel prägt für die Fremdkultgötter ein Schimpfwort, das man heute mit »Scheißgötter« übersetzen muß (6,4.6; 20,7 f.; insgesamt fast 40mal). Jeremia nennt die Götter Kanaans »Nichtsnutze« (2,8 u. ö.). Deuterojesaja (s. u. S. 104, 114 f.) beurteilt selbst die Götter der Großmacht Babylon als »Wind und Wust«, sie sind »aus Nichts«, »am Ende« (41,24.29). So werden wirtschaftliche, politische und religiöse Potenzen kritisch auf ihren Realwert reduziert: als Menschenmachwerk oder Naturprodukt. Ein Spottlied in Jes. 44,9–20 desillusioniert den angebeteten Gott; es singt vom Baumfäller und von Holzverarbeitung; dann heißt es vom Holz: »Teils zündet er's an und backt Brot, teils macht er einen Gott daraus und bückt sich davor« (V. 15). So entlarvt ein kecker Rationalismus den Gott, der nicht anders Materie ist als Brennholz. Der erste Schöpfungsbericht lehrt, daß sogar die Gestirne, in Israels Umwelt als Schicksal bestimmende Mächte verehrt, gerade nicht als Astralgottheiten recht verstanden sind, sondern als das, was jedermann beobachten kann: als große und kleine Leuchtkörper und als Kalendergehilfen zur Gliederung des Tages-, Monats- und Jahresverlaufs (1. Mose 1,14–18).

So führen die Kämpfe des Alten Testaments gegen die Vergottung von Welt- und Menschenkräften zu der Möglichkeit, alle Phänomene sachlich zu beobachten. Das ist die Voraussetzung naturwissenschaftlicher Forschung, technischer Zivilisation, demokratischer Gesellschafts- und friedlicher Völkerordnung. Verhindert, gehemmt und gestört werden sie nur durch alte und neue Vergötzung von Weltlichem, durch Totalitätsansprüche von menschlichen Theorien und Mächten, nicht zuletzt durch die Etablierung der Vernunft zu einem mythischen Götterkönig, durch Verkennung ihrer Grenzen, Widersprüche und Zielunsicherheiten. Das geschieht, wo der Ursprung der Weltentgötterung und Menschenbefreiung verdeckt wird: die biblische Unterscheidung von Gott und Göttern, eben die Erkenntnis Jahwes.

3. *Wer ist Jahwe?* Es wird sich zeigen, daß er der ist, der in einer von ihm selbst entgötterten Welt durch seine Zeugen verantwortliche Rede von Gott nicht nur möglich, sondern auch notwendig macht. Denn nur als Boten Jahwes entmythisieren die Zeugen die Welt so, daß der Mensch gerettet wird.

Wie zeigt sich Jahwe? Er beruft Menschen als seine Hörer und Sprecher. Am Wort solcher Boten entscheidet sich, wann und wo er auch in Geschichtsereignissen und Naturvorgängen erkennbar wird. So hat er sich mit Israel verbunden von den Verheißungen an die Väter her durch den Mittler Mose. Propheten verschiedenster Art haben Israel begleitet, in den geschichtlichen Untergang gestoßen, aber auch hindurchgeführt, neu gesammelt und zum Hoffen ermächtigt. Was Wunder, daß am Ende dieser Botenstaffeln Jesus von Nazareth als der Mittler, als der Prophet, als das Wort Gottes bezeugt wird. Jahwe zeigt sich im menschlichen Botenwort.

Dabei differieren die Inhalte erheblich infolge sozialer Umbrüche und unterschiedlicher psychischer Dispositionen; je unterschiedlicher auf Jahwe hingewiesen wird, desto mehr nötigt die Vielfalt der Zeugen den Hörer, sich auf den jeweiligen Hinweis einzulassen. Der Gott Israels begleitet die Angesprochenen in je neue, andersartige Situationen, ja er selbst führt das Neue herauf. Inmitten dieser sich wandelnden Bindung Jahwes an den Menschen treten wenigstens drei auffallend konstante Charakteristika gegenüber den Göttern der Umwelt hervor.

Das erste ist die sich durchsetzende *Einzigkeit* Jahwes. Begrifflich wird sie zunehmend schärfer gefaßt und hat

sicher auch die Redaktion älterer Dokumente mitbestimmt. Jahwe lebt nie und nirgends in einem Pantheon. Ringsum kämpfen Licht und Finsternis, Tod und
Leben als Götter miteinander; der Regenguß weckt bei
der Mutter Erde in einer Art von Götterehe die Fruchtbarkeit. Jahwe ist freier Herr der Gegensätze, Schöpfer
ohne göttlichen Partner. An diese freie Stelle tritt der
Mensch, zuerst Israel. So anders ist Jahwe als die Götter. Das wird folgenreich.
Zum zweiten ist Jahwe grundsätzlich *nicht ortsgebun-
den*. Die Umweltgötter sind in der Regel Landschaften,
Wetterzonen oder Residenzen zugeordnet. Jahwe ist
beweglich. Er führt aus Ägypten und durch die Wüste,
er zieht in Jerusalem ein, aber auch aus, wo man seiner
sicher zu sein meint (Hes. 11,2 ff.). Er heißt nicht nach
einem Ort oder Land wie Melkart, der »Herr von
Tyrus«, oder der Baal Hermon, sondern vor allem
»Gott Israels«. Ein einziges Mal im Alten Testament
wird er der »Gott Jerusalems« genannt, und das im
Munde der Assyrer, die Jahwe nach Art bekannter
Götter verstehen wollen (2. Chron. 32,19). Ähnlich
wird er in 2. Kön. 17,26 ff. als »Landesgott« mißver-
standen. Aber Jahwe ist anders. Er rettet und richtet
Menschen.
Zum dritten tritt ein ganz wesentliches Merkmal hinzu.
Jahwe kann und darf *nicht* in einem *Bild* dargestellt
und vorgestellt werden. Das Verbot der Herstellung
und Verehrung von Guß- und Schnitzbildern ist von
äußerster Schärfe (2. Mose 20,4 f.; 3. Mose 19,4; 5. Mose
4,15–20). Es weist auf etwas Einzigartiges im Jahwe-
glauben hin. Was ist dieses Einzigartige? Die Umwelt
stellt etwa die Sonnenscheibe, den Keulenschlag des

Donners, die Kraft des Stieres, die Zeugungskraft des männlichen Gliedes, die tötende List der Schlange, die Chaosgewalt des aufschäumenden Meeres im Bilde dar. So ordnet sie die Welt in ihrer archaisch-mythischen Wissenschaft. Jahwe ist mit keinem dieser erkennbaren Weltphänomene zu vergleichen, nicht mit «dem, was im Himmel droben oder unten auf der Erde oder im Wasser unter der Erde ist« (2. Mose 20,4). So ist das Bilderverbot die Kehrseite der totalen Entgötterung der Welt. Jahwe zeigt und schenkt sich Israel als der freie Herr des entmythisierten Kosmos und hält so dem Menschen die Treue — nicht Göttern, nicht Orten, nicht Weltmächten. »Ich bin Jahwe, dein Gott, der dich aus Ägyptenland, dem Sklavenhause, herausgeführt hat. Du sollst keine anderen Götter haben als mich.« Diese Sätze gehen im Dekalog dem Bilderverbot voraus (2. Mose 20,2 ff.).

Daraus folgt, daß Jahwe nur zu erfahren ist, wo er sich durch Botenberichte selbst vorstellt. Er wird weder im Anschauen der Welt noch im Grübeln des Menschen erkannt. Er ist weder durch ein Bild noch durch einen Begriff zu bestimmen. Durch die Sendung der Boten in Israels bewegter Geschichte kommt er auf uns zu. Darum ist er nicht eigentlich definierbar, sondern im wesentlichen nur erzählbar. Jahwe ist ein Name. Dessen etymologische Erklärung wird im riesigen Alten Testament nur einmal versucht; noch bezeichnender als diese Tatsache ist die Eigenart der Deutung des Namens in 2. Mose 3.

Dort wird Mose die Befreiung der hebräischen Sklaven aufgetragen. Er fragt den Gebietenden: Was soll ich antworten, wenn sie deinen Namen wissen wollen?

»Da sprach Gott zu Mose: Ich bin der Ich-bin! Und fuhr fort: So sollst du zu den Israeliten sprechen: Der Ich-bin hat mich zu euch gesandt« (V. 14). Klingt das nicht so, als werde die Angabe eines Gottesnamens schlicht verweigert? Wie das Bild versagt wird, so die Identifikation des Sendenden mit irgendeinem bekannten gottheitlichen Wesen. Nur sich selbst ist er vergleichbar. Ob dieses Verständnis der Meinung des Verfassers entspricht, kann nur mit Hilfe einer philologischen Erklärung des Urtextes ermittelt werden.

Exkurs:

Die Bedeutung der Sprachwissenschaft für die Exegese ist hier nicht zu verkennen. 2. Mose 3,14 macht Lust zum Hebräischen! (1.) Mit Ich-bin (Luther: Ich werde sein) haben wir das hebräische Wort *'ähjäh* übersetzt. Die Lautverwandtschaft mit dem Namen *jahwäh* (so genauer als die übliche Umschrift Jahwe) kann kein Ohr überhören. Die *Lautlehre* erklärt, warum die zweite Silbe mit *w* statt mit *j* beginnt: Das Gesetz der Dissimilation verhindert die unschöne Wiederholung des gleichen Lautes; die Vorsilbe *ja-* im Namen hätte doppeltes j erbracht. (2.) Die *Formenlehre* erfragt den Sinn der anderen Vorsilbe. *ja-* setzt die erste Person (*'ähjäh*) in die dritte um; aus der Selbstaussage »Ich bin« wird das Bekenntnis »Er ist«. Doch diese Deutung ist umstritten. Die durch alte griechische Umschrifttexte gesicherte Vokalisation der Vorsilbe *(ja)* kann auf eine kausative Bedeutung der Verbform hinweisen (»er bewirkt Sein«) oder auch als Formelement der Nominalbildung dienen (»Sein«, »Wesen«). Diese Unsicherheit verstärkt die Vermutung, daß der Name Jahwe weit älter ist als die Erklärung in 2. Mose 3,14. Das bestätigt (3.) die *vergleichende Sprachwissenschaft*. Vorisraelitische Belege für den Namen Jahwe sind wahrscheinlich in zwei ägyptischen Texten zu sehen, die um 1400 v. Chr. ein »Land der Jahwe-Beduinen« (der ägyptische Lautbestand weicht nur wenig ab) erwähnen; die Texte führen in den gleichen Großraum südlich von Palästina, in den auch 2. Mose 3 weist. Der Namentyp wird als Kurzform altkanaanäischer Danknamen bestimmt (»Der Gott erweist sich dauernd als Helfer«). So ist der Name sicher älter als die Erklärung in 2. Mose 3,14. Zu deren Verständnis trägt (4.) die *Semantik* (Wortbedeutungslehre) Erhebliches bei. Die hebräische Wortwurzel *hajah*, die in *'ähjäh* dem Deutesatz und in *jahwäh* sehr wahrscheinlich auch dem Namen zugrunde liegt, besagt etwas mehr Dynamisches als unser Hilfszeitwort »sein«, mit dem sie in der Regel wiedergegeben wird; sie meint eher ein Wirksam-Sein, ein Sich-Erweisen. Dann aber kann der Deutesatz keinesfalls nur im Sinne einer Namensverweigerung verstanden werden. Das wird noch klarer, wenn man (5.) auch die *Syntax* heranzieht, deren Bedeutung für die Erklärung biblischer Texte nicht hoch genug veranschlagt werden kann. Die übliche Wiedergabe »Ich bin, der ich bin« ist nicht nur der Wortbedeutung wegen, sondern auch hinsichtlich der 1. Person im Relativsatz problematisch. Nur in Objektrelativsätzen ist sie sicher vertretbar, wie in 2. Mose 33,19: »Ich bin gnädig, wem ich gnädig bin« (vgl. Hes. 12,25). Anders liegt es, wenn der Relativsatz das vorangehende Subjekt erläutert, zum Beispiel in 2. Mose 20,2; wörtlich lautet der Satz:

»Ich bin Jahwe, dein Gott, der *ich* dich aus Ägypten geführt *habe*«; im Deutschen aber sagen wir besser: »Ich bin Jahwe, *der* dich ... geführt *hat*« (ebenso 3. Mose 20,24: »Ich bin Jahwe, *der* euch von den Völkern abgesondert *hat*«; hebräisch: »... der ich euch ...habe«). Fassen wir die semantischen und syntaktischen Beobachtungen zusammen, so übersetzen wir besser: »Ich erweise mich als der, der sich erweist«; oder: »Ich bin (wirksam als) der, der ans Werk geht«. So weist der Satz nicht nur auf die Unvergleichlichkeit Jahwes hin, sondern zugleich auf seine Selbstinterpretation in seinem geschichtlichen Wirken. Das Beispiel sollte die Unentbehrlichkeit der philologischen Forschung für die Bibelwissenschaft zeigen. —

4. Die einmalige Namenerklärung hat bestätigt, daß Jahwe in Israel als der verstanden wurde, der sich in unvergleichlicher Freiheit durch seine Geschichtstaten erweist. Wir beobachteten das heftige Ringen um Jahwes Alleinherrschaft in Israel: den Ausschließlichkeitsanspruch, die Unterwerfung anderer Götter und die Leugnung ihrer Wirklichkeit. Von der Mosesendung in 2. Mose 3 her bleibt nun noch eine letzte Weise der Beziehung zu anderen Göttern zu erwähnen. In V. 13 bis 16 zeigt sich Jahwe als der Gott Abrahams, Isaaks und Jakobs. Der Religionsgeschichtler sieht hier eine sekundäre *Identifikation*. Mit verständlichem Eifer sucht die Religionswissenschaft Winkel des Alten Testaments auf, in denen die Redaktionsbesen deuteronomischer Säuberungsaktionen (s. u. S. 52) wenige fremde Götternamen unbeanstandet neben dem vieltausend-

fachen Vorkommen des Namens Jahwe übrigließen. In 1. Mose 31,42 lernen wir den »Schrecken (Verwandten?) Isaaks«, in 49,24 den »Starken Jakobs« als Vätergottheiten kennen. In ihnen konnte Israel Jahwe erkennen, weil sie schon mit ihren Namen Menschen zugeordnet waren, sie führten, mit ihnen wanderten und sich nicht durch ein Bild, sondern durch Verheißungszuspruch zu erkennen gaben. Auch in anderen Gottheiten wurde kein Widerspruch zu Jahwe erkannt; der El-olam von 1. Mose 21,33 war der »Gott der Ausdauer«, der El-ro'i von 16,13 der Gott, der nach dem Menschen schaut. Solche stillen Identifikationen sind religionsgeschichtlich als Okkupationsakte zu bezeichnen. Seit Davids Eroberung Jerusalems werden die Funktionen des dort zuvor verehrten kanaanäischen »höchsten« Gottes (Äljon) selbstverständlich von Jahwe wahrgenommen (Ps. 47,3; vgl. 46,5). Auch in solchen Beschlagnahmungen tut sich Jahwes Einzigkeit kund. Wie in der Abwehr fremder Vorstellungen so zeigt sich im Resorbieren und Usurpieren ein Schritt auf dem Weg zu der Einsicht, daß Jahwe wie kein anderer Gott ist.

Am Ende des Ringens kann statt Jahwe einfach Gott (älohim) gesagt werden. Beachtlich bleibt, daß im ganzen der Name »Jahwe« (6800mal) weit häufiger steht als »Gott« ('älohim nur wenig mehr als 2000mal). Beim »Elohisten« im Pentateuch wird erstmalig durchweg »Gott« gesagt (s. u. S. 29), im elohistischen Psalter (Ps. 42–83, s. u. S. 122) verdrängt »Gott« weithin »Jahwe«, im Buch des Predigers völlig. Damit hat Jahwe endgültig über die Götter gesiegt.

Doch sollte man nie vergessen, daß »Gott« biblisch die Stelle eines Eigennamens einnimmt, bei dem das geschichtliche Ereignis den absoluten Vorrang vor dem Begriff behält, wie es auch im neutestamentlichen Christusgeschehen der Fall ist. Das 5. Mosebuch (12,5) sagt: Der Name hat unter uns in Israel Wohnung genommen. Durch diesen Namen wird die Menschheit zur schärfsten kritischen Wachsamkeit gegenüber der Vergötterung von Weltlichem und Menschlichem herausgefordert und vor der Versklavung durch neue Mythen bewahrt. Von der Bezeugung des Namens Jahwe aus ist die religionskritisch verantwortliche Rede von Gott nicht nur möglich, sondern nötig geworden. Denn wer sie verschweigt, verhindert die Entmachtung der Abgötter und fördert die Gefahr der latenten Verwechslung von Gott und den Götzen aufs neue, nämlich den reaktionären Aufstand der totalitären und absolutistischen Anschauungen. Die alttestamentliche Rede von Gott legte den Grund für wissenschaftliche Theologie als historisch-empirische Forschung, im Unterschied zur spekulativen Philosophie. Denn sie bietet die Dokumente, die unsere Gegenwart heraufgeführt haben und unserer Zukunft Ziele zeigen. Um das zu sehen, müssen wir das alttestamentliche Schrifttum näher kennenlernen.

1.2 SEGEN UND GEHORSAM
Jahwist und Elohist

1. Die großen älteren Literaturdenkmäler, die die Forschung der letzten beiden Jahrhunderte als Leitstränge der Pentateucherzählung fast einmütig aufgedeckt hat, werden auf Grund ihrer unterschiedlichen Verwendung des Gottesnamens Jahwist und Elohist genannt. Der

Jahwist gebraucht von der Schöpfungsgeschichte an durchgängig den Namen Jahwe, während der Elohist bis zur Selbstoffenbarung Jahwes in 2. Mose 3 regelmäßig und auch darüber hinaus noch meist Elohim (Gott) sagt. Wahrscheinlich haben diese Werke die großen Überlieferungsblöcke erstmalig im Zusammenhang schriftstellerisch gestaltet. Die schriftliche Dokumentation ist aber schon als relativ spätes Ergebnis einer komplizierten Vorgeschichte anzusehen. Die Geschichte der einzelnen Stoffe bis hin zu ihrem Zusammenwachsen zu Erzählungskränzen sucht die traditionsgeschichtliche Forschung zu erkennen. Ihre Arbeitsweise und ihre Ergebnisse demonstrieren wir an einigen Beispielen.

Exkurs:

(1. Begriffsklärung) Die traditionsgeschichtliche Methode sieht in der Entstehung literarischer Quellen einen entscheidenden Wendepunkt im Überlieferungsprozeß: Die Geschichte mündlichen Tradierens wird von der Geschichte literarischer Abfassung und nachfolgender Redaktion abgelöst. Dem Umschwung in der Überlieferungsart entspricht notwendig eine Wende in der Forschungsmethode. Der zweite Teil des Überlieferungsprozesses fordert die literarkritische Methode heraus; sie wird seit mehr als zwei Jahrhunderten geübt. Der erste Teil wurde durch die traditionsgeschichtliche Methode im engeren Sinne erst in den letzten Jahrzehnten untersucht.

(2. Die Notwendigkeit traditionsgeschichtlicher Fragestellung) Die Untersuchung der vorliterarischen Stoffgeschichte wird insbesondere dann herausgefordert,

wenn innerhalb eines literarischen Fadens der gleiche Stoff mit kleinen Varianten doppelt überliefert wird und dazu noch ähnlich in einer anderen Quelle auftaucht. So wird im 1. Mosebuch die Geschichte von der Gefährdung der Ahnfrau dreimal erzählt: in 12, 10–20; 20,1–18 und 26,6–11. Die wichtigsten Akte der Erzählung sind überall die gleichen und bilden einen völlig geschlossenen Zusammenhang: Der Erzvater befindet sich mit seiner Frau in der Fremde; er gibt sie als seine Schwester aus; sie gerät in Gefahr, daß Ausländer ehelich mit ihr verkehren; aber sie wird noch rechtzeitig als Frau des Fremden erkannt und wird ihm deshalb zurückgegeben. Verschieden sind in den drei Texten vor allem die Personen, von denen die Geschichte erzählt wird: In 1. Mose 12 sind es Abraham, Sara und die Ägypter, in Kap. 20 Abraham, Sara und der König Abimelek von Gerar, in Kap. 26 Isaak, Rebekka und der Philisterkönig Abimelek. Nur eine einzige Stoffvariante ist bemerkenswert: Die als Schwester ausgegebene Ahnfrau wird auf verschiedene Weise als Frau des Erzvaters erkannt: In 1. Mose 12 merkt der Pharao das Unrecht an den Plagen, die Jahwe ihm schickt, in Kap. 20 deckt Gott dem König Abimelek im Traum den Betrug auf, in Kap. 26 beobachtet der Philisterkönig durchs Fenster eine Intimszene des Ehepaars. Der schlüssige Zusammenhang der gemeinsamen Hauptakte nötigt zu der Annahme, daß den literarischen Varianten der gleiche Stoff vorgegeben war. Man kann die Differenzen nicht nur durch literarische Bearbeitung erklären, da wenigstens zwei Fassungen der gleichen Quellenschicht zugehören (1. Mose 12 und 26 sind jahwistisch, Kap. 20 ist elohistisch). So muß eine vorliterarische Wandergeschichte des Stoffes angenommen werden.

Besonders vielfältig wird in 2. Mose 14–15 das große Ereignis der Befreiung am Meer geschildert. Einmal reckt Mose seine Hand aus, so daß die Wasser wie Mauern gestaut werden und Israel den Durchzug freigeben, dann aber über die Ägypter zurückfluten (14,16.21a.22.27a.28). Daneben ist von einem Ostwind die Rede, der das Meer für Israel trockenlegt, doch so, daß die ägyptischen Streitwagen steckenbleiben; Jahwes eigener Blick hemmt sie, und Jahwe selbst schüttelt sie ins Meer (14,21b.25f.27b). Dann beteiligen sich auch noch der Engel Gottes und die Wolkensäule an der Rettung; sie ziehen nicht mehr vor den Israeliten her, sondern setzen sich hinter sie, so daß sie dem Blick der Ägypter entzogen sind (14,19f.). Diese Einzelzüge sind so miteinander verflochten, daß eine allgemein anerkannte Zerlegung in literarische Fäden nicht möglich erscheint. Daneben hat Kap. 15 die dichterischen Gestaltungen der Ereignisse im Moselied (V. 1 bis 18) und im Mirjamlied (V. 21) aufbewahrt. So gibt 2. Mose 14–15 zu erkennen, daß das Rettungswiderfahrnis am Meer im Laufe der Zeit ein recht vielfältiges, farbiges Erzählen in Israel ausgelöst hat. Das Schriftwort dieser Kapitel ist sicher nicht der Anfang, sondern das Ende variantenreicher mündlicher und teilweise schon schriftlicher Traditionen. Nichts von dem, was zu Jahwes Ruhm und Israels Heil je verkündet war, sollte verlorengehen.

(3. Bestätigung vorliterarischer Überlieferung) Nicht nur variierende Einzelparallelen führen zum Postulat vorliterarischer Überlieferung. Die großen Hauptüber-

lieferungsblöcke laufen schon in den ältesten Quellen parallel. Mit Ausnahme der Urgeschichte kannte der Elohist sie ebenso wie der Jahwist: Vätergeschichten, Auszugsüberlieferung, Sinaitradition, Wüsten- und Landnahmeerzählungen. Die Beobachtung dieser gleichartigen Themenkomposition im großen hat die überlieferungsgeschichtliche Forschung von einer ganz anderen Seite her weitergeführt. Man wurde auf liturgische Texte aufmerksam, die die Grundzüge der Themenfolge aufweisen: die Vätertradition, die Auszugs- und die Landnahmeüberlieferung. Diese agendarischen Formulare nehmen verschiedene Funktionen wahr. In 5. Mose 26,5–9 erscheinen die Themen in einem Bekenntnis, das der israelitische Bauer bei der Darbringung der Erstlingsfrüchte vor seinem Gebet (V. 10) spricht. 5. Mose 6,20–25 nimmt das Bekenntnis in die Unterweisung des Sohnes durch seinen Vater. In Jos. 24,2–13 sind die Themen in einer Festrede breiter ausgeführt, in der Jahwe selbst durch einen prophetischen Sprecher an die Gründungsdaten des Stämmebundes Israel erinnert. Diese drei Formen zeigen, daß die Grunddaten der Väterverheißung, der Rettung aus Ägypten und der Schenkung des Landes bei verschiedenen Gelegenheiten rezitiert wurden: beim Erntedank des einzelnen, in der Familienunterweisung, bei gesamtisraelitischen Begehungen. Damit ist nicht nur die Annahme vorliterarischer Überlieferung bestätigt, sondern darüber hinaus stößt die traditionsgeschichtliche Forschung hier auf mögliche Ursprungsorte des Pentateuchgrundrisses in agendarisch geordneten Begehungen der israelitischen Frühzeit.

(4. Tradentenkreise und Traditionsorte) Manche Einzelheiten bleiben noch ungeklärt. Aber damit wird die Grunderkenntnis nicht unsicher. Ein auffälliger Befund erhärtet sie vielmehr noch. In den bisher genannten Formularen fehlt die Sinaitradition, die doch im jetzigen Pentateuch zwischen Exodus- und Landgabegeschichten inmitten der Erzählungen von der Führung durch die Wüste einen breiten Raum einnimmt. Daraus folgt zwingend, daß die Sinaioffenbarung mit der Gesetzesverkündigung früher einmal gesondert tradiert wurde. Sie muß bei eigenen Begehungen und vielleicht sogar von anderen Überliefererkreisen gepflegt worden sein. Zu dieser Frage werden im einzelnen heute verschiedene Hypothesen angeboten. Hier sollte nur deutlich werden, daß die Notwendigkeit der Frage nach vorliterarischen Traditionsorten und Tradentenkreisen nicht gut bestritten werden kann.

(5. Tradition und Historie) Das Verhältnis der Tradition zur Historie ist mehrschichtig. Die Passahtradition diene als Beispiel (2. Mose 12,21 ff.). Sie nimmt ein Ritual von Halbnomaden auf; diese wechseln im Frühjahr aus der Steppe ins Kulturland über, wo sie und ihre Tiere auch in der trockenen Jahreszeit noch Nahrung finden. Um beim Aufbruch Neid und Nachstellung der Wüstendämonen zu hindern, opfern sie familienweise ein Tier und bestreichen mit dessen Blut ihre Zeltpfosten. Dieser Brauch wird in Israel in den Dienst der Erinnerung an den Aufbruch aus Ägypten gestellt. Das Ritual gibt den Frühjahrstermin, die Opferagende und deren Ort in der Familie her. Abgestoßen wird die Funktion des stets aktuellen Abwehrzaubers beim Aufbruch aus der Steppe. An deren Stelle

tritt die Aufgabe der Vergegenwärtigung eines ge-
schichtlich einmaligen und grundlegenden Rettungs-
handelns Jahwes beim Auszug aus Ägypten. Historischer Kern ist also das Rettungswiderfahrnis am Meer,
Traditionsfundament ein Ritual zum Frühjahrsweide-
wechsel der Halbnomaden; begangen wird die Tradition in der israelitischen Passahfeier.

So dringt die traditionsgeschichtliche Forschung in die
vorliterarischen Überlieferungen vor. Sie erreicht, daß
der jeweilige Akzent der gegenwärtigen Textaussage
auf dem Hintergrund der Stoffüberlieferung schärfer
erkannt wird. Wie wir es an Beispielen von Einzelerzählungen aufgezeigt haben, so gilt es auch im großen von den ältesten literarischen Quellen.

Damit können wir nun den Jahwisten und den Elohisten vergleichen. Beide setzen die Väter-, Auszugs-,
Sinai-, Wüsten- und Landgabetraditionen voraus. Aufschlußreich sind die Parallelberichte im einzelnen, von
Abrahams Verleugnung der Sara an (s. o. S. 30) bis zu
dem letzten größeren, zur Landgabetradition gehören-
den Erzählkomplex in 4. Mose 22–24, der Bileam-
geschichte, in der sich Kap. 23 als elohistisch von dem
jahwistischen Kap. 24 abhebt. —

2. *Der Jahwist* zeigt bei näherem Zusehen schon (1.) in
der *Großkomposition* einen bezeichnenden Unterschied.
Den Vätererzählungen stellt er, anders als der Elohist,
eine Gruppe von Menschheits- und Völkergeschichten
voran. Eingangs (1. Mose 2,4b–3,24) spricht er von
Schöpfung und Fall der ersten Menschen. Der Mensch
ist als *adam* der Ackererde als der *adamah* dreifach zu-

geordnet: Aus ihrem Stoff ist er erschaffen (2,7), wegen seines Mißtrauens gegen Gottes überreiche Gaben (2,15; 3,2 ff.) kann er sich nur unter größten Anstrengungen von ihr ernähren (3,17 f.), und schließlich muß er als Staub zu ihr zurückkehren (3,19). In 4,1–16 erklärt der Jahwist, daß die Keniter wegen des Mordes ihres Stammvaters unstet und flüchtig leben müssen. Im Bericht von der großen Flut triumphiert am Ende trotz der unveränderten Bosheit des Menschen doch Gottes erhaltende Güte (vgl. 6,6 ff. mit 8,21 f.). Die Geschichte von Noah, dem Winzer, zeigt die Gefahren des zivilisatorischen Fortschritts des Weinbaus (9,20 ff.) und zugleich die fluchwürdige sexuelle Lüsternheit des Stammvaters der Kanaanäer (9,22–25). Im Stadt- und Turmbau zu Babel verrät sich Überheblichkeit und Selbstsicherungswille der Menschheit, die so den Fluch der Verständigungsunfähigkeit auf sich zieht (11,1–9).

Mit diesen großen und einigen kleineren Erzählungen eröffnet der Jahwist sein Werk. Jedes Glied dieser erstaunlichen Kette hat seine eigene Vorgeschichte. Alle weisen in den außerisraelitischen Raum. Damit bringt der Jahwist etwas zur Sprache, was in keinem altisraelitischen Credo, in keiner häuslichen Unterweisung, in keinem Jahwezeugnis der alten Festversammlungen vorkam.

(2.) Nicht nur in dieser Hinsicht wirkt der Jahwist *modern*. Zahllose Fragen bewegen ihn: Wie erklären sich das merkwürdige Verhältnis der Geschlechter zueinander (2,18 ff.; 3,6 ff.), das Nebeneinander von Städtern und Beduinen (4,17 ff.), die Herkunft von Musikanten und von Schmieden (4,21 f.), die umwerfenden Folgen der Entwicklung des Weinbaus (9,20 ff.), die Vielzahl der Völker und ihrer Wohngebiete (10, 8 ff.), die technischen Möglichkeiten riesiger Bauwerke (11,3)? Die vielseitigen kulturgeschichtlichen Interessen sind jedoch bestimmten Aussageabsichten untergeordnet: Die Menschheit lebt im Mißtrauen, im Übermut und darum zugleich im Schmerz, im Zwist und in der Angst. Darum hat Jahwe ihr Grenzen gesetzt, läßt sie jedoch auf eine Zukunft hin leben.

(3.) Diese Zukunft hat für den Jahwisten mit dem Zuspruch Jahwes an Abraham begonnen: »In dir sollen alle Sippen der Erde *Segen* gewinnen können« (1. Mose 12,3b). Damit rücken die altisraelitischen Traditionsstücke in ein neues Licht. Sie werden besonders auf Völker bezogen, die dem davidisch-salomonischen Großreich eingegliedert wurden. In diese Zeit spricht der Jahwist offenbar hinein. Er zeigt aber nicht nur die Völker unter dem Fluch, wie die Kanaanäer in 1. Mose 9,25 und die beduinischen Keniter in 4,11 ff. oder die Verwirrung der Sprachen in 11,7 ff. Vor allem hält er dem siegreichen Israel vor Augen, was es den jetzt unterworfenen Fremdvölkern seit der Geschichte der Väter schuldet: den Ammonitern und Moabitern die Fürsprache Abrahams (1. Mose 18,17 ff.25!; vgl. 19,37 f.), den Philistern den Friedensvertrag Isaaks (26,1 ff.27 ff.), den Aramäern die Wirtschaftshilfe Jakobs (30,27 ff.), einer ganzen hungernden Welt die fürsorgliche politische Klugheit Josephs (39,5; 47,13–26). Selbst die alte Exodustradition bringt das Generalthema des Jahwisten — Segen aus Israel für alle — neu zum Leuchten. In den Plagenerzählungen zeigt er, wie die Unterdrückung der Hebräer Ägypten unter den Fluch brachte. Aber schließlich lautet nach der Tötung

der Erstgeburt das letzte Wort Pharaos: »Brecht auf!
Zieht aus! Dient Jahwe ... und erwirkt auch für mich
den Segen!« (2. Mose 12,31 f.) Dieser Auftrag folgt aus
der Rettung Israels. Im Großreich unter David und
Salomo ist er für die Welt ringsum zu erfüllen. Auch
die Großmächte sind darauf angewiesen. So zeigt der
Jahwist mit dem Vorbau der Urgeschichte und der Be-
tonung des Segens aus Israel für die Völker den Zeitgenossen anhand der überkommenen Traditionen neue
Ziele.

(4.) Dabei ist seine *Erzählweise* trotz des offenkundi-
gen Modernismus vieler Anschauungen weithin dem
Überlieferten verpflichtet. So nimmt er den Mythos, der
die Entstehung der Riesen aus der Paarung von Göttersöhnen mit Menschentöchtern erklärt, fast unbearbeitet
auf, so daß alle Aktivität bei den Göttersöhnen liegt
(1. Mose 6,1.2.4). Nur mit seiner Einschaltung in V. 3
und durch den weiteren Zusammenhang zeigt er den
Sinn seiner Nacherzählung: Einmal mehr will er die
unbelehrbare Hybris des Menschen belegen. Er scheut
weniger die Spannung zum Überkommenen als dessen
Umformulierung.

(5.) Auch sein *Gottesbild* wirkt archaisch. Jahwe ergeht
sich im Abendwind und sucht den Menschen hinter
Büschen (1. Mose 3,8 f.). Von Abraham läßt er sich eine
kräftige Mahlzeit auftischen (18,6 ff.). Solche mythisch-
anthropomorphe Rede geniert den Jahwisten nicht.
Daß Jahwe dem Menschen naht, mit ihm umgeht, für
ihn schafft (als Töpfer 1. Mose 2,7, Gärtner 2,8 oder
Schneider 3,21) und ihn unüberhörbar anruft, ist ihm
wichtiger als jede Denkbemühung in metaphysischer
Richtung.

3. Ganz anders zeigt sich der *Elohist*. (1.) Schon in seiner *Erzählweise* unterscheidet er sich vom Jahwisten. Seine literarische Gestaltung des Überlieferungsstoffes von der Verleugnung der Ahnfrau diene als Beispiel. Der Jahwist brachte in 1. Mose 12,10–20 nur zwei Redestücke: Am Anfang weist Abraham Sara an, sich als seine Schwester auszugeben, und am Ende zieht der Pharao Abraham zur Rechenschaft. Dazwischen werden Saras Ergehen und Jahwes Eingreifen ausführlich geschildert. Der Elohist hingegen spricht alles Wesentliche in Reden aus. Gott erklärt Abimelek im Traum die Schuld, in die er zu geraten droht (20,3); Abimelek entschuldigt sich, indem er die Vorgänge berichtet (4 f.); Gott nimmt erneut das Wort zum lösenden Ratschlag (6 f.); bei der Rückgabe der Frau redet Abimelek Abraham zweimal an, dieser antwortet, und dann kommt es noch zu Schlußworten Abimeleks an Abraham und Sara (9–16). Bemerkenswert ist, daß Abraham in seiner Rede an die Stunde des Aufbruchs erinnert: »Als Gott mich hinweg von meinem Vaterhaus umherirren ließ, sprach ich zu Sara: ... wohin wir kommen, sage von mir: mein Bruder ist er« (13). Eine entsprechende elohistische Aufbruchsgeschichte scheint der redaktionellen Verbindung mit dem Jahwisten zum Opfer gefallen zu sein. Solche Verklammerung verschiedener Erzählungen ist aber für den Elohisten ebenso typisch wie zusammenfassende Überblicke, etwa in der Schlußansprache Josephs an seine Brüder: »Was ihr Böses geplant habt, hat Gott zum Guten eingeplant« (1. Mose 50,20). Er durchdringt also die Einzelstoffe gedanklich durch weitgehende Dialogisierung und deckt den Sinn weiter Zusammenhänge auf.

(2.) Damit kommt auch eine reflektiertere *Theologie* zur Darstellung. Gott erscheint distanzierter. Im Traum spricht er mit Abimelek (1. Mose 20,3.6). Nur eine steile Leiter verbindet Erde und Himmel (28,11 f.). Durch einen Engel rettet Gott Israel vor den Ägyptern (2. Mose 14,19). Der Mensch Joseph deckt auf, daß Gott auch in den Intrigen der Brüder verborgen am Werke war. So beschäftigt den Elohisten das Problem der Verborgenheit Gottes in der Welt intensiv. Nicht zufällig verdanken wir ihm die einzige Erklärung des Namens Jahwe in 2. Mose 3,14: »Ich erweise mich als der, der sich erweist« (s. o. S. 24 ff.). Nur durch die Vermittlung von menschlichen Zeugen ist zu entdecken, daß und wo Gott in Israels Geschichte wirkt. In der Sinaigeschichte zeigt der Elohist solche Mittlerschaft als barmherzige Erhörung der Bitte des zitternden Volkes an Mose: »Rede du mit uns, so wollen wir hören. Gott möge nicht mit uns reden, sonst müssen wir sterben« (2. Mose 20,19). Nur weil ihm der Mittler gewährt wird, lebt Israel in und trotz Gotteserkenntnis. Ohne Mittler bliebe nur die Alternative: Tod oder Verzicht auf Gotteserkenntnis.

(3.) Wozu dient vermittelte Gotteserkenntnis? Der Elohist findet in den Überlieferungen Israels als Antwort die ihm eigene Botschaft: Die *Furcht Gottes* soll die Hörer so beherrschen, daß sie damit zum rechten Gehorsam und zum nötigen Ungehorsam angeleitet werden. So erklärt Mose die Gotteserscheinung am Sinai (2. Mose 20,20): »Gott ist gekommen, um euch auf die Probe zu stellen und die Furcht vor ihm in euch wachzurufen, damit ihr euch nicht verfehlt.« Schon Abraham schnitt in der ersten größeren elohistischen Erzählung gegenüber Abimelek dieses Thema an: »Ich dachte, an diesem Ort sei gar keine Gottesfurcht« (1. Mose 20,11). Gottesfurcht führt denn auch die Hebammen in Ägypten zum passiven Widerstand gegen den Befehl des Königs, die Knaben der Hebräerinnen zu töten (2. Mose 1,17.21). Es gehört zu den großen Zeugnissen des Elohisten, daß Israel überhaupt nur durch politischen Ungehorsam auf Grund der Gottesfurcht zum Volk wurde. Israels ganzer Weg erscheint als eine Geschichte der Gehorsamserprobungen. Am ergreifendsten belegt das die bekannteste elohistische Erzählung von der Prüfung Abrahams: In der Bereitschaft, selbst den Sohn der Verheißung (und damit die verheißene Zukunft des Volkes) zu opfern, erweist er seine Gottesfurcht (1. Mose 22,1–12).

(4.) Es muß eine *Zeit* voller Versuchungen gewesen sein, die den Elohisten so stark mit dem Anliegen beschäftigt, aus den Väterzeugnissen den richtigen Weg des Gottesvolkes zu erkennen. Darum läßt er die Menschheits- und Völkererzählungen beiseite, die der Jahwist in den Tagen des Großreichs brauchte. Die fortgeschrittene Reflexionsstufe läßt ihn trotz der Reduktion der Stoffe auf den alten Bekenntnisstand als jünger erscheinen. Die Menschen im Nordreich, im Jahrhundert zwischen Elia und Hosea (9. bis 8. Jahrhundert v. Chr.), hatten zahllose Gehorsamsproben zu durchstehen: Kanaanäische Kultriten übten verführerische Kraft aus (Hos. 1 f.), Könige bestritten mit fremden Herrschaftsstrukturen altisraelitische Freiheiten (1. Kön. 21), soziale Umbrüche griffen ins Recht ein (Amos 5). Diese höchst gefährdeten Generationen wurden durch den elohistischen Ruf zur Gottesfurcht unmittelbar angesprochen.

1.3 ICH, EUER GOTT — IHR, MEIN VOLK
Priesterschrift und Deuteronomium

1. Ein dritter Erzählungsstrang hebt sich im Pentateuch
deutlich vom Jahwisten und Elohisten ab. Wir sahen
schon, daß er sich als Rahmen um die älteren Literatur-
werke herumlegt (1. Mose 1; 5. Mose 34,7–10; s. o.
S. 13 f.). Die Wissenschaft nennt ihn wegen seines Interesses an kultischen Vorgängen die *Priesterschrift*. Die
Redaktionsmethode in Israel bettete gern unverzicht-
bares älteres Gut in jüngere Fassungen ein. Schon daher
kann man vermuten, daß wir hier die späteste erzählerische Gestaltung der Hauptartikel altisraelitischer
Gründungs- und Glaubensgeschichte vor uns haben.
Mögen zwischen dem ältesten Wurf des Jahwisten im
10. Jahrhundert und dem Elohisten ein bis zwei Jahrhunderte liegen, so sind bis zur priesterlichen Erzählung
in ihrer heutigen Gestalt sicher weitere zwei Jahrhunderte vergangen. Für ihre Entstehung vor der Exilszeit,
das heißt etwa vor der Mitte des 6. Jahrhunderts, sind
keine einleuchtenden Gründe beizubringen.
(1.) Zunächst ist zu beachten, daß die Priesterschrift Israels Anfänge wieder in einen *weltgeschichtlichen* Rahmen rückt. Der Elohist zeigte bei seiner Konzentration
auf Israel kein Interesse an Menschheitsgeschichten.
Unser jüngster Zeuge ähnelt darin mithin dem Jahwisten, mit dessen Völkererzählungen denn auch seine
Texte jetzt in der Urgeschichte in 1. Mose 1–11 eng
verflochten sind. Israel lebt also wieder in weiten Horizonten. Allerdings ist es jetzt nicht selbst Zentrum und
Vormacht eines Großreichs wie unter David und Salomo. Von der neubabylonischen Weltmacht erobert,

hat es seine eigene staatliche Ordnung, sein Land und seinen Tempel verloren: Es fristet eine Randexistenz in einem fremden Weltreich.

Die bunte Völkerwelt, die den Jahwisten in den Beispielen der Keniter, der Kanaanäer und der Babylonier beschäftigte, tritt ganz hinter steifen Genealogien zurück (1. Mose 10,1–7.20.22 f.31 f.; vgl. Kap. 5). Erzählt wird nur, was die gesamte Menschheit betrifft: die Schöpfung, die Flut und der Noahbund. Von der Schöpfung sollen auch die Bedrängten im Exil wissen, daß sie von Gott her nur gut für den Menschen ist (1,31): Den Wassermassen, die im Zweistromland das Chaos androhen, sind klare Schranken gesetzt (1,6–10; für den Jahwisten galt die kanaanäische Sicht: Wasser bedroht nicht Leben, sondern ermöglicht es allererst 2,6); in den Gestirnen sind nicht willkürlich verfügende Astralgötter zu sehen, sondern von Gott erstellte Helfer des Menschen (1,14–18); kein anderer als der Mensch selbst ist zum Repräsentanten (Bild) Gottes im gesamten Kosmos eingesetzt (1,26–28). Die Fluterzählung (6,9–22; 8,14–19, dazwischen mit jahwistischen Einschüben durchsetzt) besagt, daß die ganze Menschheit durch ihre Gewalttätigkeiten ihr Leben verwirkt hat (6,13), daß Gott ihr aber doch durch den einen Gerechten, Noah (6,10), einen neuen Lebensanfang gewährt (8,15 ff.). Fortan lebt sie unter der Toleranz Gottes. Sein Verzicht auf völlige Vernichtung wird theologisch kühn in einer vorgreifenden Parallele zu Gottes Versprechen an Abraham (1. Mose 17) und Israel (2. Mose 6) als »Bund« mit Noah erklärt; ihm wird ein weltweites Bundeszeichen zugeordnet: Gott setzt den Bogen in die Wolken, wie ein Schütze seine Waffe an den

Nagel hängt (9,8–17). So also soll das versprengte Israel die Völkerwelt sehen: Sie lebt allenthalben von der Güte des Schöpfers und seinem Gewaltverzicht.

(2.) *Israel* selbst ist darüber hinaus in ein wissendes Verhältnis zu Gott hineingenommen. In seiner Fremdlingschaft unter den Völkern darf es sich Abrahams erinnern (1. Mose 17,8), dann des wandernden Zeltes und der transportablen Lade als Orten der Gottesbegegnung (2. Mose 25,10 ff.; 29,42 ff.; 40,1 ff.), vor allem aber der Bundeszeichen, die sich wesentlich vom Bogen in den Wolken unterscheiden. Abraham wurde die Beschneidung (1. Mose 17,10 ff.) als Zeichen der Zugehörigkeit jedes einzelnen Israeliten zum Gott der Verheißung (V. 4 ff.) gegeben und Israel der Sabbat als Zeichen des vollendet fürsorglichen Werkes Gottes, das der Mensch nur durch völlige Arbeitsruhe feiern kann (2. Mose 16, 23–30; vgl. 1. Mose 2,1–3; 2. Mose 31,12–17). Beide Bundeszeichen sind im Unterschied zum Noahzeichen Bekenntnisse des um Gott wissenden Menschen; beide können in der Diaspora praktiziert werden.

(3.) Dabei entwickelt die Priesterschrift eine *Theologie,* nach der jedes Geschehen von einem Wort Gottes herkommt. »Gott sprach: Es werde Licht, und es ward Licht« (1. Mose 1,3). Darum wird zum Beispiel beim Noahbund (1. Mose 9) und beim Abrahambund (17,1 bis 16) nur noch das Wort Gottes selbst berichtet. Oder die Durchführung der Anweisungen wird im gleichen Wortlaut erzählt (zum Beispiel 4. Mose 27,15–21: 22 f.; 2. Mose 25–29: 35–39). Diese konsequente Theologie des Wortes Gottes wird durch das prophetische Wort angeregt worden sein, das im Exil erhöhte Aufmerksamkeit fand (Jes. 40,8; 55,10 f.). Es schärfte das Auge für den konstitutiven Charakter der Verheißungs- und Befehlsworte Jahwes in den älteren Pentateuchtraditionen.

(4.) Als aktuelle *Botschaft* betont die Priesterschrift den ersten Satz der zweigliedrigen Bundesformel: *Ich bin euer Gott, ihr seid mein Volk.* Israel hatte dem Anspruch, als Jahwes Volk zu leben, nicht entsprochen. So hatte es Land, Staat und Tempel verloren. Nach erlittenem Gericht (vgl. Jes. 40,2) soll es sich nun jedoch erinnern, daß Gott sich selbst versprochen hat und daß von ihm her der durch Israel gebrochene Bund trotz allem in Kraft steht (vgl. Jer. 31,31–34; Hes. 36,22 bis 32). So betont die Priesterschrift als Inhalt des Bundes Jahwes Versprechen: »Ich will mich als euer Gott erweisen« (1. Mose 17,7b.8b; 2. Mose 29,45 f.). Ganz charakteristisch ist es, wie die zweite Hälfte der Bundesformel — wo sie überhaupt vorkommt — durch Subjektvertauschung umformuliert und der ersten Hälfte untergeordnet wird: »Ich will euch als mein Volk annehmen, und ich werde mich euch als Gott erweisen, und ihr sollt erkennen, daß ich, Jahwe, euer Gott bin, der euch aus dem Frondienst Ägyptens herausführt« (2. Mose 6,7). So soll Israel unter der Fremdherrschaft die Exodustradition neu begreifen. Die Passahfeier, im Unterschied zu ihrer Zentralisation in 5. Mose 16 (s. u. S. 52) wieder in die Familie verlegt, weckt die Hoffnung der versprengten kleinen Gruppen in der Diaspora (vgl. 2. Mose 12,11–14 mit Jes. 52,10–12).

Exkurs:

Die literarkritische Methode kann anhand der priesterschriftlichen Neufassung der Exodustradition erläutert
werden. Wir wählen dazu die Parallelberichte über
Moses Berufung.

(1.) Die *Notwendigkeit* literarkritischer Fragestellung
ergibt sich daraus, daß in 2. Mose 2,23–6,8 der Stoff
dreifach und textlich eng verflochten berichtet wird.
Wir vergleichen die Stücke der *Anrede Moses* in 3,7 f.;
3,9 f. und 6,2–8. Jedesmal sagt *Gott von sich selbst*, daß
er auf die Not seines Volkes *Israel in Ägypten* aufmerksam geworden sei (3,7.9; 6,5) und daß er es *aus
Ägypten heraus* gelangen lassen möchte (3,8.10; 6,6). Sofort stellt sich die Frage, warum hier an Verknüpfung
literarischer Fäden und nicht an die Verbindung vorliterarischer Überlieferungen zu denken ist, wie es sich
beim dreifachen Bericht von der Verleugnung der Ahnfrau als notwendig erwies (s. o. S. 30 f.). Dort war der
Stoff in verschiedene Traditionskreise gewandert, in den
Abrahamkreis und in die Isaaküberlieferung; so lagen
die literarischen Fassungen weit auseinander; in der
gleichen literarischen Schicht konnte derselbe Stoff in
weiter Entfernung zweimal vorkommen (1. Mose 12
und 26: Jahwist); im gleichen Überlieferungskreis fand
er sich zweimal verschiedenartig literarisch gestaltet,
mit den durchgängig beobachtbaren Eigenheiten der
Sprache und Anschauung des Jahwisten (1. Mose 12)
und des Elohisten (20). In 2. Mose 3–6 hingegen bleiben
wir im einheitlichen Stoffbereich der Moseberufung mit
den aufgewiesenen inhaltlichen Identitäten. Die Dreier-
parallele legt hier die Arbeitshypothese nahe, daß der

gleiche Stoff von den drei Quellen (Jahwist, Elohist und Priesterschrift) dreifach formuliert und später redaktionell vereint wurde. Methodische Schritte müssen erproben, ob man die vorliegende Komposition besser aus literarischen Quellen oder als ersten Niederschlag mündlicher Tradition erklären kann.

(2.) Nach der Feststellung enger Verwobenheit leicht variierender Parallelen sind zunächst Differenzen im *Sprachgebrauch* zu prüfen, im Hinblick auf möglicherweise vorgegebene schriftliche Quellen. Wir beobachten, daß die Not der Israeliten in den drei fraglichen Texten mit drei verschiedenen Worten beschrieben wird: 3,7 »Unterdrückung«, 3,9 »Bedrängnis«, 6,6 »Sklavendienst«. Dabei weist der Satzzusammenhang nur geringe Unterschiede auf. Doch die Art, wie Israels Klage über die Not und Jahwes Aufmerken geschildert werden, bestätigt die Vermutung literarischer Parallelen. 3,7 wird am ausführlichsten konkret: »Ich habe sehr wohl gesehen die *Unterdrückung meines Volkes,* das in Ägypten ist, und ihr Schreien über ihre *Unterdrücker* habe ich gehört, ja *ich weiß* um seine *Schmerzen.*« 3,9 ist knapper gehalten: »Jetzt aber sieh, das Schreien der Söhne Israels *ist zu mir gekommen,* und ich habe auch die *Bedrängnis* gesehen, mit der Ägypten sie *bedrängt.*« (Da V. 8 und 10 jeweils über den Rettungsplan sprechen, drängt sich schon jetzt die Annahme auf, daß 3,7 f. und 9 f. zu verschiedenen Quellen gehören.) 6,5 ist im Konkreten sehr knapp, obwohl der Kontext V. 2–8 ungebrochen breit meditiert: »Ich habe auch das *Gestöhn* der Söhne Israels gehört, die Ägypten *versklavt,* und habe *meines Bundes gedacht.*« Bleiben die drei Sachparallelen bei bezeichnenden Wortvarianten verständlich, wenn sie nicht auf schriftliche Vorlagen zurückgehen?

(3.) Differenzen der *Anschauung* verstärken die Frage und ermöglichen schon eine Quellenzuordnung. Der letzte Text (6,5b) weist mit dem »Gedenken« Jahwes an den »Bund« auf die Priesterschrift, zumal vorher an das Aufrichten des Bundes mit Abraham erinnert wurde und an die Zusage, den Nachkommen »das Land der Fremdlingschaft zu geben« (vgl. 6,4 mit 1. Mose 17,7 f.). Auch der Eingang 6,2 ist echt priesterschriftlich: »*Gott* redete mit Mose und sprach: Ich bin Jahwe. Ich bin Abraham, Isaak und Jakob als El schaddaj (»der allmächtige Gott«) erschienen. Mit meinem Namen *Jahwe* habe ich mich ihnen nicht zu erkennen gegeben.« Im Rahmen steht »Gott« wie zuvor regelmäßig in der Priesterschrift (1. Mose 1; 9; 17; 2. Mose 2,23–25!); innerhalb der Gottesrede an Mose wird der Übergang vom Namen El schaddaj (Anrede Abrahams in der Priesterschrift 1. Mose 17,1!) zu »Jahwe« verkündet. Der Gebrauch des Gottesnamens ermöglicht auch einen ersten Versuch der Zuordnung der beiden Parallelen. 3,7 beginnt: »Und *Jahwe* sprach«; das ist hier offenbar ebenso unproblematisch wie beim Jahwisten von Anfang an. Die Parallele 3,9 f. beginnt nicht mit einer neuen Einführungsformel, fährt aber in V. 11 ff. nahtlos fort mit dem Satz: »Und Mose sprach zu *Gott*.« Damit verrät sich der Elohist, der ja dann erst im folgenden — ein Beleg für Vorbilder der Priesterschrift! — zur Eröffnung des Jahwenamens kommt (s. o. S. 39).

Zwingender als der Unterschied der Gottesnamen entscheiden die verschiedenen Gottesvorstellungen über die

Quellenzuweisung. Wir beachten jetzt nur, wie die Rettung angekündigt wird. In 3,8 heißt es in der Jahwerede: *»Ich bin herabgestiegen,* um es aus der Hand Ägyptens zu retten und es heraufzuführen.« In V. 10 dagegen wird *Mose* angesprochen: »So gehe jetzt, ... *führe mein Volk,* die Söhne Israels, aus Ägypten heraus!« Die jahwistische und die elohistische Theologie könnten nicht charakteristischer nebeneinanderstehen! In der Turmbauerzählung »steigt« Jahwe »herab« (1. Mose 11,5, Jahwist!), in 1. Mose 18,21 (Jahwist!) sagt er selbst, er wolle nach Sodom »hinabsteigen«, nach 2. Mose 19,11 (Jahwist!) »steigt« er auf den Sinai »herab«. Genau das gleiche Wort belegt hier jene anthropomorphe Theologie des Jahwisten, in der Jahwe selbst sich auf der Erde um den Menschen kümmert (s. o. S. 37). Dagegen hält Gott in 3,9 f. wie beim Elohisten auch sonst Abstand und bedient sich eines Beauftragten, hier des Mose (s. o. S. 39). Nicht Jahwe, sondern Mose führt Israel heraus. Die Priesterschrift schließlich versteht den Exodus als Erfüllung des Abrahambundes (6,4). Das Auszugsgeschehen wird vornehmlich als Beginn der Landschenkung gedeutet: Das Land der Fremdlingschaft der Väter wird Israels eigener Besitz (V. 8). Der Exilsgemeinde wird es so gesagt. Der Jahwist dagegen sprach von dem »guten und weiten Land« (3,8), denn Fruchtbarkeit und Größe des Landes beschäftigten die salomonische Zeit mehr als jene Überlieferung, nach der die Väter als Fremde im Lande weilten.

(4.) Literarkritik erfüllt erst da ihren Sinn, wo ein Quellenstück einem größeren Zusammenhang und dessen literarischer Zielsetzung zugeordnet werden kann.

Der Vergleich der *Verkündigungsakzente* im Einzelstück und im Ganzen kann der Kontrolle dienen. 6,2 bis 8 stellt den Bericht von der Erhörung der Not und der Zusage der Herausführung (V. 5–6) unverkennbar in den Dienst des spezifisch priesterlichen Kerygmas, indem V. 7 hinzufügt: »Ich will euch als mein Volk annehmen, und *ich werde mich euch als Gott erweisen*, und ihr werdet erkennen, daß *ich, Jahwe, euer Gott* bin« (s. o. S. 44). Beim Elohisten wird in 3,10 Moses Gehorsam beansprucht; zuvor wurde in 3,6b von Mose gesagt: »Er verhüllte sein Angesicht, denn er *fürchtete sich, Gott* anzuschauen.« Das fügt sich in die elohistische Verkündigung der Gottesfurcht ein (s. o. S. 39). Die jahwistische Botschaft vom *Segen* wird in unserem Fragment nur in der Zielangabe des »guten und weiten Landes« spürbar; erst der weitere Zusammenhang verdeutlicht, daß der Widerstand gegen Jahwes Rettungswillen Ägypten Fluch bringt (vgl. die Plagenerzählungen 7,14 ff.), die Zustimmung jedoch auch für den Pharao Segen erwarten ließe (12,32; s. o. S. 36 f.).

(5.) Neben der Quellen*scheidung* muß Literarkritik auch die Quellen*fügung* untersuchen, also die *Redaktionsgeschichte*. Nach unserem Beispiel waren Jahwist und Elohist schon vor der Zeit der Priesterschrift verknüpft (3,1–6,1); so wurden sie in die jüngste Quelle hineingenommen (vgl. 2,23–25 mit 6,2 ff.!). Die älteren Quellen wurden so eng verbunden, damit der Leser jetzt den elohistischen Auftrag an Mose (3,10) als Ausführung des vom Jahwisten erklärten Jahwewillens (3,8) verstehen soll. Da jedoch die unterschiedlich formulierten Begründungen in die beiden Erhörungsberichte mit hineingenommen wurden und die Differenzen der jahwistischen und elohistischen Theologie entsprechen, bleibt die Komposition aus zwei Quellen erkennbar. »Und jetzt« in 3,9 ist geschickte redaktionelle Verknüpfungsformel. Die Redaktoren, die das jahwistisch-elohistische Gefüge mit der Priesterschrift verbanden, lassen die älteren Quellen zunächst noch bis zum Scheitern der ersten Unterredung mit Pharao weitererzählen (Kap. 3–5). So erscheint die priesterliche Parallele in 6,2 ff. jetzt als eine erneute Berufung. Wortlaut und Anschauung zeigen jedoch den Quellenzusammenhang mit 2,23 f.

In manchen Fällen kann es strittig sein, ob literarische oder mündliche Überlieferung kombiniert wurde. Wer die Überlieferungsgeschichte erforscht, muß mit beidem rechnen. —

2. Der priesterschriftliche Faden umschließt neben dem jahwistisch-elohistischen Werk und mancherlei Nachträgen mit seiner Erzählung von Moses Tod (5. Mose 34,7–9) auch noch das *deuteronomische Gesetzbuch* (5. Mose 4,44–28,44). Deuteronomium wird es nach 5. Mose 17,18 als »Zweitschrift des Gesetzes« genannt. Das 5. Buch Mose umrahmt das ältere Gesetzbuch noch mit Reden späterer Schüler, die wir Deuteronomisten nennen (1,1–4,43; 28,45–30, 10 u. a.). Mit diesen Reden wird das Deuteronomium als Kopfstück in das deuteronomistische Geschichtswerk hineingezogen (s. u. S. 64). (1.) Der *Aufriß* des Deuteronomiums ist klar. Im Kern (Kap. 12–26) sind Gesetzesinterpretationen zusammengestellt; sie werden durch Predigten in Kap. 6–11 eingeführt, denen noch der Dekalog (Kap. 5) vorangestellt

ist. Fluch- und Segen-Reihen stehen am Ende (Kap. 27f.). Sicher ging das Buch aus mündlicher Praxis hervor, wenn nicht sogar sein Aufbau ein liturgisches Formular spiegelt.

(2.) Die *Entstehung* wird in Kreisen levitischer Prediger gesucht, die geistig dem Propheten Hosea verwandt waren. Als literarische Urkunde liegt das Deuteronomium wenigstens teilweise der Kultreform des Königs Josia im Jahre 622 zugrunde (2. Kön. 22 f.); es muß also im 7. Jahrhundert entstanden sein. Schichten der Entstehung sind vor allem am Wechsel zwischen singularischem und pluralischem Anredestil zu erkennen. Im einzelnen sind die literarhistorischen Probleme umstritten.

(3.) Deutlich heben sich *theologische Grundsätze* dieser Gesetzesauslegung heraus. Eine Hauptschicht betont, daß Jahwes Schenkungen den Gehorsamstaten Israels voraufgehen. So ist die Opferfeier nicht eine verdienstliche, harte Leistung, sondern mit ihr soll Israel »nach Herzenslust ... dem Segen Jahwes, den er gibt« (12,15), entsprechen. Wenn der Sklave im siebenten Jahr freigelassen wird, soll er reich beladen werden mit Gaben vom Vieh, von der Tenne und der Kelter, »womit Jahwe dich gesegnet hat« (15,14). Im Gehorsam äußert sich die Freude am Segensüberfluß. Begründet ist diese Segensgeschichte mit dem Bund, den Jahwe am Horeb geschlossen hat (5,2 f.; 9,8 f.). Er gilt der gegenwärtigen Generation »heute und hier« (5,3). Das ganze Deuteronomium gibt sich als Neuverkündigung des Sinaibundes, als eine einzige ausführliche Moserede im Moabiterland (4,44 ff.). Die übrigen alten Traditionen helfen nur, diesen Bund zu charakterisieren: Er war schon den

Vätern zugeschworen und ist als freier Liebesbund durch die Rettung aus dem Sklavenhaus Ägypten und die Gabe des Landes erwiesen (7,1 ff.7 ff.). Als Unterpfand seiner bleibenden Gegenwart hat Gott für Israel seinen Namen Jahwe an einem erwählten Ort »niedergelegt« (12,5) oder »wohnen lassen« (12,11; 14,23 f.; 16,2.6.11; 26,2). So tritt im Deuteronomium — nach der anthropomorphen Theologie des Jahwisten, in einem gewissen Anschluß an die Mittlertheologie des Elohisten und vor der priesterschriftlichen Theologie des Wortes Gottes — erstmalig eine Bundestheologie und eine Theologie des Namens Jahwe in Israel auf.

(4.) Dabei ist es das *Hauptanliegen* der deuteronomischen Verkündigung, Israel als »heiliges Volk«, als »Volk des Eigentums Jahwes« anzusprechen (7,6; 14,2; 26,18 f.). Damit ist im Unterschied zur späteren Priesterschrift (s. o. S. 44) die zweite Hälfte der Bundesformel — Ihr seid Jahwes Volk! — zum Hauptthema ihrer Botschaft geworden. Die Deuteronomiker haben die Gerichtsbotschaft der Propheten vernommen und eifern darum, Israel zum Hören zu bringen und doch noch im Heilsstand zu halten. Jeder rechte Prophet ist ein wiedererweckter Mose (18,15 ff.). Konkret rufen sie von den vielerlei Kulten im Lande weg zur Sammlung an dem einen Ort, den Jahwe als Wohnstatt seines Namens erwählt hat (12,2 ff.; 16,1 ff.). Sie zeigen ein Herz für die sozialen Probleme der Armen und Sklaven (15,7 ff.12 ff.), wie die Begründung des Sabbatgebotes in 5,14 f. im Unterschied zu 2. Mose 20,11 zeigt. Selbst der König wird in 17,14 ff. in die Mitte der auf Jahwe hörenden Brüder geholt; er soll sich weder durch militärische Macht noch durch einen großen Harem noch durch einen Kronschatz auszeichnen, sondern durch eifriges Studium der Thora. Die Flüche in 28,15 ff. sehen Israel in höchster Gefahr, die Bundesgaben durch Mißachtung der Stimme Jahwes zu verlieren.

3. Neben dem Deuteronomium kennt der Pentateuch noch zahlreiche kleinere Rechtsbücher und Gesetzessammlungen.

(1.) Am ältesten ist das »Bundesbuch« in 2. Mose 20,22 bis 23,19. Teilweise sind seine Bestimmungen im Deuteronomium verarbeitet. Nach altorientalischer Schultradition stellt es Rechtsmaterialien in einer gewissen Ordnung bereit. Das Leben der Stämme in vorstaatlicher Zeit, aber nach der Landnahme, wird vorausgesetzt.

(2.) Eine Sammlung aus späterer Zeit, wohl nicht weit entfernt vom Deuteronomium, findet sich in 3. Mose 17–26. »Heiligkeitsgesetz« wird es genannt nach seinem Grundsatz: »Seid heilig, denn ich, Jahwe, euer Gott, bin heilig!« (19,2; ähnlich öfter). Es hat allerlei altes Material aufgenommen, wie 3. Mose 18 mit seinen Grenzbestimmungen des Geschlechtsverkehrs bei den verschiedenen Verwandtschaftsgraden in der nomadischen Großfamilie zeigt; in 3. Mose 19 finden sich inhaltlich dekalogähnliche Weisungen, aber in kleineren Reihen von zwei bis vier Einheiten.

4. In den verschiedenen Rechtssammlungen begegnen zwei Grundformen: kasuistische Rechtsbestimmungen und normative Rechtsgrundsätze.

(1.) Die kasuistischen Sätze legen im Vordersatz einen Fall dar und geben danach die Strafbestimmung als Rechtsfolge an. Diese Form findet sich in vielen altorientalischen Rechtsbüchern, zum Beispiel im Codex Hammurabi. Das alte Israel wird hier weithin das in kanaanäischen Städten gepflegte Recht übernommen haben.

(2.) Die *normativen* Rechtsgrundsätze begegnen in kürzeren oder längeren Reihen. Sie stellen schlechthin verwerfliches Verhalten unter Todesstrafe, wie die ins Bundesbuch aufgenommene Reihe in 2. Mose 21,12.15 bis 17; 22,18 f., oder unter den Fluch, wie die Zwölferreihe in 5. Mose 27,15–26, oder aber sie gebieten oder verbieten eine Tat in apodiktischer Weise, ohne überhaupt eine Rechtsfolge darzulegen, wie der Dekalog in 2. Mose 20 und 5. Mose 5 oder auch die in 3. Mose 19 aufbewahrten kleineren alten Reihen. Dieses normative Grundrecht, das durch Grenzmarken den Raum der Freiheit sichert, ist in der Form der Reihen und vor allem nach seinem Inhalt typisch für Israel, zumal das Fremdgötter- und Bilderverbot als Hauptgebote das profane Leben, das die übrigen Sätze behandeln, bestimmen und befreien.

5. Im übrigen hat der Pentateuch noch zahlreiche *Ritualvorschriften* an sich gezogen, zum Beispiel Opferanweisungen in 3. Mose 1–7 und Reinheitsvorschriften in 3. Mose 11–15. An einigen Stellen kann die Forschung heute erkennen, daß sie aus hartnäckigen Auseinandersetzungen mit Fremdkulten hervorgegangen sind, die Israel aus dem Freiheitsraum Jahwes herauslocken wollten. So wissen wir jetzt durch die Texte aus ras esch-schamra (s. u. S. 159), daß im alten Ugarit der Wildeber in enger Beziehung zu dem dortigen Gott Alijan Baal stand. 3. Mose 11,7 aber erklärt das

Schwein für unrein; ebenso wird 11,4 das Kamel für unrein erklärt, womit die kultische Scheidung von den Kamelnomaden verdeutlicht wird. Im ganzen durchbebt diese uns zumeist fremden Kultanweisungen eine verhaltene Leidenschaft für die Reinigung und Befreiung des gesamten alltäglichen Lebens.

1.4 UMKEHR UND SCHEIDUNG
Deuteronomistisches und chronistisches Geschichtswerk

1. Israel hat innerhalb des alten Orients und der Antike einen singulären *Weg zur großen Geschichtsschreibung* zurückgelegt. Die ältesten Dokumente bezeugen uns, daß Israel seinem Gott Jahwe zuerst im freien Feld profaner Geschichte begegnete. Jahwe hat Israel eine Geschichte inmitten der Völker eröffnet. In dieser Geschichte hat er mit Israel geredet und gehandelt und so seine Geschichte für die Menschheit in Gang gesetzt. Ebendeshalb hat ihn schon das Mirjamlied besungen, haben ihn die Grundsätze der alten Bekenntnisformulierungen gerühmt, ebenso haben ihn schon der Jahwist und auch die Priesterschrift dargestellt. Doch waren die großen literarischen Gestaltungen des Pentateuch mehr Bekenntniswerke als Geschichtsschreibung in einem strengeren Sinne. Wohl sind die Übergänge fließend. Denn ein klares Geschichtsbewußtsein trägt fraglos schon den Jahwisten in seiner Darstellung des unumkehrbar sich verändernden Weges der Menschen. Aber einige Merkmale der Unterscheidung sind doch zu beachten. In ihrem Aufriß waren die Pentateuchwerke von den großen Themen des »Credo« bestimmt und nicht von einem primär historischen Interesse. In der

Einzelerzählung wandten sie sich weit stärker dem Wort und wunderhaften Wirken Jahwes zu als einem noch nicht recht greifbaren, weil nicht belegbaren spezifischen Profil der menschlichen Geschichtsgestalten. So waren die Pentateuchquellen denn auch weithin lockere Sammlungen typisierender Paradigmen oder Ätiologien und allenfalls in kerygmatisch bestimmten Ansätzen auf größere Zusammenhänge bedacht, jedoch nicht an der Aufdeckung immanenter Ursachen und Folgen interessiert.

Was dort noch nicht war, wird erst im deuteronomistischen Geschichtswerk, aber auch schon in seinen Quellen erreicht: Der belegbare historische Weg bestimmt den Gang der Darstellung, das Interesse an Wundern tritt hinter der scharfen Beobachtung der menschlichen Kräfte und ihrer Eigenart zurück, die Einzelszene geht in der Verknüpfung der innergeschichtlichen Zusammenhänge auf.

Da das deuteronomistische Geschichtswerk die älteren literarischen Quellen behutsam benutzte und aufnahm, erlaubt es uns, die Hauptstadien altisraelitischer Geschichtsschreibung zu beobachten. Dabei vollzieht sich ein Wandel der Bezeugung Jahwes. Wir stellen fünf Phasen mit Beispielen heraus.

(1.) Am unmittelbarsten läßt immer noch das *Lied* spätere Generationen an einem historischen Ereignis teilnehmen, wenn es in jener Stunde geboren ist. Als David siegreich aus der Philisterschlacht heimkehrte, sangen die Frauen zum Tanz: »Saul schlug seine Tausende, David aber seine Zehntausende!« (1. Sam. 18,7). Dieses Lied wanderte über die Grenzen, so daß die Philister David eben in diesem Liede charakterisiert fanden: »Das ist doch der, zu dessen Ehren man im Reigen sang: Saul schlug seine Tausende, David aber seine Zehntausende!« (1. Sam. 21,12; 29,5). Der Vers mit seinen nur fünf hebräischen Wörtern versetzt noch jeden Leser in die Begeisterung Israels über Davids Siege gegen die Philister; er deckt die historische Ursache der Spannungen zwischen Saul und David auf und den Grund der Beliebtheit des jungen Davids im Volk. Ähnlich holt das Deboralied in Richter 5 seine Hörer in das Kampfgetümmel zwischen israelitischen Stämmen unter Barak und kanaanäischen Truppen unter Sisera herein. Jahwe wird als der eigentliche Krieger und Sieger auf dem Hintergrund scharf gezeichneter Streitigkeiten und Schwächen im Stämmebund gepriesen. Zum Mirjamlied s. o. S. 14.

(2.) Die *Anekdote* hält unerfindbare Einzelfakten fest, mit denen eine Gesamtlage schlaglichtartig aufgehellt wird. So berichtet Richt. 12,1 ff. von einem Stämmezwist zwischen dem ostjordanischen Gilead unter Jephthah und dem westjordanischen Stamm Ephraim. Gilead schlug Ephraim und besetzte die Jordanfurten. Kontrollen sollten ephraimitische Flüchtlinge fassen. Als untrügliches Kennzeichen galt eine Dialektschwierigkeit. Die Posten forderten die Grenzgänger auf: »Sag mal Schibbolet!« (ein Wort für »Ähre«). Sprach er dann »Sibbolet« aus, so war er als Ephraimit entlarvt und wurde niedergeschlagen (12,6). Solche Feindseligkeiten gab es unter denen, die doch als Gottes Volk Israel zusammenstehen sollten. Das hält der Erzähler mit der repräsentativen Anekdote fest. »Anekdote« meint das »Nicht-Herausgegebene«, das Unveröffentlichte; es ist als mündlich überlieferte Einzelheit aufge-

griffen. Besonders gern halten Anekdoten bezeichnende
Aussprüche fest. So finden wir in den Berichten über
die Anfänge von Sauls Königtum den Satz: »Einige
Nichtswürdige aber erklärten: ‚Was kann der da uns
helfen?‘ Und sie verachteten ihn und brachten ihm kein
Huldigungsgeschenk« (1. Sam. 10,27). Damit wird sicher etwas historisch Zutreffendes überliefert, daß nämlich das Königtum in Israel nicht ohne Widerspruch
aufkam. Die Beurteilung der Sprecher als »Nichtswürdige« verdeutlicht die inneren Spannungen. Der überlieferte Ausspruch aber arbeitet der späteren deuteronomistischen Kritik in die Hände (vgl. 1. Sam. 8,7):
Jahwes Königtum wurde verworfen.
(3.) Auf der nächsten Stufe begegnen wir der *Episode*,
die einen vereinzelten Ereigniszusammenhang darstellt.
So berichtet Richt. 9 die Voraussetzungen des Königtums Abimeleks, sein Zustandekommen in Sichem und
sein baldiges Scheitern. Ähnlich episodisch wird in
1. Kön. 12,1–19 der Zerfall des Großreichs Salomos
unter dessen Sohn Rehabeam mit einem Bericht über
den Landtag zu Sichem historisch glaubwürdig verdeutlicht und dann als Fügung Jahwes durch Erinnerung an ein Prophetenwort Ahias von Silo gedeutet,
womit das Urteil des Erzählers expliziert wird.
(4.) In Salomos Tagen wird erstmals *Zeitgeschichte* im
größeren Zusammenhang dargestellt. Damit gehen die
punktuellen Erinnerungen von Lied, Anekdote und
Episode in Geschichtsschreibung ein. Zwei Gescheh-
nisfolgen wurden so verarbeitet: Die Geschichte vom
Aufstieg Davids (1. Sam. 16,14–2. Sam. 5,10) und die
von Davids Thronfolge (2. Sam. 6,23–1. Kön. 2,46).
Die menschlichen Ursachen und Wirkungen werden auf-

gespürt. Jahwes wunderhaftes Eingreifen tritt völlig zurück. Um so deutlicher wird, daß die Wirrnis der Vorgänge — beide Male ist ein aufregender Generationenwechsel im Königtum zu schildern! — nur von Jahwe her aufgelöst wird. Die Aufstiegsgeschichte beginnt: »Jahwes Geist wich von Saul«, und sie schließt: »David aber wuchs immer mehr an Macht, und Jahwe, der Gott Zebaoth, war mit ihm.« Diese Rahmennotizen decken den Ursprung des Interesses am größeren Zusammenhang auf. Daß bei Davids Thronfolge das wechselvolle Geschick der Anwärter durch Jahwes Wort bestimmt ist, wird nur indirekt mit der Einführung des Propheten Nathan (2. Sam. 7; 1. Kön. 1,11 ff.) herausgestellt. Der Glaube an die Alleinherrschaft des Wortes Jahwes setzt den Zeitgeschichtsschreiber frei, auch den großen David ohne Beschönigungen mit seinen menschlichen Schwächen und Fehlern, also historisch verläßlich darzustellen (2. Sam. 11 f.).

(5.) Die höfischen *Annalen* sind Voraussetzung einer viele Generationen umfassenden Geschichtsschreibung. Sie beginnen mit dem »Buch der Geschichte Salomos« (1. Kön. 11,41). Ihre Fortsetzung finden sie einerseits im »Buch der Geschichte der Könige von Israel« (1. Kön. 14,19 u. ö.), andererseits im »Buch der Geschichte der Könige von Juda« (1. Kön. 14,29 u. ö.). Hier werden neben dem Namen des jeweiligen Königs und seiner Mutter das Alter bei der Inthronisation, die Regierungsdauer, wichtige innen- und außenpolitische Ereignisse und oft die Begräbnisstätte notiert. Eine Vorgeschichte haben diese höfischen Tagebücher in den Listen der Richter (Richt. 10,1–5; 12,7–15).

Exkurs:

Der chronologische Rahmen der Geschichte Israels. Die Königsannalen sind wichtigste Hilfe für eine Chronologie. An dieser Stelle skizzieren wir darum jene Daten, die zum Verständnis der Geschichte Israels im Rahmen der altorientalischen Umwelt unentbehrlich sind. Wir unterscheiden als Hauptabschnitte die vorstaatliche Zeit, die Zeit des Königtums und die der jüdischen Gemeinde. (1.) Im 13. und 12. Jahrhundert, zur Zeit des Übergangs von der Spätbronze- zur Eisenzeit, werden israelitische Halbnomadenstämme im West- und Ostjordanland seßhaft. Sie kommen aus der östlichen und südlichen Steppe. Einige Gruppen waren zuvor unter Ramses II. (1290–23) im Neuen Reich Ägypten fronpflichtig. Um 1220 wird »Israel« erstmalig auf einer Stele des Pharao Merenptah nach dessen Palästinafeldzug als schwache Bevölkerungsgruppe erwähnt. Als im 12. Jahrhundert Ägyptens Kraft erlahmt, besetzen Seevölker die Küsten; sie geben als »Philister« dem Land den Namen »Palästina«. Gleichzeitig siedeln die israelitischen Stämme zwischen den altkanaanäischen Stadtherrschaftsgebieten im Bergland. Kämpfe mit Kanaanäern und Kamelnomaden flammen auf. Der Organisation und Bewaffnung der Philister zeigt sich der Heerbann der politisch nur lose verbundenen Stämme Israels gegen Ende des 11. Jahrhunderts nicht mehr gewachsen. Darum wird unter dem letzten »Richter« Samuel das Wehrkönigtum Sauls begründet. (2.) Zur staatlichen Ordnung wird Israel erst durch David geführt (1004–965). Er erobert Jerusalem und erhebt es zur Residenz, die — das ist für Jerusalem

einmalig in der Geschichte des Vorderen Orients! —
zur Metropole eines Großreichs wird. Denn David un-
terwirft nach den Philistern und den Kanaanäerstädten
die Aramäer, Ammoniter, Moabiter und Edomiter, so
daß sich sein Reich vom Euphratgebiet bis an die Grenzen des Nildeltas erstreckt. Mit der Überführung der
Lade nach Jerusalem erhebt er die Stadt zum Kult-
zentrum, aber erst Salomo baut einen Tempel, der um
955 geweiht wird. Nach Salomos Tod bricht das Großreich um 926 in die Staaten Juda (Südreich unter
Rehabeam) und Israel (Nordreich unter Jerobeam I.)
auseinander. In Jerusalem regieren die Davididen über
400 Jahre lang. Im Nordreich kommt es nur zu zwei
nennenswerten Dynastiebildungen: mit Omri, der Samaria als Residenz begründet und unter dessen Sohn
Ahab (871–852) Elia auftritt, und mit Jehu (844), des
sen bedeutendster Nachfahre Jerobeam II. (787–747)
wird. Unter Tiglatpileser III. (745–727) greift das neu-
assyrische Reich nach Palästina. Im syrisch-ephraimitischen Krieg (733) versuchen Aramäer und Israeliten
vergeblich, Ahas von Juda zu einem antiassyrischen
Bündnis zu zwingen. Inzwischen ist Jesaja (736–701)
in Jerusalem aufgetreten. War schon 732 das Gebiet des
Nordreichs bis auf das samarische Bergland in assyrische Provinzen verwandelt worden, so fällt unter
Sargon II. (722) mit der Hauptstadt auch dieser Rest
dem Großreich Assur zu. Sanherib belagert 701 vorübergehend Jerusalem unter Hiskia. In der zweiten
Hälfte des 7. Jahrhunderts verfällt Assurs Kraft. 612
fällt seine Hauptstadt Ninive. Damals konnte Juda
unter Josia (639–609) vorübergehend noch einmal er-
starken, politisch wie religiös (Kultusreform 622). Doch

schon im Jahrzehnt nach Josias Tod, unter Jojakim, baut Nebukadnezar II. (604-562) das neubabylonische Reich auf, erobert 597 Jerusalem, deportiert den König Jojachin und setzt Zedekia statt seiner ein. Dessen Aufbegehren wird nach eineinhalbjähriger Belagerung 587 mit der Zerstörung Jerusalems geahndet. Jeremias Wort begleitete die letzten vierzig Jahre des Staates Juda.

(3.) Die führenden Kreise wandern ins Exil nach Babylon. Unter den Verbannten treten Hesekiel und später Deuterojesaja auf. Dieser sieht schon Kyros II. heraufziehen, der 539 mit der Eroberung Babylons den Neubau eines persischen Großreichs vollendet. 538 erhalten die Juden sein Freilassungsedikt. Größere Heimkehrergruppen erscheinen aber wohl erst unter seinem Sohn Kambyses (529-522) bei dessen Ägyptenzug (525). Haggai und Sacharja fördern den Tempelwiederaufbau (520-515) unter Darius I. (521-485). Mit Esra vermehrt und erneuert sich die Heimkehrergemeinde. Vor oder nach ihm baut Nehemia als persischer Statthalter für Juda (445-433) die Stadtmauern Jerusalems auf. Alexander der Große erobert das Perserreich und 332 auch Palästina. Jetzt konsolidiert sich die samaritanische Gemeinde auf dem Garizim bei Sichem. Im 3. Jahrhundert beherrschen die Ptolemäer Palästina. Die Thora wird ins Griechische übersetzt. Im 2. Jahrhundert dringen die Seleukiden von Syrien her bis nach Jerusalem vor. Antiochus IV. Epiphanes (175-163) schändet den Tempel. Die Makkabäer widerstehen ihm. In den Tagen der Not erscheint das Buch Daniel, noch vor der neuen Weihe des Jerusalemer Tempels durch Judas Makkabäus im Dezember 164. Damit ist die alttestamentliche Zeit Israels beendet. —

2. *Das deuteronomistische Geschichtswerk*, das die Bücher 5. Mose, Josua, Richter, Samuel und Könige umfaßt, behandelt Israels Geschichte bis in die Zeit des neubabylonischen Reiches. So weit reichen offenbar seine Quellen. Für die damalige Lage Israels wird seine Aussageabsicht verständlich.

(1.) Zur Frage der *Datierung* ist zunächst zu beachten, daß als letztes in 2. Kön. 25,27 ff. «das 37. Jahr der Gefangenschaft Jojachins« erwähnt wird, die seit 597 dauerte. Damals hat Nebukadnezars Sohn Awil-Marduk bei seiner Thronbesteigung Jojachin aus der Haft an die Königstafel geholt. So muß das Werk nach 561 entstanden sein, aber auch nicht sehr viel später. Denn der Antritt der Weltherrschaft durch Kyros, der sich mit dessen weit ausgreifenden Feldzügen nach Kleinasien anbahnte und mit der Eroberung Babylons 539 vollendet wurde, findet weder mit seinen Folgen für Israel (das Freilassungsedikt von 538 wird nicht erwähnt) noch mit den voraufgehenden Erwartungen, wie Deuterojesaja sie belegt (44,28; 45,1 ff.), irgendeinen Niederschlag. Darum wird man das große Geschichtswerk in die Zeit um 550 datieren müssen.

(2.) Schwieriger liegen die Probleme der *Verfasserschaft*. Hier sind zwei extreme Ansichten auszuschließen. Man darf zum einen nicht an eine nur redaktionelle Bearbeitung von vorliegendem literarischem Material denken. Dieses lag mindestens für die jüngste Zeit des Untergangs Jerusalems und des Exils gar nicht vor. Vor allem aber ist der gesamte Stoff durch Reden und Reflexionen, die stilistisch und thematisch verwandt sind, kunstvoll gegliedert und unter Grundgedanken des an den Anfang gerückten Deuteronomiums gestellt.

63

Das geschieht in den Reden Moses in 5. Mose 1–4, Josuas in Jos. 1 und 23, Samuels in 1. Sam. 12, im Gebet Salomos 1. Kön. 8, in den Betrachtungen über die Ergebnisse der Landnahme in Jos. 12, über die Richterzeit in Richt. 2, über das Ende des Nordreichs in 2. Kön. 17 und über Juda in 2. Kön. 21,10–15 sowie in kleineren Stücken. Demnach muß man von einem wohl komponierten Geschichtswerk sprechen, das die Quellen verarbeitet und die Ereignisse deutet. Doch muß man deshalb nicht im anderen Extrem einen einzelnen Verfasser postulieren. Denn in den großen Reden sind stilistische Spannungen unverkennbar (zum Beispiel in 5. Mose 4 und 1. Kön. 8); auch werden in den Hauptteilen die Quellen verschiedenartig bearbeitet. Das Werk mag am ehesten in mehreren Schüben in einer Schule entstanden sein, die vielleicht in Nachfolge der höfischen Weisheitsschule in Jerusalem Zugang zu dem dort gesammelten Material hatte, jedenfalls aber in Juda arbeitete.

(3.) Die Inhalte sind in geschichtlicher Folge weithin durch die überlieferten *Quellen* bestimmt. Das gesamte Rechtsbuch des Deuteronomiums ist als wesentliches Kriterium des Geschichtsverständnisses, gerahmt durch neue Mosereden, an den Anfang gesetzt. (So bildet das Deuteronomium heute je einen Brennpunkt zweier verschiedener Ellipsen: Innerhalb der fünf Bücher Mose ist es mit seinem Zuspruch und Anspruch den Heilstaten Jahwes zugeordnet, vor den Büchern Josua bis Könige setzt es die Maßstäbe der Bewährungs- und Verfallsgeschichte Israels; dort zeigt es die Konsequenz der Heilsgeschichte, hier die Voraussetzung der Gerichtsgeschichte.)

Im Josuabuch werden Ortsätiologien von Gilgal, Jericho, Ai und anderen Städten, vornehmlich des Stammes Benjamin, als Modelle der Landnahme Israels generalisiert. Für die Richterzeit stehen völlig andere Überlieferungen um große charismatische Stammesführer zur Verfügung; die um Gideon (6-8) und Simson (13-16) ragen hervor. Dazwischen sind ältere und jüngere Orts- und Grenzlisten (Jos. 13-21) und eine Liste der »kleinen Richter« (10,1-5; 12,7-15) aufbewahrt. Die Richtererzählungen schließen erst mit den Samuelüberlieferungen. Diese nehmen zur Verdeutlichung der Philisterkämpfe die Ladeerzählung (1. Sam. 4-6) auf, deren Schlußteil des Inhalts wegen erst zwischen den Zeitgeschichtswerken vom Aufstieg und von der Thronfolge Davids in 2. Sam. 6 gebracht wird. Wie besonnen und sorgfältig die Quellen verarbeitet werden, zeigt die Materialfügung zu den Anfängen des Königtums in 1. Sam. 8-12. Sie gewährt sehr verschiedenen Stellungnahmen Raum: einer Anekdote (10,27), der Episode von Sauls Ammoniterkrieg (11), einer alten Legende von dem, der Eselinnen suchte und das Königtum fand (9-10), einer deutenden Verarbeitung des Streits um das Recht des Königs in Israel (Kap. 8; vgl. 10, 18 f. und Kap. 12). Ab Salomo kann sich der Geschichtsschreiber an den Leitfaden der höfischen Annalen halten; die des Nord- und Südreichs werden synchronistisch verzahnt, so daß der Regierungsantritt eines Königs mit dem Regierungsjahr des Königs im Bruderstaat bestimmt wird. Die bedeutendsten Einschaltungen sind novellistische Prophetenerzählungskränze: um Ahia von Silo (1. Kön. 11,29-12,20 und 14,1-18), Micha ben Jimla (1. Kön. 22), Elia (1. Kön. 17-19;

21; 2. Kön. 1), Elisa (2. Kön. 2–13) und Jesaja (2. Kön. 18–20).

(4.) In der Quellenverarbeitung zeigen sich die *Leitthemen* des deuteronomistischen Geschichtsverständnisses. Das Segens- und Fluchwort des Deuteronomiums ist mit dessen Grundsatz verbunden, daß die Reinheit des Jahwedienstes durch die Einheit der Kultstätte zu sichern sei (5. Mose 12). Darum wird allen Königen des Nordreichs »die Sünde Jerobeams« angelastet, die in der Errichtung anderer Kultstätten neben der einen, die Jahwe als Wohnort für seinen Namen erwählt hat, gesehen wird (1. Kön. 12,27 ff.; 13,34; 15,3 u. ö. bis 2. Kön. 17,22). Aber auch Jerusalem verfällt, weil es von Jahwe als dem einzigen Gott Israels abfällt. Das Großreich zerbricht, weil Salomo sich einen riesigen Harem leistet und sich demnach vielen Göttern zuwendet (vgl. 1. Kön. 11,1 ff. mit 5. Mose 17,14 ff.; 7,3 f.). Auch Juda geht unter, weil Könige wie Manasse Wahrsagerei und Zauberei, Fremdgötteraltären und -bildern in Jerusalem Raum gewähren (vgl. 2. Kön. 21,1–9 mit 5. Mose 17,3; 18,9–14; 12,5.9 f.).

Das andere Kriterium der Geschichtsdeutung zeigt sich in der Einschaltung von Prophetenerzählungen: das prophetische Wort. Schon aus Einzelerzählungen weiß der Deuteronomist, daß alle wichtigen Geschehnisse Erfüllung von zuvor verkündetem Prophetenwort sind. So verliert Ahab die Aramäerschlacht und fällt nach dem Wort Michas ben Jimla (1. Kön. 22,17.36 f.). So ist aber auch das Ende des Staates Juda mit dem Fall Jerusalems die Erfüllung des Wortes Jahwes durch die Propheten (2. Kön. 24,2 f.). Dabei vergegenwärtigen die Propheten nur die alte Weisung des Mose (vgl. 1. Kön.

2,3; 2. Kön. 17,13; 21,1 ff.). In Wahrheit scheitert also ganz Israel am immer neu bezeugten Mosewort des Deuteronomiums: »Jahwe ist unser Gott, Jahwe als einziger« (5. Mose 6,4).

Doch wozu wird mitten in der Katastrophe der Exilszeit der riesige Aufwand einer umfassenden Geschichtsschreibung getrieben? Die Bezeugung der Gerechtigkeit Jahwes und der Verläßlichkeit seines Wortes sowie der Hoffnungsschimmer am Ende des Werkes, der in Jojachins Freilassung aufleuchtet, werden in einer oft wiederholten Botschaft aufgenommen. Sie lautet: Kehrt um zu Jahwe! Sie findet sich am Kopf des Werkes als Summa der Mosereden (5. Mose 4,29–31) und später als Summa der Prophetenpredigt (2. Kön. 17,13) formuliert. Die Gesamtgeschichte wird verfolgt, weil die Umkehr in früheren Katastrophen die Wende brachte (Richt. 2,18; 3,9; 1. Sam. 12,20 ff.; 7,3). Sie wird direkt für die angedrohte Exilszeit als einzige Möglichkeit der Rettung bezeugt (5. Mose 4,27–31; 1. Kön. 8,46–48). Am Beispiel Josias wird sie präzisiert als Abkehr von den Fremdgöttern, als neuer Bundesschluß mit Jahwe unter dem Mosewort des Deuteronomiums (2.Kön. 23, 3.24 f.). Im Bedenken des früher ergangenen Gotteswortes und der jeweiligen Reaktionen Israels soll die geschlagene Generation den Weg in die Zukunft finden.

3. *Das chronistische Geschichtswerk* umfaßt die Bücher Chronik, Esra und Nehemia. Von Saul bis Zedekia (Exilsanfang) dient ihm weithin das deuteronomistische Geschichtswerk als Quelle, es führt aber darüber hinaus bis ins 5. Jahrhundert (Esra-Nehemia). Auf drei wesentliche Unterschiede sei kurz hingewiesen.

(1.) Bei weitem am ausführlichsten wird *David* dargestellt. Von Adam bis Saul bietet 1. Chron. 1–9 nur
Genealogien. Kap. 10 berichtet noch Sauls Tod. Der
gesamte Rest des 1. Buches (Kap. 11–29) behandelt David. Das 2. Buch stellt in 1–9 Salomo dar, in 10–36
die Zeit von Rehabeam bis zum Ende des Staates Juda
und zum Kyros-Erlaß; die Bücher Esra und Nehemia
fahren fort bis zu Nehemias Mauerbau (Neh. 2–7; 12)
und der inneren Neuordnung der Gemeinde (Esra 9;
Neh. 8–10; 13). Was interessiert an David? Die Eroberung Jerusalems (1. Chron. 11), die Überführung der
Bundeslade (13–16), die Vorbereitung des Tempelbaus,
seiner Einrichtungen und seines Personals (21–29), also
fast ganz einseitig der Jerusalemer Kultus. Zu dessen
Legitimation dient die Größe Davids.

(2.) Die Geschichte des *Nordreichs* wird als eine selbständige praktisch übergangen. Kennzeichnend ist es,
wie Jerobeam I. in einer Rede des Jerusalemer Königs
Abia belehrt wird, daß das »Königtum Jahwes in der
Hand der Söhne Davids liegt« (2. Chron. 13,6.8) und
daß allein in Jerusalem Jahwe recht gedient wird.

(3.) Diese Unterschiede zum deuteronomistischen Geschichtswerk macht die Darstellung der *nachexilischen*
Entwicklung verständlich. Esra 4,6–6,18 bringt eine
aramäische Chronik, die vom samaritanischen Widerstand gegen den Tempelneubau in Jerusalem handelt. In
Samaria hatte sich infolge der assyrischen Umsiedlun-
gen eine Mischbevölkerung entwickelt (Esra 4,10). Die
Jerusalemer Heimkehrer sind skeptisch gegenüber jenen
Synkretisten, zumal Samaria Sitz des persischen Statthalters war, bis mit Nehemia für Juda ein selbstän-
diger Statthalter eingesetzt wurde. Esra brachte dann

»das Gesetz des Himmelsgottes«, auf das sich die Gemeinde in Jerusalem neu gründete. Der Chronist richtet sich offenbar gegen die Gemeinde der Samaritaner, die sich im 4. Jahrhundert mit einem eigenen Kult auf dem Garizim konstituierte. Gegen sie wird zur Legitimation Jerusalems David herausgehoben und das Nordreich als böser Vorläufer jener Samaritaner hingestellt. So unterstützt diese neue Geschichtsdarstellung den reinen Jahwedienst in Jerusalem in spätnachexilischer Zeit.

2 Zukunft
Die Prophetie

2.1 DIE SENDUNG DER PROPHETEN
Berufung und Bewährung

Die Prophetie gilt als das erstaunlichste Phänomen der ganzen Geschichte Israels. Gemeint sind vor allem jene Gestalten, deren Worte als die der »späteren Propheten« in den Büchern Jesaja, Jeremia, Hesekiel und der Zwölfpropheten gesammelt sind. Ihre Vorgeschichte ist aus den Prophetenerzählungen zu erschließen, die sich in den Büchern Richter, Samuel und Könige finden; sie sind im hebräischen Kanon zusammen mit dem Buch Josua als »frühere Propheten« zusammengestellt. Die Nachgeschichte ist in der Apokalyptik zu suchen, die in Nachträgen zu den Schriftpropheten beginnt und im Kanon besonders durch das Buch Daniel vertreten ist. Was zeichnet die prophetischen Gestalten aus?

1. Sie werden in der Regel am Kopf ihrer Schriften mit ihren Namen eingeführt, lokalisiert und datiert. Die geschichtliche *Person* des Propheten gewinnt für die Überlieferung fundamentale Bedeutung. Die Autoren der Bekenntnis- und Geschichtswerke blieben anonym; ihre geschichtliche Person trat ganz hinter ihrem Stoff zurück. Die prophetischen Rufer gewinnen als Urheber

einer neuen und eigenartigen Spruchüberlieferung ihre eigentümliche Würde.

»Worte des Amos«, »Gesicht Jesajas«, »Das Wort Jahwes, das an Hosea erging« – so beginnen diese Schriften. Warum ist der *Name* unentbehrlich? Die Propheten selbst weisen darauf hin, daß Jahwe sie mit Namen angerufen hat. Sie werden einer Vision ausgesetzt und hören Jahwes Stimme: »Was siehst du da, Amos?« (7,8; 8,2). Ihr Mund wird angerührt, und die Stimme spricht: »Hiermit lege ich meine Worte in deinen Mund« (Jer. 1,9). Jahwes Wort wird ganz identisch mit einem Menschenwort.

Meist wird auch der Herkunfts- und der Bestimmungsort genannt: »Jahwe nahm mich (Amos aus Thekoa) hinter der Herde weg und sprach zu mir: Geh, verkündige meinem Volke Israel!« (7,15; vgl. 1,1). Noch wichtiger ist den Sammlern der Worte die Zeit. »Zwei Jahre vor dem Erdbeben« trat Amos auf (1,1). »Im Jahr, da der König Ussia starb«, sah Jesaja den Herrn (6,1). Bei Jeremia und Hesekiel häufen sich die Jahresdaten: »Im 13. Jahr Josias erging Jahwes Wort an Jeremia« (1,2), »im 5. Jahr nach der Wegführung des Königs Jojachin« an Hesekiel (1,2 f.). Bei Haggai wird jeder Spruch auf Monat und Tag genau datiert: »Im 2. Jahr des Königs Darius im 6. Monat am 1. Tag des Monats erging das Wort Jahwes durch Haggai an den Statthalter Serubbabel« (1,1). Die Angabe der Termine erscheint unerläßlich, weil der Bezug des Wortes auf die geschichtliche Stunde für das Verständnis unentbehrlich ist. Das datierte Wort ist seinem Inhalt nach in der Regel auf Zukunft aus. Es führt Israel in die welthistorischen Umbrüche hinein, die mit dem neuassyrischen, dem neubabylonischen und dem persischen Reich auf Israel zukommen.

Im Sinne jener Datierungen ist es sachgemäß, wenn wir die Propheten konsequent chronologisch ordnen, wie es auch durchweg die Absicht des Kanons ist. In der Zeit des vordringenden neuassyrischen Reiches treten im 8. Jahrhundert Amos und Hosea im Nordreich, Jesaja in Jerusalem und Micha im Lande Juda auf. In die Umbruchszeit vom neuassyrischen zum babylonischen Reich (in die zweite Hälfte des 7. Jahrhunderts) gehören Nahum, Habakuk, Zephanja und Jeremia; der letztere wirkt über den Zusammenbruch Jerusalems im Jahre 587 hinaus. Nach dieser Katastrophe tritt Obadja in Jerusalem auf; in den ersten Jahrzehnten des Exils wirkt Hesekiel in Babylonien, um die Mitte des 6. Jahrhunderts, also vor dem Umbruch vom neubabylonischen zum persischen Reich, wirkt ebenda Deuterojesaja (Jes. 40–55). Den Aufbruch aus dem Exil und die Neuanfänge in Jerusalem begleitet Sacharja; er regt gleichzeitig mit Haggai 521/20 den Wiederaufbau des Tempels an. Ferner wirken damals in Jerusalem Prediger, deren Stimmen in Jes. 56–66 (Tritojesaja) gesammelt sind. Zu Krisen innerhalb der persischen und im Übergang zur griechischen Zeit ergreifen im 5. und 4. Jahrhundert Maleachi, Joel, Deutero- (9–11) und Tritosacharja (12–14) sowie der Verfasser der Jesaja-Apokalypse (24–27) das Wort.

2. Wie ist die Funktion dieser Kündergestalten zu erklären? Die Propheten selbst lassen erkennen, wie ihre Person in Jahwes Handeln an Israel hineingezogen wurde. Sie erklären die Anfänge und die Ausdauer

ihres Wirkens. Ihre Berufungsberichte und Konfessionen sind Dokumente schwersten Ringens mit Jahwe und wurden als Legitimationsurkunden, in Tagen besonderer Anfechtung und Ablehnung, veröffentlicht. Das wird am deutlichsten in dem autobiographischen Bericht Jesajas, der von 6,1 ff. bis 8,16–18 reicht. Wir entnehmen ihm und ähnlichen Texten die Hauptmomente *prophetischen Selbstverständnisses.*

(1.) Die großen Propheten wehren sich gegen den Versuch, ihre Verkündigung aus ihren eigenen Wünschen und Absichten herzuleiten. Sie haben nicht einmal von sich aus mit Jahwe Kontakt gesucht. Er hat sie höchst unerwünscht überfallen. So war es, sagt Amos: »Der Löwe brüllt, wer muß sich dann nicht fürchten? Jahwe redet, wer muß dann nicht verkünden?« (3,8). Als die Schau verzehrender Heuschrecken und verheerender Gluten ihn überkam, da hat er sich — solidarisch mit dem bedrohten Volk — Jahwe alsbald entgegengeworfen: »Herr Jahwe, laß doch, wie soll Jakob bestehen, es ist doch so klein!« (7,2.5). Jeremia berichtet, wie er sich sträubte: »Ich kann nicht reden, ich bin noch unerfahren« (1,6). Jesaja spricht von der Hand, die ihn packte und ihn hinderte, den Weg seines Volkes mitzugehen (8,11). Einer unwiderstehlichen *Nötigung* sahen sie alle sich ausgesetzt.

(2.) Doch nicht im Rausch oder in der Ekstase wurden sie Jahwes Werkzeug, sondern bei hellwachem Bewußtsein. Sie hören, beobachten, antworten. So können sie denn auch im Unterschied zu allen Ekstatikern, über die immer nur Dritte berichten, ihre Widerfahrnisse selbst wiedergeben. Jesaja vernahm die fragende Stimme: »Wen soll ich senden? Wer will für uns gehen?« Und im freien Entscheid stellt er sich: »Hier mich, sende mich!« (6,8 f.). Als ihn dann aber der finstere Auftrag traf, das Volk zu verstocken, nahm er ihn nicht besinnungslos hin, sondern fragte im Aufbäumen des Unwillens: »Bis wann, o Herr?« (6,11). Jeremia wird in seinen Visionen ähnlich wie Amos zum Beobachten aufgefordert: »Was siehst du, Jeremia?« (1,11.13; vgl. Amos 7,8; 8,2). Die Propheten müssen dann selbst in Worte fassen, was sie erspäht haben. Das ist ein erster Anhalt dafür, daß die je eigene Gabe der einzelnen, zu sehen, zu prüfen, zu urteilen, zu formulieren, in den Vollzug ihrer Aufgabe hineingezogen wird. Keiner ist entselbstet. Jeder übernimmt *Verantwortung.*

(3.) Der Kern ihres Auftrags und damit das Wesentliche ihres prophetischen Amtes liegt im Durchbruch zum *Künftigen.* Gewiß sind sie mit Israels Traditionen, mit seiner Geschichte und mehr noch mit seiner Gegenwart beschäftigt. Aber die Berufungsberichte und Auftragsschilderungen geben als das schlechthin Entscheidende die Ansage und Heraufführung des umstürzend Neuen zu erkennen.

So gipfeln die Visionen des Amos in der Sicht des kommenden Endes Israels, vor dem es kein Entrinnen geben wird (8,1 f.; 9,1–4). Jesajas Auftrag zielt auf die Zerstörung der Städte und die Verwüstung des Landes (6,11). Jeremia wird vergewissert, daß Jahwes Wort die kommende Geschichte macht (1,11 f.) und daß das Unheil aus dem Norden unaufhaltsam ist (1,13 f.). Die Anklagen der älteren Propheten stellen das Gericht eher als unausweichlich hin, als daß sie mit einer Besserung rechnen, auch Hesekiel im Anfang seines Wirkens (2,10;

4 f.). Erst nach dem Untergang Jerusalems scheint er mit dem Warn- und Wächteramt betraut worden zu sein (33,1–9; vgl. 3,17–21), das mit dem Ruf zur Umkehr verbunden ist (18; vgl. Sach. 1,4). Dann tritt die unbedingte Heilsansage der Auferweckung aus dem Totenfeld des Exils hinzu (Hes. 37) und die ebenso unbedingte Zusage der Heimführung (vgl. Jes. 40,1–9). Bis in die Tage Maleachis, Joels und Tritosacharjas bleibt in mancherlei Variationen der kommende Gott der cantus firmus der Prophetie.

(4.) Die Gestalt des Propheten wäre unvollständig gesehen, wenn man in ihm nicht den *Angefochtenen* erkennen würde. Schon als der Ergriffene ist er der Zögernde (Jer. 1,6 f.), der Erschrockene (Amos 3,8), dessen Widerspenstigkeit überwunden werden muß (Hes. 2,8). Er wird zu widerspenstigen Empörern gesendet (Hes. 2,3 ff.; 3,7 ff.; Jes. 30,9). Wegen seiner Botschaft wird er in die Einsamkeit gestoßen (Jer. 15,17) und der Verfolgung ausgesetzt (Amos 7,10 ff.; Jer. 20,10; 36). Seine schwerste Erschütterung aber kommt von seinem Gott her. Er muß »harren auf Jahwe, der sein Angesicht vor dem Hause Jakobs verbirgt« (Jes. 8,17), denn er wird wegen seiner Drohworte verhöhnt: »Es verwirkliche sich doch der Plan des Heiligen Israels, damit wir ihn kennenlernen« (5,19). Am ergreifendsten klagt Jeremia: »Du bist mir wie ein Trugbach geworden, dessen Wasser nicht Wort halten« (15,18). »Du hast mich gepackt und überwältigt, aber ich bin zum Gelächter geworden tagaus tagein, jedermann verspottet mich« (20,7). Der Prophet hat alles andere als ein stabiles Amts- und Sendungsbewußtsein. Er ist ganz darauf angewiesen, daß Jahwes Wort ihn je und je aufrichtet (Jer. 15,19–21) und daß seine Kraft ihn erfüllt (Micha 3,8).

3. Am deutlichsten zeigt sich das in der Auseinandersetzung mit den *falschen Propheten*. Durch sie werden nicht nur die Propheten selbst angefochten, sondern auch ihre Hörer. Weder an ihrem Gehabe noch von einer Institution her sind sie erkennbar. Offenkundig werden »falsche Propheten« immer erst nachträglich; so bringt auch erst die altgriechische Übersetzung diese Benennung. Der Urtext nennt »falsche« wie »echte« in gleicher Weise nur »Propheten«.

(1.) Gewiß ist hinsichtlich der institutionellen Zuordnung mit verschiedenen *Prophetenklassen* zu rechnen. Es gab höfische Propheten wie Nathan und Gad, die eine beratende Funktion für den König David hatten (2. Sam. 7; 12; 24). Die Prophetenscharen um Ahab mit Zedekia ben Kenaana und Micha ben Jimla sind von dieser Art (1. Kön. 22,6 ff.). Auch Jesaja unterhielt anscheinend enge Beziehungen zum Hof (Jes. 7), vielleicht von einer früheren Tätigkeit als Weisheitslehrer an der Hofschule her. — Dann ist mit Kultpropheten zu rechnen. Öfter werden unmittelbar neben Priestern Propheten als deren Berufsgenossen am Tempel erwähnt (Jes. 28,7; Hos. 4,4 f.; Jer. 26,7). Sie hatten wohl die Aufgabe, die Klagegebete des Volkes und der einzelnen vor Jahwe zu bringen und einen Erhörungszuspruch zu verkündigen oder auch einen Abweisungsbescheid (vgl. Ps. 85, 2 ff.9). Habakuk wird zu ihnen gehört haben, wie die Klagegebete in 1,2 f.12 f. zeigen. — Schließlich haben wir mit freien Einzelpropheten zu rechnen, zu denen etwa Elia und wahrscheinlich die Mehrheit der klassischen Schriftpropheten zu zählen sind. Amos steht in scharfem Gegensatz zum Oberpriester Amazja von Bethel wie zum König Jerobeam (7,9.10ff.). Jesaja und Jeremia stehen Priester- und Prophetengruppen gegenüber (Jes. 28,7ff.; Jer. 26,7ff.). Festzuhalten aber ist, daß die institutionelle Bindung dieser oder jener Art noch nicht über Vollmacht und Wahrheit prophetischer Verkündigung entscheidet. Nur so viel ist zu sehen, daß die amtliche Bindung an den Hof oder an den Tempel dem Propheten zur Gefahr werden kann.

(2.) Entscheidend ist die Bindung an Jahwe, die den Verkündiger freistellt gegenüber dem, zu dem er gesandt wird. So wird die *Unabhängigkeit* von seinem Hörer das innere Siegel des rechten Propheten. Micha sagt von den verführerischen Propheten: »Wenn sie etwas zu beißen bekommen, rufen sie Heil, aber dem, der ihnen nichts ins Maul stopft, erklären sie den Krieg« (3,5). Er selbst sieht sich von Jahwes Geist bevollmächtigt, das Recht mit Kraft zu verkünden, »um Jakob seinen Frevel kundzutun und Israel seine Sünde« (3,8). Hundert Jahre später klagt Jeremia: »Den Verächtern von Jahwes Wort sagen sie: es wird euch gut gehen; jedem, der nach seinem verstockten Sinn handelt: kein Unheil kommt über euch« (23,17). Wer wahrhaft »in Jahwes Rat« gestanden hätte, könnte das nicht (23,22).

(3.) Mit solcher Freiheit gegenüber dem Hörer hängt es zusammen, daß im Gegenüber zweier Propheten der Unheilskünder eher auf seiten der Wahrheit zu sehen ist als der Heilsbote. Darauf bezieht sich Jeremia, als seiner Zumutung der Unterwerfung unter Nebukadnezar (27) der Prophet Hananja (28) mit der Botschaft entgegentritt, Jahwe werde Nebukadnezars Joch zerbrechen. Jeremia weist zunächst nur still darauf hin: »Die Propheten vor mir und vor dir haben seit Urzeiten ... Krieg, Hunger und Pest prophezeit.« Den Heilspropheten wird man erst am Eintreffen seines Wortes als Jahwes Gesandten erkennen (28,8 f.). Die prophetische *Tradition* mahnt zum Beachten des Gerichtswortes und zur Skepsis vor dem Beruhigungszuspruch.

(4.) Jeremia nennt als Erkennungszeichen der falschen Propheten noch »Ehebrecherei und durch und durch lügenhaftes Verhalten« (23,14; 29,21–23). Das entspricht dem *ethischen* Kriterium der Bergpredigt (Matth. 7,16). Im Leben des Künders sollte zum Vorschein kommen, ob er sich Jahwes Willen oder den eigenen Wünschen unterstellt. Der Selbstherrliche manipuliert.

(5.) Zuletzt wird nur ein wahrer Prophet den falschen entlarven können. Das ist ein *Charisma*. Wer »in Jahwes Rat gestanden hat« (Jer. 23,22), enthüllt die Traumoffenbarungen anderer als Wunschgespinste, die aus dem Trug menschlicher Herzen hervorgehen (23,25 bis 28). Der rechte Prophet kann als geschlagener dem Triumph des falschen weichen müssen; er bleibt auf das Wort seines Gottes angewiesen, das ihn neu bevollmächtigt (28,11 f.). Er hat es nie aus sich selbst. »Zehn Tage« (42,7) kann er einem verzweifelten Warten preisgegeben sein (vgl. Jes. 8,17).

Wie aber soll der Hörer Stroh und Korn, falsche und wahre Propheten unterscheiden können? In der Konfrontation beider werden seine Augen und seine Ohren geschult. Mit Hilfe der Modelle aus der Überlieferung prüft er die Abhängigkeitsverhältnisse: Ist der Zeuge seinem Hörer gegenüber frei, regiert sein eigener Wunsch, oder wird er von dem fremden Willen seines Gottes beherrscht? Im Leiden dokumentiert sich die Wahrheit bezwingend: »Mir bricht das Herz in der Brust, es beben all meine Gebeine. Ich bin wie ein trunkener Mann, ein Mann, den Wein überwältigt, vor Jahwe und seinen heiligen Worten« (Jer. 23,9).

Exkurs:

Die Disziplinen der alttestamentlichen Wissenschaft können wir an dieser Stelle bedenken. Ihre zentrale Aufgabe ist nur eine: die Erklärung der Schriften des Alten Testaments.

(1.) In Forschung und Lehre dient dazu in erster Linie die fortlaufende Auslegung der biblischen Schriften. So ist und bleibt im Studium die *Exegese* Grund und Ziel aller übrigen Bemühungen. Wer sich einarbeiten möchte, tut gut daran, sich zunächst etwa drei wichtigen Büchern aus den verschiedenen Bereichen der alttestamentlichen Literatur zuzuwenden. Aus dem Pentateuch bietet sich zumeist die Genesis (1. Mose) an, aber das Buch Exodus (2. Mose) ist wegen seiner zentralen Thematik sicher nicht weniger geeignet. Zur Begegnung mit der Prophetie sind Jesaja und Jeremia ebenso zu empfehlen wie eine Auswahl aus dem Zwölfprophetenbuch. Keiner wird sich die Psalmen entgehen lassen. So wird der Student nach dem vorläufigen Blick aufs Ganze, den die »Einführung« vermitteln will, methodisch in die den Einzeltexten zugrundeliegende Bewegung hineingeholt, die den Glauben in der Geschichte begründet, durch die Prophetie der Zukunft zuwendet und zum Lob, zur Klage, zum Dank und zur Lebensunterweisung führt.

(2.) Als *zusammenfassende Disziplinen* gelten herkömmlich die Geschichte Israels, die Literaturgeschichte des Alten Testaments (mißverständlich »Einleitung« genannt) und die alttestamentliche Theologie. Wegen der Bedeutung des historischen Bezugsfeldes aller Texte empfiehlt es sich, die Geschichte Israels zu einem frühen Zeitpunkt gründlich zu studieren. Hingegen sollte man eine sogenannte »Einleitung« ins Ganze der alttestamentlichen Schriften erst dann vornehmen, wenn man an einzelnen Büchern die Methodik der Auslegung erprobt und verstehen gelernt hat; dann sammelt und ergänzt sie die literarischen Probleme und Ergebnisse. Eine alttestamentliche Theologie sollte die gleiche sammelnde und ergänzende Funktion hinsichtlich der theologischen Strukturen und kerygmatischen Tendenzen wahrnehmen. Zu ihren Vorarbeiten gehören Untersuchungen der Hauptbegriffe im Rahmen der Hauptsätze altisraelitischer Redeformen und Literatur. Solche Begriffe und Sätze können aber nicht einer theologischen Systematik eingeordnet werden, die im Alten Testament keinen Grund findet. Eine alttestamentliche Theologie darf den geschichtlichen Charakter der Texte nicht leugnen und wird darum heute mehr und mehr in ihrem Aufriß von der Geschichte Israels her bestimmt, nicht minder aber von der Literatur-, Form- und Überlieferungsgeschichte der alttestamentlichen Botschaft. So stellt sie sich als grundlegende, orientierende Verkündigungsgeschichte dar und kann damit zum Rahmenprogramm der Bibelwissenschaft innerhalb eines künftigen Theologiestudiums werden.

(3.) Wer immer selbständig an der alttestamentlichen Forschung teilnehmen will, kann drei *benachbarte Wissenschaften* nicht entbehren: Die altorientalische Philologie fördert das Verständnis der hebräischen Sprache und Vorstellungswelt; die Archäologie ist schon vom intensiven Geschichtsbezug der meisten alttestamentlichen Aussagen her von hohem Interesse; die vergleichende Religionswissenschaft deckt Verbindungen und Unterschiede zum Glauben der Umwelt Israels auf und schärft das Auge für das eigene Profil der biblischen Verkündigungsgeschichte.

Sinn aller sammelnden Studien und aller begleitenden Spezialforschungen bleibt das bessere Verständnis der alttestamentlichen Schriften selbst. Exegese bleibt die Hauptaufgabe. Schriften wie das Deuteronomium, das Buch Hiob oder die Jona-Erzählung werden die Entdeckerfreude steigern und die Erwartung nähren, daß noch mancher alttestamentliche Textbereich Geheimnisse aufbewahrt, die nicht verborgen bleiben dürfen. —

2.2 DIE SPRACHE DER PROPHETEN
Stilformen und Spruchgattungen

Die Propheten wollen vor allem auf Jahwes kommende Taten hinweisen. Auf dieses Ziel sind ihre Redeformen ausgerichtet. Wie völlig ihre Aufgabe sie beherrscht, zeigt die Verbindung von Akt und Wort.

1. So können zunächst die Berichte über prophetische *Zeichenhandlungen* den Charakter der prophetischen Sprache überhaupt verdeutlichen.

(1.) *Der Prophet selbst* ist schon ein Zeichen des Handelns Jahwes. Am Ende seiner frühen Denkschrift sagt Jesaja: »Siehe, ich und die Kinder, die Jahwe mir gegeben hat, wir sind Sinnbilder und Zeichen in Israel von Jahwe Zebaoth, der auf dem Berge Zion wohnt« (8,18). Konkret will Jesaja damit etwa folgendes sagen: Wenn ich mit meinem Sohn »Rest-kehrt-um« dem König Ahas entgegengetreten bin, um ihn vor Mißtrauen gegenüber Jahwe zu warnen (7,2–9), wenn ich später aufgrund seiner Ablehnung einen anderen Sohn »Eile-Beute-Rasch-Raub« nannte und eine Tafel mit dem gleichen Wort beschriftete und in Jerusalem aufstellte (8,1 bis 4), dann ist damit Zions Gott in meiner Person und im Namen meiner Kinder zeichenhaft aufgetreten. Nicht ich schaffe Terror, sondern Jahwe selbst will als der Terror Israels in meinem Auftreten entdeckt sein (8,11 bis 15). Bei Hosea sagt Jahwe: »Ich schlage drein durch die Propheten, ich töte sie durch meines Mundes Worte« (6,5). Wenn Amos dem Priester Amazja in Bethel gegenübersteht, dann muß dieser wissen, daß im Propheten kein anderer als Jahwe selbst ihm widersteht (7,14 f.). Mit dem ungebetenen prophetischen Zeugen selbst hebt Jahwes neues Handeln in Israel an.

(2.) *Das prophetische Verhalten* verdeutlicht den Anbruch des neuen Eingreifens Jahwes. Schon die Bedeutung der Namen von Jesajas Kindern gehört dazu. Ähnlich muß Hosea mit seiner ganzen Familie für Jahwe Zeuge sein. Seine Heirat mit einer Hure dokumentiert, daß in Israel nur noch Untreue gegen Jahwe zu finden ist (1,2). Demnach bezeugen die Namen seiner Kinder, daß die Bluttaten von »Jesreel« der Dynastie Jehus den Untergang bringen (1,4), daß Jahwe

»Ohn-Erbarmen« eingreift (1,6) und Israel als »Nicht-mein-Volk« (1,9) behandelt. Diese ungewöhnlichen Namen halten die Erwartung wach. Jeremia soll ehe- und kinderlos bleiben, weil Mütter und Kinder keine Zukunft mehr haben (16,2 ff.). Zu anderer Zeit dokumentiert prophetisches Verhalten auch die Hoffnung Israels. Hosea soll sich einer Ehebrecherin liebevoll zuwenden, um Jahwes Liebe selbst gegenüber den Abtrünnigen darzustellen (3,1). Jeremia muß in den Tagen der hoffnungslosen Belagerung Jerusalems ein Ackerstück ankaufen, um persönlich die Erwartung zu besiegeln: »Man wird noch einmal Häuser und Äcker kaufen in diesem Lande« (32,1–15). So stellt prophetisches Verhalten das erwartete und verkündete Tun Jahwes vor Augen.

(3.) Schließlich finden wir rein *demonstrative Handlungen*, die bestimmte Ansagen illustrieren und die Faktizität des verkündeten Handelns Jahwes aufschreckend einprägen. Dazu gehört schon das Aufstellen der Tafel in Jes. 8,1 f.; denn damit wird die Stadt dem in Eilmärschen zum Schnellraub herannahenden Assyrer gleichsam rechtskräftig übereignet. Ein anderes Mal erregt Jesaja (20) die Stadt, indem er nackt und barfuß — entehrt wie ein Kriegsgefangener — durch die Stadt geht, um das Geschick Ägyptens vorzuführen, auf dessen Militärmacht Israel sich noch immer verläßt. Der Schock solcher Akte verhindert, daß das Wort unter Wörtern untergeht; es wird Stadtgespräch. Darüber hinaus bekundet die Zeichenhandlung, daß das Wort Ereignis wird.

2. Nie werden prophetische Zeichen ohne deutendes Wort überliefert. Propheten agieren nicht sprachlos. Ihre *Sprache* verlangt unsere besondere Aufmerksamkeit. Niemand sonst hat im alten Israel so wie seine Propheten erprobt, was Sprache leisten kann. Wir beobachten zunächst einige Stilformen.

(1.) Wie fügen Propheten ihre *Sätze*? Ihre öffentliche Verkündigung neigt weithin zur Poesie; aber auch Prosastil findet sich. Jene Erinnerungen, in denen sie von Aufträgen, Visionen oder Zeichenhandlungen berichten, lassen meist keine dichterische Gestaltung erkennen. Auch sonst hat die Poesie nur dienende Funktion. Häufiger als streng gefügte Dichtung ist gehobene Prosa. Die Regeln der Metrik sind für den althebräischen Vers noch nicht mit Sicherheit ermittelt. Im Laufe der Textüberlieferung sind zudem Differenzen aufgetreten, die auch die Silbenzählung betreffen. So bleibt als sicheres poetisches Stilmerkmal der *Parallelismus* der Glieder, dem durchweg eine relativ gleichmäßige Wiederkehr von Vers- und Halbverslängen entspricht. Die Prophetie kennt den in der Weisheit beliebten *antithetischen* Parallelismus:

»Hört auf, Böses zu tun!
    Lernt, Gutes zu tun!« (Jes. 1,16 f.).

Die Alternative schärft die Erkenntnis. Häufiger ist der *synonyme* Parallelismus. Die Sinnwiederholung hilft einprägen:

»Ich bin wie ein Löwe für Ephraim,
    wie ein Jungleu für Judas Haus.
Ich zerreiße und gehe davon,
    ich schleppe weg, und keiner rettet«

(Hos. 5,14).

Je zwei Halbverse stehen sinngleich zueinander. Im Verhältnis der beiden Ganzverse haben wir den *synthetischen* Parallelismus: Die Bildrede im ersten Vers wird im zweiten gedeutet. Der zweite Vers zeigt in sich noch die Sonderform des *Stufenparallelismus:* Der zweite Halbvers nimmt den ersten sinngemäß auf, führt ihn aber weiter. So entspricht die Form dem verkündeten stürmisch-zielstrebigen Handeln Jahwes.

(2.) Ein Höchstmaß an Verdichtung wird mit einer *Wiederholung des Wortklangs* erreicht, besonders bei bündigem Spruchschluß. So schließt Amos die Exilsdrohung für die, die liederlichem Luxus verfielen, mit dem Satz: »... und fertig ist das Fest der Fläzenden« (6,7). Selten tritt an die Stelle des Stabreims im Hebräischen ein Endreim: »Halme, die nicht sprießen, bringen nichts zu genießen« (Hos. 8,7). Beides zusammen findet sich in unübersetzbarer Häufung der Assonanzen auf dem Höhepunkt des kunstvollen Weinbergliedes Jesajas (5,7): »Er hoffte auf Rechtsspruch, und siehe da, Rechtsbruch, auf Bundestreu, und siehe da, Notgeschrei.« Solche Verse krallen sich dem Gedächtnis unvergeßlich ein.

(3.) Das gleiche Ziel wird durch *Verfremdung des Wortsinns* erreicht. Aus der Fülle der Möglichkeiten greifen wir nur drei Beispiele heraus. Die Propheten lieben überaus die *Metapher,* und zwar an zentralen Stellen, vor allem in der Rede von Jahwe und Israel. Allein bei Hosea wird Jahwe in verschiedenen Sprüchen Israels Ehemann, Verliebter, Verlobter, Vater, Arzt, Hirte, Vogelfänger, aber auch Löwe, Leopard, Bärin, ja Tau, Fruchtbaum und sogar Eiter und Fäulnis genannt. Wirksamer noch ist die *Hyperbel,* die die Verfremdung drastisch steigert, so daß der Hörer das vernichtende Urteil erkennt. Solche affektgeladene Wortwahl findet sich bei Amos, wenn er die reichen Frauen Samarias »Basanskühe« (4,1) nennt, wobei dieses Wort für Edelmastvieh das besinnungslose Herumtrampeln (auf Unterdrückten) und die Sauflust bewußt parteiisch übertreibt. Vgl. Jes. 5,22! Ein anderer Effekt wird mit der Verfremdung des Wortsinns in der *Ironie* erreicht. So rückt Amos ein Stichwort der Heilsgewißheit seiner Hörer »Wir werden gerettet!« in einen neuen Zusammenhang: »Wie der Hirt rettet aus dem Maul des Löwen zwei Wadenbeine oder einen Ohrzipfel, so werden die Israelsöhne gerettet...« (3,12). Der Vergleich ironisiert, weil Amos aus dem Hirtenrecht die Rettung eines Beweisstückes für den Totalverlust des Tieres heranzieht (vgl. 2. Mose 22,12).

Vor der Forschung liegt noch ein weites Feld, im Reichtum prophetischer Stilformen aufzudecken, was Sprache leisten kann. Sie muß naturgemäß die Sprache des Urtextes untersuchen.

Exkurs:

Methodik der Textkritik. Textkritik ist erforderlich, um den Urtext so verläßlich wie möglich zu erreichen. Denn rund zweitausend Jahre handschriftlicher Überlieferung haben mancherlei Fehlerquellen eröffnet und demgemäß zuweilen verschiedene Textgestalten erbracht. Am Anfang jeder wissenschaftlichen Texterklärung muß daher die Frage nach dem »Urtext« stehen.

(1.) *Ziel der Textkritik* ist die Rekonstruktion des Textes, wie er zur Zeit des literarischen Abschlusses eines biblischen Buches vor dessen Kanonisierung bestanden hat. Der Textkritiker sucht also Fehler zu erkennen und zu berichtigen, die bei Anfertigung, Benutzung, Aufbewahrung und Abschreiben der Handschriften entstanden sind. Es ist grundsätzlich wichtig, den methodischen Schritt der Textkritik von dem der Literarkritik (s. o. S. 45 ff.) zu unterscheiden, und zwar vom angestrebten Ziel her. Während die Textkritik den ursprünglichen Wortlaut des fertigen biblischen Buches erfragt, untersucht die Literarkritik dessen literarische Vorgeschichte, also den Weg von der ersten schriftlichen Fixierung eines Textes bis zum Abschluß des uns vorliegenden Buches. Dabei kann sie auf verschiedene literarische Quellen stoßen, wie es uns am Beispiel der fünf Bücher Mose vor Augen trat. Sie wird diese Quellen zu rekonstruieren und die verknüpfende Arbeit der Redaktionen zu verstehen versuchen. Innerhalb der Prophetie hat die Literarkritik im Jeremiabuch mindestens drei Quellen gefunden. Mit der Prüfung der Redaktionsgeschichte gehört die Frage nach späteren Ergänzungen zur Aufgabe der Literarkritik. Wenn zum Beispiel die Heilsworte am Ende des Amosbuches (9,11–15) als Nachträge erkannt werden, so ist das ein Ergebnis der Literarkritik und nicht der Textkritik. Die Textkritik, die den Wortlaut des abgeschlossenen Buches erfragt, setzt grundsätzlich mehrfache Überlieferung des gleichen Urtextes voraus; sie wird auch »niedere Kritik« genannt. Literarkritik ist als »höhere Kritik« auf innere Indizien angewiesen.

(2.) *Möglichkeiten der Textkritik.* Ihr Ausgangspunkt ist der älteste vollständig erhaltene und zugängliche Text des hebräischen Alten Testaments. Es ist die 1008

n. Chr. geschriebene Handschrift B 19 A der Öffentlichen Bibliothek zu Leningrad. Deren Kontrolle ermöglichen andere mittelalterliche Handschriften und vor allem ältere fragmentarisch erhaltene hebräische Manuskripte, unter denen die in den Höhlen am Nordwestufer des Toten Meeres bei *chirbet qumran* seit 1948 entdeckten Texte besondere Bedeutung erlangt haben; denn sie stammen aus dem 2. und 1. vorchristlichen Jahrhundert. Aus der gleichen Zeit — für die fünf Bücher Mose sogar schon aus der Mitte des 3. Jahrhunderts v. Chr. — bietet die Septuaginta (Übersetzung der »Siebzig« nach dem Bericht des Aristeasbriefes) als griechische Übersetzung durch Rückübersetzung einen Vergleichstext, ferner die erst später schriftlich fixierten aramäischen Targume, die oft freie Paraphrasen bieten, und die lateinische Vulgata, die zur Hauptsache auf einen hebräischen Text des 4. Jahrhunderts n. Chr. zurückgeht. Darüber hinaus ermöglichen noch mehrere andere Übersetzungen den Vergleich mit der hebräischen Tradition.

(3.) *Methodik der Textkritik.* Zunächst sind alle erreichbaren Varianten (abweichende Lesarten) zu *sammeln.* Sodann sind die Unterschiede auf ihre mögliche Entstehung hin zu *prüfen.* Mit Abschreibfehlern und auch mit dogmatischen Korrekturen ist schon in der Massora (hebr. Überlieferung) zu rechnen. So geben die alten Schreiber beispielsweise ausdrücklich an, daß sie den ihnen überkommenen Text 1. Mose 18,22b (»Der Herr aber blieb vor Abraham stehen«) »verbessert« hätten, so daß er jetzt im hebräischen Kanon lautet: »Abraham aber blieb vor dem Herrn stehen.« Da hebräisch »stehen vor« häufig »dienen« bedeutet, hielt

mit den differenten Gründen zeigen die völlig andersartige Funktion.
(4.) Das letzte Beispiel lehrt, daß die Funktion erst
dann vollends geklärt ist, wenn die *soziologische Or-*
tung einer Gattung möglich, also ihr »Sitz im Leben«
festzustellen ist. Der alte Lebensbezug ist für uns Heutige ein unentbehrlicher Kommentar. Dabei ist jedoch
insbesondere für die Untersuchung von Prophetensprü-
chen mit der Möglichkeit zu rechnen, daß Gattungen in
neue Lebensbereiche hineinwandern und daß sie mit
anderen verschmelzen. —

In der Prophetie finden sich Gattungen aus den verschiedensten Lebensbereichen. Dieser Befund ist nicht
nur damit zu erklären, daß die prophetische Botschaft
das Ganze des Lebens betrifft, denn das gilt auch von
den Rechtssätzen und Weisheitssprüchen, die doch verhältnismäßig einheitlich strukturiert sind. Man muß
auch an die prophetische Leidenschaft denken, ihrem
Auftrag unter den verschiedensten Umständen Gehör
zu verschaffen.
Verhältnismäßig häufig werden Redegattungen aus dem
Rechtsleben aufgenommen. Als eine Hauptform kann
das Gerichtswort gelten, in dem Strafansage und Strafbegründung verbunden sind. Das Kennwort der Pro-
zeßführung findet sich im Anfang des Beispiels Hos. 4,1
bis 3: »...Gericht hält Jahwe mit den Landesbewoh-
nern. Denn es fehlt Zuverlässigkeit, es fehlt Gemein-
schaftssinn, es fehlt das Wissen um Gott im Lande.
Verfluchen, Täuschen, Morden, Stehlen und Ehebrechen
reißen ein im Lande, und Bluttat reiht sich an Bluttat.

Darum soll das Land verdorren, soll hinwelken, wer immer drin wohnt . . .« Hier treten Propheten wie Ankläger und Richter an Jahwes Statt im Tor als der Gerichtsstätte der israelitischen Städte auf: »Jahwe geht ins Gericht mit den Ältesten seines Volkes . . . : Was fällt euch ein, mein Volk zu zertreten . . . , spricht der Herr« (Jes. 3,13–15). So kann die Grundform des Botenspruchs die Gattung der Anklagerede annehmen; anderwärts greift sie die Verteidigungsrede auf: »So spricht Jahwe: Was haben eure Väter an mir Unrechtes gefunden, daß sie von mir weggingen?« (Jer. 2,5).

Nicht selten finden sich Gattungen, die in den *Weisheitsschulen* gepflegt werden. Jes. 28,23–29 bietet ein Lehrgedicht, das mit dem Lehreröffnungsruf beginnt, in rhetorischen Fragen die unterschiedlichen Tätigkeiten und Werkzeuge des Bauern herausstellt, um von da aus auf den weisen und wunderbaren Plan Jahwes in seinem Geschichtshandeln zu schließen. Häufiger sind weisheitliche Disputationen, in denen das eigene Urteil der Hörer durch anstürmende Reihen von Fragen geweckt wird, um die Zustimmung zur Verkündigung vorzubereiten, die am Schluß in rhetorischer Frageform oder in Aussageform erscheint; vgl. Amos 3,3–6.8 und Jes. 40,12 ff. Auch eine Rätselrede wie die in Hes. 17 gehört zu den weisheitlichen Lehrformen.

Drängen sich Gerichtsreden besonders dort auf, wo das Unrecht Israels zur Debatte steht, und weisheitliche Formen dort, wo Uneinsichtigkeit zu bekämpfen ist, so finden wir Gattungen des *Kultus* vor allem im Bereich prophetischer Gottesdienstkritik. Amos übernimmt die Form einer priesterlichen Wallfahrtsbelehrung in ironisierender Weise: »Zieht ein in Bethel und

übt Verbrechen, in Gilgal, übt noch mehr Verbrechen!
Bringt am Morgen eure Schlachtopfer, ..., ruft frei-
willige Gaben aus, recht laut! Denn so liebt ihr es, ihr
Israelsöhne, spricht Jahwe« (Amos 4,4 f.). Anderwärts
nimmt die prophetische Anklage die Form eines abwei-
senden Kultbescheides auf (Amos 5,21–23; vgl. Jes. 1,11
bis 15). Andere Propheten verwenden kultische Gattungen im ursprünglichen Sinn. So bringt Deuterojesaja
seine Heilsverkündigung häufig in der Form des Er-
hörungszuspruchs, dessen Kennwort »Fürchte dich
nicht!« lautet (Klagel. 3,57; Jes. 41,10.14; 43,1 u.ö.).
Den kultischen Hymnus gestaltet er als eschatologischen
Hymnus aus (Jes. 42,10–13). Jesaja bedient sich des
Aufrufs zur Volksklage, um die drohende Kriegsgefahr
zu verkündigen (Jes. 14,31).
Die Unheilsansage greift daneben Redeformen auf, die
speziell zum *Krieg* gehören, wie die Aufforderung zur
Flucht (Jer. 4,5 ff. u. ö.) und die Aufforderung zum
Kampf (Joel 4,9 ff.). Auch eine Kriegsansprache mit
Mahnung zur Furchtlosigkeit und Ankündigung der
Niederlage des angreifenden Feindes, wie sie Jesaja mit
einer ultimativen Verwarnung dem König Ahas in Jes.
7,4–9 vorträgt, scheint sich an eine überkommene Gattung anzuschließen (vgl. 5. Mose 20,1–4).
Auch Formen, die zum Leben der *Familie* gehören,
fehlen nicht. Die Klage über den Tod eines einzelnen
wird im prophetischen Mund zum Wehgeschrei über
den erwarteten Untergang des ganzen Volkes: »Gefallen ist, nicht steht mehr auf die Jungfrau Israel, liegt
hingestreckt auf eignem Boden, und keiner hilft ihr
wieder auf« (Amos 5,2; vgl. V. 16 f.). Als Verfremdun-
gen vermögen die Anklage eines enttäuschten Lieb-

habers in Jes. 5,1–7 oder die Formen um Scheidung und Heirat im Eherechtsprozeß in Hos. 2,4–22 besondere Aufmerksamkeit zu erwecken. Die verschiedenartigen Jahwegleichnisse der Propheten führen zu entsprechenden Redeformen.

Wenn ein landstädtischer Viehzüchter wie Amos eine typische Redeform des *Königshofes,* die Diplomateninstruktion, in 3,9 in den Dienst seiner Botschaft stellen kann, so ist das ein Beweis seiner Freiheit. Nur ein König weist so seine Gesandten an: »Gebt's kund über den Wohnburgen zu Asdod, über den Wohnburgen im Lande Ägypten! Sprecht: Sammelt euch auf Samarias Berg!« Ein internationales, urteilsfähiges Gremium soll Zeuge der Gewalttaten in der israelitischen Residenz werden. Amos nimmt Redeformen der Führungsspitze auf, um der Vollmacht des göttlichen Gerichts Ausdruck zu verleihen.

So zeigt die formgeschichtliche Erklärung der Prophetensprüche die Weite, Wendigkeit und Kraft der prophetischen Sprache. Sie kann Gattungen aus allen Bereichen des Lebens aufnehmen und abwandeln, um die Botschaft angemessen und zugleich unüberhörbar kundzutun.

2.3 DIE ZEITKRITIK DER PROPHETEN
Gesellschaft, Recht, Gottesdienst, Politik

1. *Ort und Funktion* der prophetischen Zeitkritik sind mit Hilfe der formgeschichtlichen Spruchanalyse unschwer zu erkennen. Sie erscheint vor allem in den prophetischen Gerichtsworten, im Regelfall vor den Straf-

ankündigungen. Sie dient der Strafbegründung. So sind Diagnose und Prognose meist eng verbunden. Das kommende Gerichtshandeln Jahwes erscheint als Folge der Verschuldung der Angesprochenen. »Ich ahnde an ihm seinen Wandel, vergelte ihm seine Taten«, sagte Hoseas Gott (4,9b). Darum wird das aufgedeckte Unrecht oft im Kausalsatz mit »weil« eingeführt (Hos. 4,1; Amos 5,11; Jes. 7,5), Jahwes Gerichtsdrohung mit »darum« angeschlossen (Hos. 4,3; Amos 5,16f. als Fortsetzung von V. 12; Jes. 5,13).

Verhältnismäßig selten begegnet die Zeitkritik in selbständigen Sprüchen, zum Beispiel in Weherufen (Jes. 5,18–21), in Parodien priesterlicher Unterweisung (Amos 4,4f.) oder im Lied eines enttäuschten Liebhabers (Jes. 5,1–7). Meist begründet auch die Aufnahme solcher anderen Gattungen nur die Ankündigung des Gottesgerichtes (Amos 6,1–7; Jes. 5,8–10; Amos 5,21 bis 27). So bleibt die strenge Verknüpfung von Anklagen und Scheltworten mit Zukunftsansagen typisch für die prophetische Zeitkritik.

Darüber hinaus wird man sagen müssen, daß die Gewißheit des drohenden Eingriffs Jahwes die klassischen Gerichtspropheten allererst veranlaßt hat, das gegenwärtige Verhalten der Hörer zu verurteilen. Denn wenn sie von den ihnen widerfahrenen Aufträgen Jahwes berichten, so ist deren Inhalt meist ausschließlich das drohende Gericht. Dementsprechend erscheint in den verkündeten Sprüchen nicht selten die Gerichtsansage als das eigentliche Gotteswort; der Schuldaufweis wird als eigenes Wort des Propheten vorangestellt (zum Beispiel Amos 4,1–3; Jes. 5,8–10); er entzieht dem Zweifel an Jahwes Gerechtigkeit von vornherein den

Boden. Man wird demnach nicht sagen können, daß in der Prophetie Prognose aus Diagnose folgt. Auftragsberichte und Spruchstruktur legen vielmehr die Umkehrung nahe: Die Gewißheit der kommenden Strafe, die sich den Propheten aufgedrängt hatte, führte sie zum Erkennen der Strafgründe in ihrer Gegenwart. Im prophetischen Erkenntnisvorgang ging also im allgemeinen die Prognose der Diagnose voran; in der Verkündigung nahm die Diagnose oft die erste Stelle ein.

Aus der Vorrangigkeit der Zukunftsgewißheit vor der Zeitkritik erklärt sich das Fehlen der reformerischen oder gar revolutionären Züge in den Prophetenworten. In der klassischen Prophetie sind Ermahnungen sehr selten (Amos 5,14f.; Jes. 1,16f.). In den Ausnahmefällen wird weniger zur Änderung der Verhältnisse als zur Änderung des eigenen Verhaltens aufgerufen (Jer. 7,3 ff.). Weit stärker ist der Ton: »Ihr habt nicht gewollt« (Jes. 30,9.15; vgl. Amos 4,6 ff.). Von Menschen wird zumeist keine Besserung der Lage mehr erwartet. Ein Zukunftsprogramm wird nicht entworfen. Sosehr die Rufer auf das Geschick der Unterdrückten achten, sind sie doch nicht deren Wortführer. Sie haben Gott als Richter zu verkündigen. Ihre Zeitkritik dient dem Erweis seiner Gerechtigkeit. Sie sehen nüchtern, was der Mensch kann und was er nicht kann; zugleich entschuldigen sie die gegebenen Verhältnisse nicht, sondern sagen deren totale Änderung an. Dieses Nebeneinander macht ihre Größe aus.

2. Die *Themen* der Zeitkritik umgreifen alle wesentlichen Lebensbereiche.

(1.) Die *Gesellschaft* wird angeklagt, die nicht mehr

gleiches Recht für alle kennt, wo doch Jahwe Israel insgesamt in die Freiheit geführt hat. Amos summiert (2,6 f.): »Wegen dreier Verbrechen Israels und wegen vierer nehme ich's nicht zurück: Weil sie den Schuldlosen für Geld verkaufen und den Armen für ein Paar Sandalen. Sie treten nach dem Kopf der Hilflosen und weisen den Rechtsweg der Elenden ab. Ein Mann und sein Vater gehen zum gleichen Mädchen ...« Da wird die Praxis der Schuldsklaverei verurteilt: Schuldlose werden unfrei, etwa weil sie Kinder eines mit Schulden verstorbenen Vaters sind; Arme müssen sich selbst wegen einer Minimalschuld verkaufen. Macht wird rücksichtslos gegen Recht durchgesetzt. Hemmungslose Triebhaftigkeit entwürdigt wehrlose junge Frauen. Amos sieht den Untergang Israels darin begründet, daß die Habgier einiger weniger Machthaber die freiheitliche Ordnung für alle zerstört: »Ihr nehmt Pachtzins vom Hilflosen, und Kornsteuer erpreßt ihr« (5,11). Jesaja prangert in Jerusalem die Konzentration des Grundbesitzes in den Händen weniger an (5,8): »Weh denen, die Haus an Haus reihen und Acker zu Acker fügen, bis kein Raum mehr da ist und ihr allein im Lande wohnt.« Vgl. Micha 2,1 ff. Klagte schon Amos die führenden Kreise der Residenz Samaria an, daß sie mit Gewalt und Unterdrückung ihre Reichtümer in ihren Palästen aufhäufen (3,9 f.), so verurteilt Jeremia den König Jojakim, weil er die Arbeitskraft seiner Volksgenossen ausbeutet, »sie umsonst arbeiten läßt und ihnen ihren Lohn vorenthält«, um selbst »ein geräumiges Haus« mit »luftigen Söllern«, »getäfelt mit Zedernholz und mit roter Farbe bemalt« zu erhalten (22,13 f.). — Auch durch Täuschung wird die Gesellschaft korrumpiert. Amos rügt den Händlergeist, der den Käufer durch falsche Waage, schlechte Ware und Überpreise betrügt (8,4-6). Auf Kosten der Ausgebeuteten schwelgen die Herrschenden im Luxus: bei rauschenden Festen (Amos 6,1.3-6; 4,1 f.), in anspruchsvollster Eitelkeit (Jes. 3,16 ff.; vgl. 5,11 f.22). So werden die vielfachen Schäden einer frühkapitalistischen Gesellschaft aufgedeckt. In Besitzfragen liefert immer der Ärmste den Maßstab.

(2.) Im Kern der Anklagen steht die *Rechtsunsicherheit*. Falsche Besitzverteilung und ungleiches Recht steigern sich gegenseitig. Die Richter »nehmen Bestechungsgeld, verbiegen das Recht des Armen« (Amos 5,12). »Sie alle lieben Bestechung, sie jagen Geschenken nach. Der Waise verschaffen sie kein Recht, die Sache der Witwe kommt bei ihnen nicht an« (Jes. 1,23). Amos hat den Prozessen am Ort der Rechtsprechung, im Tor als dem einzig geräumigen Versammlungsplatz der Städte, zugehört und kommt zu dem Urteil: »Weh denen, die Recht in Wermut verwandeln und Gerechtigkeit zu Boden stoßen. Sie hassen im Tor den, der zurechtweist, und scheuen den, der vollständig aussagt« (5,7.10). Ebenso sieht Jesaja mit der Rechtsverdrehung das Unheil auf Israel zukommen: »Weh denen, die Böses gut und Gutes böse nennen, die Finsternis zu Licht und Licht zu Finsternis machen« (5,20). Die heilsamen Weltordnungen stürzen, die Lebensquellen versiegen, wo »Recht und Gerechtigkeit« zugrunde gerichtet werden (Amos 5,24; 6,12; Jes. 5,7). In Rechtsfragen ist hochgradige Empfindlichkeit geboten.

(3.) Israel sollte das aus seinem *Gottesdienst* wissen. Unüberschätzbar wäre ein rechter Gottesdienst: als Motor und Steuerung des ganzen Lebens, als Ort der Genesung des Kranken, der Aufrichtung des Verfallenen. Aber die Stätte heilsamer Einwirkung Jahwes ist in einen Tummelplatz menschlicher Aktivitäten umfunktioniert worden. So steigern nach Amos' Urteil (4,4 f.) die Wallfahrten nach Bethel und Gilgal die Lust zum Verbrechen; die Kette der Opfer und Abgaben hat ihren Ursprung nur in der Selbstliebe. Darum verkündet der Prophet die schroffe Abweisung Jahwes: »Ich hasse, ich verwerfe eure Feste. Ich kann eure Versammlungen nicht riechen. Eure Spenden kann ich nicht anerkennen. Ich kann das Mahlopfer eures Mastviehs nicht sehen. Halte mir fern das Getöse deiner Lieder. Das Spiel deiner Laute will ich nicht hören. Doch sollte Recht wie Wasser sprudeln, Gerechtigkeit wie ein unversiegbarer Bach« (5,21–24). Ähnlich stellt Jesaja das kultische Treiben als ein Unternehmen der Selbstbefriedigung hin. Im rechten Gottesdienst will Jahwe wirksam werden als Helfer der Unterdrückten, als Rechtsbeistand von Witwen und Waisen (1,10–17). In schroffer Antithese verkündet Hosea die Erklärung Jahwes: »Bundessinn will ich, nicht Schlachtopfer, Wissen um Gott statt Brandopfer« (6,6). Bis in die nachexilische Zeit wird dieser Ton durchgehalten. Der Prediger, der in Jes. 58 zu Worte kommt, unterscheidet das Fasten, das Israel übt, von einem Fasten, das Jahwe liebt. Israel pflegt Klagefeiern, in denen man »seinen Kopf wie ein Schilfrohr hängen läßt, sich in Sack und Asche bettet«. Jahwe erwartet einen Bußtag, an dem die, die zu ihm gehören wollen, »ungerechte Fesseln öffnen, des Joches Stricke lösen, die Bedrückten frei entlassen, jedes Joch zerbrechen, dem Hungrigen das Brot brechen, Obdachlose aufnehmen, Nackte bekleiden und sich dem Mitmenschen nicht entziehen« (V. 5–7).

Es kann dann auch eine Zeit kommen, in der ein Prophet wie Haggai dem Egoismus, der nur für seine eigene Häuslichkeit schafft, mahnend vorhalten muß, daß man Jahwes Haus wüst liegen läßt und daß man ebendeshalb aus den eigenen Sorgen nicht mehr herausfindet, weil die Ehre Jahwes nichts mehr gilt (1,2 ff.). Im konkreten Einsatz für das Heiligtum muß sichtbar werden, von wem Israel sein Heil erwartet (2,4–9). Maleachi kann in Jahwes Namen rügen, daß man seinem Hause lahme und kranke Tiere anzubieten wagt, die man keinem irdischen Statthalter zu liefern wagen würde (1,8 ff.). Der Tempel ist kein Abladeplatz für Abfälle. Im Gottesdienst kommt zu allen Zeiten ans Licht, wovon Israel sich das Leben verspricht. Ein verächtlicher Gottesdienst wird ebenso verworfen wie der selbstgenießerische.

(4.) Die Auswirkungen zeigen sich auch in der *Politik*. Beispielhaft sind die Sprüche zum syrisch-ephraimitischen Krieg (733), die uns von beiden gegnerischen Fronten — aus dem Nordreich von Hosea, aus Jerusalem von Jesaja — überliefert sind. Hosea verurteilt, daß nach dem Scheitern der antiassyrischen Koalition »Ephraim nach Assur ging, zum Großkönig schickte«, denn »er kann euch nicht heilen, euch nicht helfen von eurem Geschwür« (5,13). Die Großmacht wird es nur verschlingen; es wird wertlos unter den Völkern (8,7 bis 9). Für teure Tribute erhält es nur Wind; es bleibt haltlos (12,2). Eine aussichtslose Schaukelpolitik, die zwischen Assur und Ägypten schwankt (7,11 f.), entspricht den Thronrevolten im Inneren, die zustande kommen, weil nicht nach Jahwes Willen gefragt wird (8,4). Auch in der Politik gibt es keine Rettung, solange Israel das »Machwerk seiner Hände« als seinen Gott verehrt (14,4 f.).

Auf dem Höhepunkt des syrisch-ephraimitischen Krieges tritt Jesaja in Juda dem König Ahas entgegen, als Jerusalem durch die verbündeten Aramäer und Israeliten bedrängt wird. Ahas ängstet sich um die Verteidigung der Stadt. Da ruft ihm Jesaja zu: »Fürchte dich nicht!« Jahwe wird den Plan der Gegner zum Scheitern bringen. »Glaubt ihr nicht, dann bleibt ihr nicht!« (7,4–9). Auch warnt Jesaja vor jeder Bündnispolitik, die menschliche Klugheit und Macht über die Weisheit und die alleinige Entscheidung Jahwes stellt (vgl. 31, 1–3).

(5.) Die prophetische Kritik der Politik setzt Jahwes Alleinherrschaft auch über die *Fremdvölker* voraus. Ganze Reihen von Fremdvölkerworten verdeutlichen das. Die großen wie die kleinen Mächte rings um Israel sind Jahwes Willen unterstellt. Schon die Sprecher in den alten Jahwekriegen hatten verkündet, daß Jahwe über die Feinde verfüge. Bei Amos werden die Feinde nun aufgeboten, um Israel zu richten (6,14; 3,11). Jesaja veranschaulicht kühn, wie überlegen Jahwe auch als Befehlshaber der Großmacht Assur ist: Er pfeift sie wie Bienen herbei (7,18f.), handhabt sie wie ein Schermesser (7,20), zieht sie wie eine Säge und schwingt sie wie eine Axt (10,15). Jeremia nennt Nebukadnezar Jahwes Knecht (27,6), Deuterojesaja nennt Kyros Jahwes Gesalbten (45,1). So soll Israel in den Unruhen der Weltpolitik keinen anderen Plan durchgeführt wähnen als den seines Gottes (Jes. 14,26).

Nicht anders als Israel sind die Fremdvölker selbst der Kritik Jahwes ausgesetzt, sofern sie ihren begrenzten Auftrag als Werkzeug mißverstehen und hochfahrende Unterwerfungs- und Ausrottungspläne selbstsicher durchführen (Jes. 10,5 ff.13 ff.). »Brüstet sich die Axt vor dem, der mit ihr schlägt?« (V. 15). Nicht nur selbstherrliche Großmächte wie Assur erfahren solche Kritik, auch kleine wie Edom, wenn sie sich schadenfroh und ganz unbrüderlich an der Eroberung Jerusalems ergötzen (Obadja 11 ff.). Auch das ist eine Form des Übermuts (Obadja 3), den die Propheten als Grundschaden im Zusammenleben der Völker beklagen. Wie die einzelnen in Israel, so sollten Völker miteinander menschlich umgehen. Schon Amos verurteilt nicht nur die Grausamkeiten der Nachbarn Israels gegen Israel, sondern auch die der Fremdvölker untereinander (2,1 f.).

3. Die umfassende Zeitkritik der Propheten fordert die Frage nach ihren *Leitmotiven* heraus.

(1.) Das erste ist die *Einzigkeit* Jahwes als des freien Herrn aller Völker und Bereiche. Amos erwähnt andere Götter nicht einmal in seinen Fremdvölkerworten (1,3 bis 2,3; 9,7). Deuterojesaja reflektiert, was alle anderen voraussetzen, daß »Jahwe allein und keiner sonst« die Geschichte lenkt (43,10–13). Israel als Zeuge des Einzigen muß der strengsten Kritik gewärtig sein (Amos 3,2).

(2.) Denn es hat *seine Wohltaten* erfahren. Wie kann es von anderen Mächten Rettung erwarten, nachdem es seit dem Auszug aus Ägypten und der Beschenkung mit dem Lande Jahwes befreiende Übermacht erfuhr (Hos. 11,1–7; 13,4 ff.; Jer. 2,18 ff.; Hes. 20) und seit der Erwählung des Zion seinen verläßlichen Beistand (Jes. 28,14–16; 31,4 f.; Sach. 12,2 ff.)! In seiner verkehrten Politik wird Israel auf sein Wissen um Jahwes Heilstaten angesprochen.

(3.) Wissen um Gott schließt Verläßlichkeit und Treue ein (Hos. 4,1 f.; Amos 2,6–9). Israels Gottesdienst sollte an Jahwes Taten erinnern und sein wegweisendes *Wort* vergegenwärtigen (Hos. 4,4–6). Dazu gehört die Wohltat seiner Rechtsweisungen (Hos. 8,12; 6,6). »*Recht und Gerechtigkeit*« wären die zu erwartenden Früchte (Jes. 5,1–7; Amos 5,24). Jeremia spricht den König Jojakim auf Josias Verhalten an: »Hat nicht dein Vater für Recht und Gerechtigkeit gesorgt? Heißt nicht das: mich kennen?« (22,15). Die Motivation der prophetischen Zeitkritik ist also in der von Israel verschleuderten *Gotteserkenntnis* zu suchen. Wo die Befreiten und Beschenkten ihres Befreiers und Rechtslehrers nicht mehr eingedenk sind, werden sie zu Unterdrückern und Ausbeutern, gerade da, wo sie sich selbst befreien und bereichern wollen. Menschliche Gemeinschaft zerbricht, wo Gott vergessen wird. Der selbstherrliche Mensch erreicht bestenfalls die Umkehrung der Unterdrückung, aber nie die Befreiung von ihr. Die Propheten haben diese Wahrheit fast nur konkret zur Sprache gebracht.

2.4 DIE ERWARTUNGEN DER PROPHETEN
Von Amos bis Deuterojesaja

Muß nicht neben dem Gegenwartsbezug des prophetischen Wortes seine tiefe Verwurzelung in altisraelitischen Traditionen bedacht werden? Wie oft erinnern

Propheten an den Auszug aus Ägypten und die Landschenkung durch Jahwe, an die Wüstenzeit und an den
alten Gottesbund, aber auch an Jakob und an David
und später sogar an Noah und an die Schöpfung! Sie
sehen ihre Zeitgenossen in weiten Horizonten, nicht nur
in den Dimensionen der Völker ringsum und der sich
anbahnenden weltgeschichtlichen Umbrüche, sondern im
Angesicht der eigenen Geschichte, insbesondere der Anfänge. Daran ist das Blickfeld prophetischer Verkündigung zu ermessen. Doch hat die Erinnerung an die
Vergangenheit noch weniger selbständige Bedeutung als
die eigene Zeit. Denn die Traditionen verdeutlichen
entweder die gegenwärtige Schuld Israels oder aber die
nahende Zukunft. Das Künftige zu verkünden, ist ihnen
vor allem aufgetragen.
Es ist schwierig, ja gefährlich, die prophetische Zukunftsbotschaft auf eine Formel zu bringen. Man
könnte allenfalls, da entsprechende Wendungen von
Amos bis Maleachi wiederkehren, als Generalthema das
Einschreiten Jahwes nennen. Doch dessen Bedeutung
und alarmierender Charakter ist erst in der je konkreten Verkündigung zu erkennen. Sie wird von drei Fak-
toren mitbestimmt: von der gegenwärtigen Verfassung
der Hörer, von verschiedenen altisraelitischen Traditionen und von der jeweiligen weltgeschichtlichen Lage.
Da mithin das prophetische Zukunftswort Schritt hält
mit dem Gang der Weltereignisse, beobachten wir einige
Varianten in chronologischer Folge.

1. *Amos* als der älteste klassische Prophet liefert uns
sofort ein typisches Modell der Botschaft vom Kommenden. Nach dem prophetischen Selbstbericht ist sie

veranlaßt durch visionär-auditive Widerfahrnisse, nicht durch Analyse der Verhältnisse in Israel oder durch Beobachtungen der Umweltbewegungen (7,1–8; 8,1 f.; 9,1 bis 4; 7,14 f.; 3,8). Was Jahwe dem Propheten in ungewöhnlichen Stunden zeigte, markiert den inhaltlichen Grundzug aller seiner Sprüche: Jahwe selbst schreitet unentrinnbar zum Gericht gegen Israel ein (9,1–4; 2,13 bis 16; 5,16 f.18–20). Daß er nicht mehr »vorübergeht«, bewirkt das »Ende« Israels (7,8; 8,2; 5,1–3). Damit ist das Leitthema der Zukunftsbotschaft des Amos genannt. Sie wird im Vollzug der Verkündigung von den drei genannten Bezugspunkten her präzisiert. Die ungerechten gegenwärtigen Verhältnisse begründen Jahwes Einschreiten als gerechte Strafe (2,6–8; 5,12; 6,1.3 bis 6). Die Erinnerung an Jahwes grundlegenden Einsatz in der Frühgeschichte Israels weist nicht nur das gegenwärtige Verhalten als Abfall von Jahwe aus, der sich gegen die Starken für die Schwachen entschied (2,9), sondern begründet auch sein Recht, die Erwählungsgeschichte mit diesem abtrünnigen Israel nicht fortzuführen (3,2). Auf dem Hintergrund der Landgabe (2,9), die einst Israels Geschichte begründete, ist die Androhung der Eroberung des Landes und der Deportation seiner Bevölkerung zu sehen (5,3.5.27; 4,2 f.; 6,7; 7,11.17). So zeigt sich die nahende Katastrophe erst als Ende der Heilsgeschichte in ihrer vollen Bedeutung. Insofern kann diese Verkündigung eschatologisch genannt werden. Der weltgeschichtliche Horizont wird von Amos zwar nicht genau beschrieben, aber doch angedeutet, wenn er den »Feind« ankündigt, der das Land umzingelt (3,11), oder »ein Volk«, das Israel vom hohen Norden bis tief in den Süden bedrängen wird (6,14). Die in der Völkerwelt aufbrechende Unruhe ist von keinem anderen als von Jahwe angeführt. So erwartet der Prophet eine Zukunft, die eine völlig neue Tat Jahwes, nämlich die Beendigung der bisherigen Geschichte Israels, bringt. Außer dem Sterben Israels hat Amos selbst nichts Nennenswertes kommen sehen.

2. Anders schon *Hosea*. Zwar geht auch für ihn die bisherige Heilsgeschichte notwendig dem Ende entgegen. Mit Israels schuldhafter Abkehr von Jahwe zu den Baalen begründet er die Wegnahme der Kulturlandgaben: »(Die hurerische Frau Israel) weiß nicht, daß ich ihr gab Korn, Most und Öl . . . , drum nehme ich mein Getreide zurück zu seiner Zeit, den Most zu seiner Frist« (2,10f.). Als Ende der bisherigen Geschichte des Gottesvolkes stellt er die angedrohte Strafe da besonders deutlich heraus, wo er die alte Verbindung negiert und damit die Bundesformel zur Scheidungsformel wird: »Nicht mein Volk seid ihr, und ich, ich bin nicht da für euch!« (1,9). Der weltgeschichtliche Rahmen des nahenden Untergangs wird deutlicher als bei Amos, indem Assur genannt wird. Mit der Verschleppung der Bevölkerung nach Assur wird der Exodus aus Ägypten rückgängig gemacht: »Nicht bleiben sie in Jahwes Land. Ephraim muß nach Ägypten zurück, in Assur sollen sie Unreines essen« (9,3; vgl. 11,5; 8,13). Sachlich bleiben die Parallelen zu Amos soweit deutlich.

Aber neu ist zunächst, wie Jahwe sich in Hoseas Verkündigung zu seinen harten Formulierungen durchringen muß: »Was soll ich dir tun, Ephraim? Was soll ich dir tun, Juda?« (6,4). Ja, Jahwe leidet unsäglich darunter, daß alle Züchtigungen und nun selbst die Umkehrung des Exodus Israel nicht aus seiner Abtrünnigkeit von Jahwe herausholen konnten (11,1–7). Der Starre des sterbenden Israels wogt pulsendes Mitleid entgegen: »Wie soll ich dich preisgeben, Ephraim? Wie kann ich dich dahingeben, Israel? Mein Herz kehrt sich gegen mich, meine Reue entbrennt mit Macht. Nicht vollstrecke ich meinen glühenden Zorn, nicht will ich wiederum Ephraim verderben. Denn Gott bin ich und nicht ein Mann, in deiner Mitte ein Heiliger« (11,8 f.). Kann es noch leidenschaftlicher herauskommen, daß Jahwe selbst die Preisgabe Israels nicht ertragen kann? Wo es kein Anzeichen einer Wende zum Besseren in Israel gibt, wo Israel blind bleibt für Jahwe und bald bei den Göttern Kanaans, bald bei politischen Mächten Hilfe sucht, da bricht das Erbarmen Jahwes als einziger Grund für einen neuen Anfang jenseits des Endes durch: »Sie kommen bebend aus Ägypten, dem flatternden Vogel gleich und gleich der Taube aus Assurs Land. Ich lasse sie heimkehren zu ihren Häusern« (11,11). An anderer Stelle wird die Wende mit der Zusage begründet: »Ich heile ihre Abtrünnigkeit. Ich liebe sie aus freiem Antrieb« (14,5). Im Schatten der Liebesübermacht Jahwes wird ein neues Leben eröffnet (14,6–9). Diese Zeugnisse von Jahwes eigener Umkehr werden in die Zeit gehören, in der Hosea schon nach Tiglatpilesers III. Vormarsch das Schwert in Israels Städten wüten sah (11,6), wovon Amos noch weit entfernt war. Schon in Hoseas früher Gerichtsverkündigung spricht sich Jahwes Hoffnung aus, daß die Rückführung in die Wüste Israel zur Umkehr zu seinem »ersten Mann« und damit zu einer Erneuerung der

Heilsgeschichte führen würde (2,8 f.16 f.; 3,4 f.). So erwartet Hosea jenseits des Endes einen neuen Anfang Jahwes mit Israel, der allein auf Jahwes künftiges Wirken zurückgeht.

3. Viel umfassender ist solche Hoffnung bei *Jesaja* und im Kreise seiner Schüler ausgebaut. Doch erhebt auch sie sich erst über einer breiten Gerichtsdrohung. Die Liebesgeschichte Jahwes mit Israel, die auf Bundestreue und Rechtsspruch angelegt war, endet zunächst in Notgeschrei und Rechtsbruch (5,1–7). Vgl. 1,2 f. Neu gegenüber den im Nordreich auftretenden Propheten Amos und Hosea ist es, wie Jesaja Jerusalem die Davidgeschichte vorhält. Sie brachte eine unerhörte Erfüllung der Heilszeit mit dem Sieg über die Philister »am Berge Perazim und im Tale Gibeon« und mit der Eroberung Jerusalems (2. Sam. 5,17–25.6–9). Nun muß diese Stadt vernehmen, daß jene Glanzzeit in ihr völliges Gegenteil verkehrt wird. »Fürwahr, wie einst am Berge Perazim tritt Jahwe an, wie im Tale Gibeon tobt er, zu tun sein Werk — fremd ist sein Werk! —, zu vollenden seine Tat — wildfremd ist seine Tat!« (Jes. 28,21). Jahwe, der im heiligen Krieg die Philisterschlachten Davids zugunsten Israels entschied, kämpft jetzt seinen heiligen Krieg gegen Israel. Solches Gericht ist gegenüber Jahwes opus proprium in der bisherigen Geschichte sein »fremdes Werk«. Wie einst David das jebusitische Jerusalem belagerte, so wird nun Jahwe selbst das israelitische Jerusalem belagern und zerstören (29,1 ff.).

Viel deutlicher als Hosea stellt Jesaja Assur als Gerichtswerkzeug dar. In Eilmärschen sieht er seine Truppen herankommen (5,26–30); sie lagern in den Schluchten des judäischen Berglandes (7,19) und überfluten Jerusalem (8,7 f.). Jesaja vernimmt die Barbarensprache der Eroberer (28,11.13), er erlebt in der Vorschau ihr Plündern und Rauben (10,6). Aber er sieht dann auch, wie Jahwe sich gegen sein Werkzeug wendet, da Assur seinen eigenen hochfahrenden Plänen nachjagt und nicht in den von Jahwe gesetzten Grenzen bleibt (10,7 ff.). So hat Jesaja vielleicht von Anfang an die Grenzen des Gerichts im Auge gehabt. Darauf kann schon der Name seines ältesten Sohnes hindeuten: »Ein-Rest-kehrt-um« (7,3; vgl. 1,8 f.). Anderwärts zeigt Jesaja die Funktion von Jahwes Einschreiten. Zion, die Stadt, deren »Führer Verführer« wurden, deren Beamte von Bestechungen leben, erfährt Jahwes Zornesglut wie ein Feuer, in dem die Schlacken ausgeschmolzen werden (1,21–25). Der Umsturz der Heilsgeschichte bringt Läuterung. »Und wieder gebe ich dir Richter wie in alten Zeiten, Ratsherren wie im Anbeginn. Dann nennt man dich wieder ‚Burg der Gerechtigkeit‘ und ‚treue Stadt‘« (1,26). Wie Hosea die Landschenkung (2,17; 11,11), so sieht Jesaja die beste Zeit Jerusalems wiederkehren. Die Frühzeit wird zum Typos der Endzeit.

Betonte Hosea die Begründung der neuen Heilszeit in der ganz einseitigen Liebe Jahwes, so erweitert Jesaja die Erwartung jenseits des Gerichts$_5$ erheblich über die der Urzeit entsprechenden Anfänge hinaus. Er (oder seine Schüler, wie einige Forscher meinen) tut das in doppelter Richtung. Einmal für Israel in zeitlicher Erstreckung: Wenn Jahwe sein Volk durch die finsteren Assyrernöte einem neuen Licht entgegengeführt haben wird, dann setzt er einen neuen David als Friedens-

herrscher ein und begründet damit einen Heilszustand
»ohne Ende« (9,1–6). Hier ist aus der Nathanweis-
sagung (2. Sam. 7,16) im Gericht über die bisherige
davidische Dynastie (vgl. Jes. 11,1 ff.; Micha 5,1 ff.)
eine messianisch-endzeitliche Hoffnung geworden. Solche Eschatologie meint nicht mehr nur das Ende des
Bisherigen, sondern das Letztgültige. Zum anderen werden die Räume der Erwartung geweitet: Jes. 2,2–4 zieht
in den Frieden, der mit Jahwes Wort vom Zion aus-
geht, die Vielzahl der Völker hinein. Sie wandern zum
Ort der Weisung Jahwes und schmieden unter seinem
schlichtenden Spruch ihre Waffen in friedliche Geräte
um. So drängt bei Jesaja die Hoffnung ins Endgültige
und ins Umfassende.

4. *Jeremias* Zukunftserwartung gleicht in vielem der-
jenigen Hoseas. In den Anfängen seines Auftretens unter Josia ab 627 verkündet er zunächst noch verhältnismäßig unbestimmt den Feind aus dem Norden (1,14;
4,6 u. ö.); später sagt er die Eroberung durch Nebukadnezar als unabwendbar an (27,6). Aber auch für
Jeremia wird das Gericht Durchgang zu einem neuen
Leben aus Jahwes freier Barmherzigkeit. »Gnade findet in der Wüste das Volk der dem Schwert Entronnenen« (31,2). Noch während der Belagerung Jerusalems durch Nebukadnezar (587) muß er, selbst seiner
Freiheit beraubt, einen Familienkaufvertrag eines
Ackeranteils abschließen, um so mit seinem Verhalten
zu beurkunden: »Man wird noch einmal Häuser und
Äcker kaufen in diesem Lande« (32,1–15). Mitten im
katastrophalen Umbruch erspäht er den Durchbruch.
Erwartet er nur die Wiederkehr des Früheren? In den

auf seinen Namen zurückgehenden Überlieferungen taucht erstmalig das Stichwort »neu« als Bestimmung des Künftigen auf. »Tage kommen, spricht Jahwe, da schließe ich mit dem Hause Israel einen neuen Bund« (31,31). Worin besteht das Novum? Hoseas Botschaft von der Heilung der Unbußfertigkeit (vgl. schon Jer. 3,22 ff. mit Hos. 14,5) wird dreifach präzisiert: Gottes Wille wird Israel »ins Herz geschrieben«, das heißt: mit der Weisung wird die Willigkeit und Fähigkeit zum Gehorsam geschenkt (31,33); weiter: gegenseitige Belehrung erübrigt sich, denn alle leben unmittelbar zu Jahwe (34a); und vor allem: die Tilgung aller Schuld fundamentiert den neuen Bund, so daß er unverbrüchlich wird (34b). Das ist die Botschaft vom Endgültigen, allerdings nicht universal adressiert.

5. *Hesekiel* tritt 593 in Babylonien unter den Exulanten der ersten Deportationswelle von 597 auf. Bei ihm läßt sich am genauesten studieren, wie die Ankündigung des Gottesgerichts über Jerusalem mit dessen Vollzug im Jahre 587 umschlägt in Heilserwartung. Zunächst muß er alle falschen Hoffnungen zerstören. Jerusalem muß seinen Untergang bis zur bitteren Neige durch Feuer und Schwert und Zerstreuung des Restes erleiden (5,1 ff.). Sogar die Vernichtung des Heiligtums soll Israel durchleben, ohne Klagegeschrei zu erheben (24,15 ff.). Doch nachdem der Prophet den Melder vernommen hat: »Die Stadt ist eingenommen!«, öffnet sich sein Mund zu einer neuen Botschaft (24,25–27; 33,21 f.). Sie ergeht im Laufe der folgenden fünfzehn Jahre reich und vielfältig. Nur zwei extreme Stücke heben wir heraus. Zuerst das Wort von der Belebung

der Totengebeine. Es wird denen zugerufen, die nach der Katastrophe völlig verzweifeln: »Dahin ist unsere Hoffnung, es ist aus mit uns« (37,11). Ihre Sicht wird nicht beschönigt. Nur zerstreute Totengebeine und Gräber sind übriggeblieben. Aber der Lebensodem des Geistes Gottes, der mit dem prophetischen Wort zu wehen beginnt, wird die hoffnungslos Erstorbenen zu neuem Leben bringen, zur Heimkehr und damit zur vollen Erkenntnis Jahwes (37,1–14). Ist hier das verendete Gesamtvolk im Blick, so wenden sich andere Worte Hesekiels betont an den ansprechbaren einzelnen. Da wird auch von dem neu zu erwartenden Bundesverhältnis gesprochen (36,28); aber nicht der Bund wird »neu« genannt, sondern es ist vom »neuen Herzen« und vom »neuen Geist« als der freien, bedingungslosen Gabe Jahwes die Rede (11,19; 36,26); sie soll auch dazu dienen, daß die Völker zur Erkenntnis Jahwes kommen (36,21 f.36). In 18,31 überrascht daneben die Aufforderung: »Schafft euch ein neues Herz und einen neuen Geist! Warum wollt ihr sterben, Haus Israel?« Diese Mahnung wird von dem Angebot getragen, daß jede Generation und jeder einzelne in jeder Phase seines Lebens zu Jahwe umkehren darf, da er das Leben und nicht den Tod für alle bereithält (18,1 ff.). Die Heilsbotschaft wirkt also in die Gegenwart verzweifelter und verirrter Menschen hinein.

6. Bei *Deuterojesaja* wird das schlechthin »Neue« geradezu ein theologisches Kennwort der Kunde vom Künftigen. Der Prophet spricht zur zweiten Exilsgeneration (etwa zwischen 550 und 540), in der sich die Meinung verbreitet hat, Jahwe habe Zion nicht nur verlassen

und vergessen, sondern sei auch unfähig, ihm noch einmal aufzuhelfen (40,27; 49,14). Solcher Verzagtheit begegnet die Ankündigung, daß der Aufbruch aus dem Exil naht, daß Jahwe selbst wie ein Hirt sein Volk auf gebahnter Straße heimführen und daß Kyros dabei sein Werkzeug sein wird, daß Zion aufgebaut und die Herrschaft Jahwes vor allen Völkern enthüllt wird (40,1–11; 44,24–45,6; 52,7–12). Der Skepsis tritt der Prophet nicht nur mit Appellen entgegen, sondern auch mit klaren Begriffen und mit Argumenten.

Zunächst prägt er nicht nur erstmals für das Angekündigte den Begriff »Zukunft« (41,22 f.), sondern er bezeichnet es auch in seinem ganzen Ausmaß als »das Neue«, das vom »Früheren« unterschieden sein will (42,9 f.), das bisher noch völlig unbekannt war (48,6) und demgegenüber das Vergangene in Vergessenheit geraten darf (43,18 f.). Demgemäß unterscheidet sich der neue Exodus gründlich vom alten; er vollzieht sich in Jubel und Frieden (52,12; 55,12 f.). Die Völker stehen Spalier und entdecken die Wucht des Armes Gottes und seine Herrlichkeit (40,5; 52,10).

Welche Argumente liefert nun Deuterojesaja denen, die auf Jahwes offenkundige Ohnmacht hinweisen? Zuerst und zur Hauptsache zeigt er, daß die Exilssituation durch nichts anderes als durch Jahwes zuvor verkündetes Wort heraufgeführt wurde (41,21–24; 43,8–13). Genau die Situation der Verzweifelten ist als Erfüllung prophetischen Wortes Grund der Zuversicht zum neuen prophetischen Wort (41,25 ff.; 42,9; 55,10 f.). Darüber hinaus weist der Prophet zurück auf Abraham und Sara und damit auf das Wunder, mit dem Gott Israel aus einer Verbindung schuf, aus der nichts zu erhoffen

war (41,8 f.; 51,1 ff.). Schließlich dient die ganze
Schöpfung als Zeuge für Gottes unbegrenzte Möglichkeiten (40,12–31; 45,11–13; 48,12–15). So wird das
neue Einschreiten Gottes als Enthüllung seiner weltweiten rettenden Herrlichkeit verdeutlicht, deren Macht
erwiesen ist.

Die Schüler des Exilspropheten sprechen folgerichtig
von der Erwartung des »neuen Himmels und der neuen
Erde« (65,17; 66,22). Zugleich aber führt der Gang der
Ereignisse zu neuen Depressionen der Enttäuschung.
Die Hoffnung wird in der nachexilischen Prophetie
auch verkürzt und verengt, ja verwandelt. Daneben
muß Israel an dem Lied eines Unbekannten (Jes. 52,13
bis 53,12) durch die Jahrhunderte lernen, daß Gottes
Knecht ein Verachteter und Gemiedener ist, daß aber
ebendieser den Schmerz und die Verfehlung der vielen
auf sich nimmt, damit ihnen Frieden und Heilung zuteil
werde, so daß auf diesem Wege noch alle seine Verächter in der Völkerwelt staunend zum Schweigen gebracht, für ihn gewonnen und mit ihm in ein neues
Leben gerettet werden. So bietet die Zukunftserwartung
der alttestamentlichen Propheten Modelle von Furcht
und Hoffnung für die neutestamentliche Menschheit auf
ihren verschlungenen Wegen vom Kreuz Jesu her zur
neuen Welt.

Exkurs:

Sozialstruktur Altisraels. Nicht nur das Studium prophetischer Zeitkritik, sondern auch ihrer Eschatologie
setzt Kenntnisse der Gemeinschaftsformen Israels voraus. Das künftige Jerusalem soll neue Richter und Rat-

geber haben (Jes. 1,26). Deuterojesajas Schüler sagen: »Wie der junge Mann eine junge Frau freit, so wird dein Erbauer dich freien« (62,5). Welche gesellschaftlichen Leitbilder stehen in solchen Beispielen Modell?

Die *Ehe* als kleinste Einheit kommt rechtlich zustande, indem der Freier die Geliebte durch Zahlung des Heiratsgeldes an den Brautvater als Ehefrau gewinnt (2. Mose 22,15 f.; vgl. Hos. 2,21 f.). Die auf Neigung begründete Einehe herrscht in alttestamentlicher Zeit vor (1. Sam. 18,20); Nebenfrauen aus dem Kreis der Sklavinnen sind zur Sicherung des Nachwuchses möglich (1. Mose 16,1 f.). Die Vielzahl der Frauen hat repräsentative und politische Bedeutung, wird aber bei Salomo als Abfall von Jahwe gewertet (1. Kön. 11,1 ff.). — Die *Großfamilie* ist patriarchalisch geordnet; Matriarchat ist kaum nachweisbar. Auch die erwachsenen und verheirateten Söhne mit ihren Familien gehören zum »Haus«, dessen Oberhaupt der »Vater« ist. Diese Einheit hat sich aus dem Halbnomadentum in der Seßhaftigkeit durchgehalten; im Heerbann stellt das »Haus« als Großfamilie eine Fünfzigschaft (1. Sam. 8,12). — Die umfassendere Einheit ist die *Sippe;* sie bildet eine Siedlungsgemeinschaft und entsendet eine Tausendschaft zum Heerbann; geleitet wird sie von einem Ältestenkollegium, das auch die Rechtsprechung im Tor übt (1. Kön. 21,8). — Die Sippen sind zum *Stamm* zusammengeschlossen. Der in Micha 5,1 verheißene König kommt aus dem Stamm Juda, aus der Tausendschaft, die in Bethlehem siedelt und die als Sippe Ephrata heißt, aus der Großfamilie Isais (Jes. 11,1), des Vaters Davids. Der Stammesvertreter im *Stämmebund* Israel ist der Vorsteher als Sprecher (2.

Mose 22,27; 4. Mose 31,13; 32,2). An der Spitze des Bundes stand vielleicht der »Richter« als Rechtskünder (Richt. 10,1–5; 12,7–15). Seine Stelle übernimmt in staatlicher Zeit der *König* mit seinen Beamten, Truppenführern, Richtern, Räten und Priestern. Die *nachexilische* Kultgemeinde leitet neben dem vom fremden Großreich eingesetzten Statthalter der Hohepriester (zuerst Hagg. 1,1) und ein Ältestenrat (Joel 1,2). —

3 Gegenwart
Die Lehrbücher

Hier führen wir in diejenigen »Schriften« ein, die den jüngsten, dritten Teil des hebräischen Kanons bilden. Aus ihnen hatte schon die griechische Bibel die Bücher Chronik, Esra und Nehemia den älteren Geschichtswerken zugeordnet. Den Hauptanteil des Restes faßte Luther als »Lehrbücher« zusammen. Sie wurden schon in der griechischen Bibel vom Ende in die Mitte des Kanons umgestellt, zwischen Geschichts- und Prophetenbücher. Das hatte Sinn.

Denn zur Hauptsache wollten die »Schriften« je ihrer Gegenwart auf dem Wege von der bezeugten Geschichte hin zu der prophetisch angekündigten Zukunft helfen. Weisheitliche Lehre, Dichtungen und Gebete werden angeboten, die drängenden Lebensfragen und die Gottesfrage zu bewältigen oder doch auszuhalten. Das Hauptstück der »Lehrbücher« ist der Psalter. Denn in der Zwiesprache mit Jahwe kommt der Mensch zur Vernunft.

3.1 LOB UND KLAGE
Psalmen und Klagelieder

Die häufigsten Psalmengattungen sind Loblieder und Klagelieder. Das Lob ist weithin Echo auf erfahrene

Rettungstaten Jahwes, die Klage hofft auf den kommenden Gott.

1. Auch *außerhalb des Psalters* finden sich Lob und Klage. Hier ist im Textzusammenhang von Erzählungen der »Sitz im Leben« der Lieder zu erkennen, der in den reinen Liedsammlungen (im Psalter wie auch im Büchlein der »Klagelieder«) nur indirekt zu erschließen ist; er wird zwar öfter in Überschriften angedeutet, diese sind jedoch meist erst spät nachgetragen.

Das Mirjamlied in 2. Mose 15,21 lernten wir schon als unmittelbares Echo auf die Befreiung der Verfolgten von der Übermacht der Ägypter kennen (vgl. 2. Mose 14). Das jetzt vorangestellte Moselied in 2. Mose 15,1 bis 18 nimmt zunächst dessen Wortlaut auf, greift aber weiter aus in der dichterischen Gestaltung der Geschehnisse und in den theologischen Reflexionen; die Vorgänge bei der Einnahme Kanaans werden hinzugenommen; sie gipfeln für den Sänger in der Errichtung des Zionheiligtums. So ist das spontane Siegeslied in Jahrhunderten zur hymnischen Dichtung herangewachsen. — Das Deboralied in Richt. 5 ist nach seinem Inhalt und nach dem Erzählzusammenhang aus konkreten Durchhilfen in harten Bedrängnissen entstanden. In 1. Sam. 2,1–10 finden wir im Psalm der Hanna ein Danklied, das der Erhörung ihrer Bitte um einen Sohn entspricht (1,11 f.19 ff.). Ein Danklied Davids bezieht sich direkt auf eine frühere Notklage (2. Sam. 22,7; vgl. Ps. 18). So tritt neben den Hymnus Israels, der grundlegende Heilstaten Jahwes besingt, das Danklied einzelner, das sich auf die Erhörung spezieller Bitten bezieht. Solche Bitten wurden in der Gattung der Klagelieder laut; sie brachten vor Jahwe Nöte wie die Kinderlosigkeit der Hanna, die Feindbedrängnis Davids oder auch die Krankheit Hiskias (2. Kön. 20,2 f.); sie bitten um Befreiung aus diesen Nöten. Als Elemente solcher Klagelieder zeigt uns Hiskias Gebet das Unschuldsbekenntnis (2. Kön. 20,3) und das Gebet der Hanna ein Gelübde (1. Sam. 1,12). Später verschwimmen die Grenzen zwischen den Gattungen. In Jona 2 wird ein Danklied als Klagegebet in äußerster Not eingeführt. In Jes. 12, in Amos 4,13; 5,8 f.; 9,5 f. und anderen Stellen antwortet die Gemeinde mit Hymnen auf das vernommene Prophetenwort; anderwärts gestalten die Propheten selbst mit hymnischen Elementen (Jes. 42,10 ff.) oder Klageliedern (Jer. 8,18 ff.; 10,19 f.) ihre Botschaft. Die Chronik zeigt, wie im 4. Jahrhundert Psalmen zum gottesdienstlichen Gebrauch gesammelt wurden, wenn etwa 1. Chron. 16 die Psalmen 105, 96 und 106 zusammenstellt.

2. *Der Psalter als Sammlung* beginnt spätestens in dieser Zeit zu wachsen. In seiner Endgestalt heißt er tehillim, das heißt »Preisungen«. Er will also als Sammlung vornehmlich dem Lobpreis Jahwes dienen. Das bestätigt auch seine heutige Gliederung in fünf Bücher, die ihn vielleicht im Formalen als eine Entsprechung zu den fünf Büchern der Thora ausweisen will, deren Beachtung der vorangestellte erste Psalm besingt. Denn diese fünf Bücher sind durch die Einschaltung kurzer Lobpreisungen am Ende von Ps. 41;72;89;106 und mit dem 150. Psalm abgegrenzt. Der Grundton, mit dem das Mirjamlied Israels Singen eröffnete, will also noch die größte Sammlung der Lieder Israels beherrschen.

Ältere Wachstumsringe sind noch zu erkennen. Der Doxologie am Ende des zweiten Psalmbuchs folgt in Ps. 72,20 noch die Notiz: »Zu Ende sind die Gebete Davids, des Sohnes Isais.« Nach Ausweis der Überschrift »Von David« gehören hierzu die Psalmen 3–41 und 51–72. Diese Angabe entspricht aber nach den Erkenntnissen der heutigen Forschung weniger der tatsächlichen Verfasserschaft als vielmehr der Hochschätzung Davids als des Begründers der Gottesdienste Israels in Jerusalem, wie sie uns im chronistischen Geschichtswerk begegnet ist (s. o. S. 68); die Überschrift bezeichnet die Psalmen als für den offiziellen Jerusalemer Kult geeignet. Kleinere Sammlungen werden Korach (42–49) und Asaph (73–83) und damit Jerusalemer Kantorenfamilien zugeordnet. In Ps. 120–134 sind »Wallfahrtslieder« gesammelt. In Ps. 42–83 wird Jahwe durch »Gott« ('älohim) ersetzt (vgl. Ps. 14 mit 53); man spricht hier vom »elohistischen Psalter«. Die Datierung der einzelnen Psalmen ist äußerst schwierig. Für die Erkenntnis der Funktion der Psalmen ist die Analyse ihrer Formen und deren Bezug zum Leben der Gemeinde und der einzelnen von größerer Bedeutung (s. o. S. 91 Exkurs Formgeschichte).

3. *Die Hymnen* haben im wesentlichen zwei Formelemente: den Aufruf zum Lobpreis und die Begründung. »Preiset Jahwe, denn gütig ist er!« (136,1). Diese Grundform entspricht dem alten Typ des Sieges- oder Befreiungsliedes (2. Mose 15,21). Eine nicht genannte, also gegenwärtige Mehrzahl wird aufgefordert, Jahwe zu loben. Ein Vorsänger ist anzunehmen. Er kann neben der Gesamtheit auch einzelne Gruppen aufrufen:

»Es sage nun Israel: Auf immer währt seine Huld! Es sage nun das Haus Aaron: Auf immer währt seine Huld! Es sagen nun die Jahwefürchtigen: Auf immer währt seine Huld!« (118,1–4). In seltenen Fällen wie in Ps. 150 wird der Aufruf verselbständigt. Seine knappste, oft wiederholte Form lautet: Hallelu-Jah = Jauchzet Jah(we)! Das Element des Aufrufs kann mannigfach abgewandelt werden. Der Hymnus nimmt Bekenntnisform an, wenn eine Gruppe sich selbst auffordert: »Kommt, laßt uns jubeln Jahwe, laßt uns jauchzen dem Fels unserer Rettung!« (95,1). Noch deutlicher wird der Bekenntnischarakter im Hymnus eines einzelnen: »Ich will Jahwe preisen von ganzem Herzen in Israels Runde und in der Gemeinde« (111,1). Schließlich findet sich die Form der Selbstermunterung des einzelnen: »Lobe, meine Kehle, Jahwe, all mein Inneres seinen heiligen Namen!« (103,1). Da wird der einzelne sein eigener Vorsänger. — Entsprechend variantenreich ist das Element der Begründung. Ursprünglich wird mit ihm vielleicht das Lob von der Gemeinde vollzogen. Das legt der Kehrvers in Ps. 136 nahe. Im jeweils ersten Teil jedes Verses wird nach dem Aufruf Gott mit seinen Taten vorgestellt. Im zweiten Teil jedes Verses wird dann der Lobpreis vollzogen mit dem Satz: »Ja, auf immer währt seine Huld!«, wahrscheinlich von der Gesamtgemeinde. Am Grund des Lobens kann sich das Leben der Hörer orientieren. Was Jahwe seit der Erschaffung der Himmel an der Welt und seit der Tötung der ägyptischen Erstgeborenen an Israel getan hat, kann deshalb das Lob beleben, weil seine Treue fortwährend wirkt. In Berichtssätzen oder in partizipialen Beifügungen werden

Jahwes Taten und Eigenschaften gerühmt. Ein Gottesdienst ohne Lobpreis hätte seinen Grund und sein Ziel vergessen. Im Hymnus erst erkennt Israel sich selbst.

4. *Die Danklieder* hingegen beziehen sich auf ein spezielles Widerfahrnis des einzelnen. Sie gehören zwar auch in die Gemeinde; doch spricht hier ein Glied in einer besonderen Dankopferfeier (22,26 f.; 66,13–16; Jona 2,10). — Im Danklied wechselt die Blickrichtung. Zunächst wendet der Dankende sich an die versammelte Gruppe; er berichtet den Grund zum Danken und erzählt immer dreierlei: die Not, in die er geraten war, sein Flehen zu Jahwe und die Erhörung. Dieser dreigliedrige Bericht ist das sicherste Kennzeichen der Danklieder (18,5–7; 22,25; 32,3–5; 118,5; Jona 2,3–8). Oft zieht der Dankende dann lehrhafte Konsequenzen: »Es ist besser, zu Jahwe zu flüchten als auf Menschen zu trauen« (118,8). »Viele Leiden treffen den Frevler, wer auf Jahwe traut, den umfängt seine Güte« (32,10). Eine wichtige Bevollmächtigung zum Lehramt wird damit aufgedeckt: Wer Jahwes Erhörung seiner Gebete in der Not bekunden kann, der ist befähigt, Jahwes »Namen den Brüdern zu künden« (22,23). Zum anderen wendet sich der Dankende an Jahwe mit der kurzen, anbetenden Danksagung, die vielleicht zum Opfer häufig wiederholt wurde: »Ich sage dir Dank, Jahwe« (118,21; Jona 2,10; vgl. Ps. 30,2). Die Gesamtgemeinde wird im allgemeinen mit ihrem hymnischen Lobpreis einfallen (118,1–4.29; 32,11; vgl. 22,28–32!). So erneuert und erweitert der Dank des einzelnen das Gottesjauchzen Israels.

5. *Die Klagelieder* fanden wir in den Dankliedern vorausgesetzt. Diese verweisen regelmäßig auf sie zurück
und zitieren sie sogar teilweise; so Jona 2,5: »Da sagte
ich: Ich bin verstoßen von dir. Ach könnte ich noch
einmal deinen heiligen Tempel schauen.« Uns sind nicht
nur individuelle Klagelieder überliefert, sondern auch
solche des Volkes. Sie nehmen teilweise die Nöte als das
von Propheten verkündete Gericht an, fragen aber dann
im Rückblick auf die Erwählung, ob Jahwe denn auf
immer verstoßen wolle (60,2 ff.; 74,1 ff.; 80,2 ff.). Die
Elemente der Gattung sind denen der Klagelieder von
einzelnen gleich, die weit zahlreicher im Psalter vertreten sind.

Das allererste Wort der meisten Klagelieder ist »Jahwe«
(3,2; 6,2; 7,2; im elohistischen Psalter durch »Gott«
ersetzt: 54,3; 55,2; 56,2 usw.); jedenfalls erscheint seine
Anrufung im ersten Satz (5,2; 13,2; 17,1), oft verbunden mit der Bitte, er möge hören (5,2; 17,1; 55,2).
Israel ist nicht unsicher, an wen man sich in jeder Not
zu wenden hat. Solche Zielgewißheit drückt sich am
knappsten aus im Anruf »mein Gott!« (13,2; 22,2;
88,2), kann aber in kürzeren oder längeren *Vertrauens-
aussagen* begründet und entfaltet werden: »Auf dich
haben unsere Väter gehofft; sie hofften, und du hast sie
befreit; sie riefen zu dir und wurden gerettet« (22,5 f.).
So birgt sich der einzelne in der Erfahrung Gesamt-
israels. »Du aber, Jahwe, bleibst auf immer, dein Name
währt durch alle Geschlechter« (102,13). Der Beter
kann auch in Erinnerung an sein eigenes Leben Vertrauen fassen: »Du bist es, der mich aus dem Mutter-
schoß geführt, ... dir bin ich zu eigen von Anbeginn«
(22,10 f.). Ganz kurz kann er sich Jahwe anbefehlen

als einer, der ihm gehört und auf ihn traut (86,2). Oft drängt sich die *Notschilderung* vor: »Ich bin elend und arm« (86,1). Sie kann die Nöte breit darlegen: zum Beispiel Krankheit (88,4 ff.), Verfolgung (140,2 ff.), falsche Anklage (109,2 ff.). Zuweilen erscheinen die Klagegründe so gehäuft, daß jeder Leidende sein Elend in solchem Formular unterbringen kann, vor allem, wenn als Kern der Not die Verlassenheit von Gott ausgesprochen wird (22,2 f.7 f.13–19). Die Erregung macht sich in typischen *Klage-Fragen* Luft, die die Verzweiflung des Beters aussprechen: »Willst du Wunder tun an den Toten?« (88,11). Bezeichnend sind die Frageworte »Warum?« (22,2; 74,1.11; 88,15) und »Wie lange?« (13,2; 74,10; 79,5). Die Selbstprüfung des Beters führt oft zur Erörterung der *Schuldfrage*. Ein Unschuldsbekenntnis kann an Jahwes Gerechtigkeit appellieren (5,5–8; 17,1–5), die Schulderkenntnis an seine Barmherzigkeit (86,3; 143,2). Nicht selten findet sich ein *Gelübde* für den Fall der Erhörung (61,6); es verspricht Dankopfer (56,13) und Lobpreis (71,22 ff.). Alle Klagegebete gipfeln in der *Bitte*, Jahwe wolle erhören (86,6; 88,3) und aus der Ferne in die Nähe des Beters zurückkehren (22,12). So bieten die Formulare dem geschlagenen und verzweifelnden Menschen einen Weg der Hoffnung auf dem Grunde der Erfahrungen Israels an.

Drei Gliedgattungen der Klagelieder bedürfen besonderer Erwähnung. Zuerst die sogenannten *Rachepsalmen*. Sie wenden im Element der Bitte ihre Aufmerksamkeit dem Schicksal der Feinde zu, die den Betern Not bereitet haben. Breit und genau erörtern sie die Strafe, die die anderen treffen soll. Der Wunsch nach

Gerechtigkeit wird von feindseliger, gehässiger Vergeltungssucht angefeuert (69,28 ff.; 109,7 ff.; 137,7 ff.). Doch wollen die Beter nicht selbst zur Rache schreiten, befehlen sie vielmehr Jahwe an. Hochmut steht dem modernen Menschen gegenüber Israels Rachepsalmen weniger gut an als vielmehr die Sorge, mit eigenen Racheaktionen noch hinter Israel zurückzufallen (vgl. Röm. 12,19 ff.). Vor Israels Gott hat sich auch menschlicher Zorn austoben dürfen. Ist die Rache aber wahrhaft ihm anheimgegeben, so muß sie auch vor ihm zum Schweigen kommen. Denn Israel lebt selbst in seiner Schuld vom Erbarmen Gottes.

Davon wissen die *Bußpsalmen*. Als größte Not beklagen sie die eigene Verfehlung (vgl. das Zitat im Danklied 32,5). Sie bekennen, daß »kein Lebender vor Jahwe gerecht ist« (143,2), daß alle Bosheiten als Vergehen gegen Jahwe nur von ihm selbst bereinigt werden können, daß demnach die einzig möglichen Opfer ein zerschlagenes Herz und ein demütiger Geist sind (51,6. 9 ff. 18 f.). »Mehr als Wächter auf den Morgen« soll Israel deshalb auf Jahwes Vergebungswort warten, wenn es ein Leben erhofft, das bestehen kann (130,3 f. 6 f.).

Haben die Rachepsalmen das Element der Bitte besonders ausgeprägt und die Bußpsalmen das Element der Schulderwägung, so verselbständigen die *Vertrauenspsalmen* jenes Formelement, das den Beter aus der Notklage zur hoffnungsvollen Bitte weiterführte. Der 16. Psalm nimmt im Anfang gerade noch das letzte Element eines Klageliedes, die Bitte, auf: »Behüte mich, Gott, ich flüchte zu dir«, um im folgenden dann ganz der Zuversicht Raum zu geben. Sie gründet in der alten

Unterhaltsregelung für die Leviten: »Ich bin dein Anteil und Erbbesitz, spricht Jahwe« (4. Mose 18,20; 5. Mose 10,9). Die Leviten leben nicht vom eigenen Grundbesitz. »Jahwe, mein Erbanteil, der meine Lose in Händen hält, auf gutes Land fällt die Meßschnur für mich« (16,5 f.). Daraus folgert der Beter, daß er von Jahwe in jeder Lage, auch in Todesgefahr, ungetrennt bleibt. »Drum freut sich mein Herz, den Lebensweg weisest du mir« (V. 9–11). Ein reiner Vertrauenspsalm ist Psalm 23 mit seinen Bildreden: Jahwe ist Hirt und Wirt, dessen Güte den Beter wirksamer »verfolgt« als seine Feinde. Jahwes Haus steht ihm immer offen (V. 6).

6. *Die Zionslieder* bezeugen, daß das Jerusalemer Heiligtum nicht nur für einzelne Zufluchtsort des Vertrauens war. Zuvor war der Zion für die Gesamtgemeinde ein neues Unterpfand der Gewißheit: »Mit uns ist Jahwe der Heere, Fluchtburg ist uns Jakobs Gott« (46,8.12). Der Freude an Jahwe war dadurch, daß er sich mit David den Zion erwählt hatte, neue Nahrung gegeben (Ps. 132). Damit ergab sich eine eigene Weise zum Lob des Zionsgottes (Ps. 46;48;76;84; 87;122). Die Forschung hat in diesem Bereich interessante Rezeptionen aus dem vorisraelitischen Jebusiterkult beobachtet. Die Wohnung des »Höchsten« ist ein Bollwerk gegen die anbrandenden Völker (46,5 ff.). Nun gibt es eine Zeit, in der der Angefochtene auch am Abzählen der Türme Jerusalems die Größe seines Gottes ermessen kann (48,13 ff.). In Jerusalems Namen sieht man den Frieden beschlossen, so gewiß Salem an Schalom erinnert (122,6–8).

7. *Die Königspsalmen* dokumentieren in anderer Weise eine Konkretion von Lob und Klage. Erstaunlich ist die geringe Zahl der Lieder, die den König besonders erwähnen (etwa zehn). Nur ein einziges stellt ihn selbst in die Mitte, das Hochzeitslied Ps. 45. Andere üben Fürsprache für ihn, weil in Israel auch für den König der Name Jahwes Vertrauensgrund ist und nicht Kriegswagen und Streitrosse (20,8; vgl. 21). Sie pochen auf die Manifestation von Jahwes Treue im Davidbund (89,4), auch für Notzeiten (V. 50 ff.). Bei jeder Inthronisation halten sie höchste Hoffnung auf den kommenden »Sohn Gottes« wach, im Blick auf die Völker (Ps. 2; 110) und auf alle Elenden im Lande (Ps. 72).

8. *Die Jahwe-Königs-Hymnen* unterscheiden sich von den Königspsalmen, die an die Davididen als Unterpfand der Hilfe Jahwes denken, durch den Ruf: »Jahwe ist König« (47,9; 93,1; 96,10; 97,1; 99,1). In ihnen gipfelt das Rühmen Israels. Ein Thronbesteigungsfest Jahwes nach babylonischen Mustern ist als Sitz im Leben nicht zu belegen. Dagegen spricht auch, daß Jahwes Thron als »von uran fest begründet« besungen wird (93,2). Der Gründer der Erde (93,1; 96,10) ist auch allen gegenwärtigen Widrigkeiten überlegen (93,3 f.). »Wie Wachs zerfließen die Berge« vor ihm (97,5). Der sich in Zion bezeugt (93,5; 99,2), ist zugleich »König der ganzen Erde« (47,8). »Alle Götter der Völker sind Nullen« (96,5); sie müssen Jahwe huldigen (97,7). So treten die Völker im Lobpreis Jahwes »zusammen mit dem Volk des Gottes Abrahams« (47,10; 96,7). Im Rühmen seines Retters wird Israel zum Vorsänger der ganzen Welt. Die Gewißheit der

Weltherrschaft Jahwes weitet den hymnischen Chor bis an die Ränder der Erde. Das Lob ist eschatologisch geworden. Denn in der Gegenwart ertönt es kraft der Erwartung: »Er kommt! Er kommt!« Wozu? Seine Treue und Gerechtigkeit unter allen Völkern in Kraft zu setzen (96,13; 98,9). Länder und Völker sollen sich schon zur Akklamation rüsten (96,7 ff.; 98,4). Ströme und Wälder werden mit Händeklatschen assistieren, Berge und Meere stimmen mit Brausen ein (96,11 f.; 98,7 f.).

Überblicken wir die Gattungen, so begreifen wir, warum der Psalter das Buch der Rühmungen heißt. Es ist Israels Geschenk an die Welt. Alles Geschehene und alles Künftige kann im Blick auf Jahwe den gegenwärtigen Menschen zum Lobpreis befähigen. Verstummen des Lobes würde den Verlust biblischer Theologie signalisieren, genauer: das Vergessen des Gottes Israels. In der Erinnerung an ihn wird auch die Notklage zum Vertrauenserweis. Nach Anleitung des Psalters wachsen die neue Welterkenntnis, der Mut zur Hoffnung und die neue Tat in der Anbetung Gottes, während die Schatten der trügerischen, lähmenden Traumgötter weichen.

9. Das Büchlein der *Klagelieder Jeremias* (Threni) bietet dafür ein Beispiel. Es ist in der Synagoge dem Tag des Gedächtnisses der Zerstörung Jerusalems zugeordnet. In ihm sind fünf große Klagelieder gesammelt, die bald nach der Katastrophe der Stadt und ihres Heiligtums entstanden und später Jeremia zugeschrieben wurden. Mitten darin erhebt sich in Kap. 3 die Stimme eines einzelnen. Ausweglose Not, unerhörte Gebete,

verworrene Wege zerstörten sein Vertrauen zu Jahwe (V. 1–18). Dann aber wird das Bedenken der Not als Gift erkannt (V. 19). Es kommt zu der Vertrauensaussage, daß Jahwes Treue groß und jeden Morgen neu ist (V. 21–24). So wird die Erkenntnis der Weisen gewonnen, es sei gut, schweigend auf Jahwes Hilfe zu hoffen und das Joch in der Jugend zu tragen (V. 25 bis 38). Der Beter stellt sich die Frage, gegen wen der Mensch wohl mit Recht klagen könne, es sei denn zuerst gegen seine eigene Verfehlung (V. 39). So gelangt er zu der Aufforderung: »Laßt uns unser Verhalten erforschen und prüfen und umkehren zu Jahwe!« (V. 40). Dem, der sich in der Meditation der Not selbst gefesselt hatte, eröffnete die Anbetung die wirkliche Lage und befreite ihn zu neuen Erwartungen und zum veränderten Verhalten. — Der Gattung wegen erwähnen wir das Buch der Klagelieder neben den Psalmen. Im hebräischen und im griechisch-lateinischen Kanon steht es an anderen Stellen.

Exkurs:

Die Ordnung der biblischen Bücher (Kanonformen) bedarf besonderer Erklärung. Wir haben drei Kanonlisten zu unterscheiden: die hebräische (s. o. S. 11), die griechisch-lateinische und die reformatorische. Die letzte weicht von der hebräischen nur in der Anordnung der Bücher ab, die griechisch-lateinische außerdem durch einen Überschuß. — Die Umstellung betrifft den dritten Teil des hebräischen Kanons, die »Schriften«, die seit dem Mittelalter folgende Ordnung haben: Psalmen, Hiob, Sprüche, fünf Festrollen (= Megilloth:

Ruth, Hoheslied, Prediger, Klagelieder, Esther), Daniel, Esra, Nehemia, Chronik. Fünf Bücher dieses dritten Teils werden in der griechisch-lateinischen wie in der reformatorischen Bibel als poetische oder Lehr-Bücher zwischen die Geschichtsbücher (Thora und frühere Propheten des hebräischen Kanons) und die prophetischen Bücher (spätere Propheten) gerückt, und zwar in der Reihenfolge: Hiob, Psalmen, Sprüche, Prediger, Hoheslied. Die übrigen »Schriften« werden unter sachlichen Gesichtspunkten der neuen Dreiteilung in Geschichts-, Lehr- und Prophetenbücher zugeordnet. Ruth wird wegen seines geschichtlichen Inhalts hinter das Buch Richter gerückt, aus den gleichen Gründen die Bücher Chronik, Esra, Nehemia, Esther in dieser abgeänderten Folge hinter die Königsbücher. Die Threni werden als »Klagelieder Jeremias« verstanden und dementsprechend hinter das Jeremiabuch gestellt; Daniel wird den großen Propheten hinter Hesekiel zugeordnet. — Ist die reformatorische Buchfolge damit vollständig beschrieben, so unterscheidet sich die lateinische Bibel noch durch Einschaltung der apokryphen Schriften Tobias und Judith nach Esther, Weisheit und Sirach nach dem Hohenlied, Baruch nach den Klageliedern Jeremias und Makkabäer nach Maleachi. Die griechische Bibel kennt noch weitere Zusätze. Außerdem stellt sie folgende Bücher um: Hiob zwischen Hoheslied und Weisheit, Zwölfprophetenbuch vor Jesaja und Hosea-Amos-Micha vor Joel-Obadja-Jona. Wer um diese verschiedenen Kanonformen weiß, kann leichter mit den Bibelausgaben umgehen. —

3.2 WEISHEIT UND LEHRE
Sprüche, Psalmen, Lehrerzählungen

Die Weisheit in Israel äußert sich in verschiedenen
Formen: vom kurzen Spruch über das Lehrgedicht und
die Lehrerzählung bis zum groß ausgebauten Dialog.

1. Der *Psalter enthält mehrere Lehrgedichte.*
(1.) Schon der 1.Psalm zeigt typisch weisheitliche Merkmale: den Makarismus, der bestimmte Verhaltensweisen
beglückwünscht (»Selig der Mann, der . . .«), die Antithese, die gegensätzliche Handlungen konfrontiert
(»nicht auf dem Weg der Sünder, . . . aber Freude an
der Weisung Jahwes«), deren Folgen aufweist (»die
Gottlosen bestehen nicht im Gericht, . . . Jahwe behütet
den Weg der Gerechten«) und sie durch Vergleiche aus
dem Naturleben verdeutlicht (»Früchte tragen—Spreu,
die im Winde verweht«). Inhaltlich reizt dieser Psalm
zur Freude an der Thora und ihrem unablässigen Studium (V. 2). Weitere *Thorapsalmen* liegen in 19,8–15
und 119 vor. Beide betreffen wie der erste den einzelnen
Menschen. Psalm 119 ist auch als Seligpreisung eröffnet.
Er bietet dem Memorieren eine besondere Hilfe: In der
Reihenfolge der 22 Buchstaben des hebräischen Alpha-
bets beginnen je acht Verse mit dem gleichen Buchstaben
(alphabetisches Akrostichon). Alle 176 Verse enthalten mindestens einen von acht Begriffen, mit denen
Israel die Offenbarung Jahwes bezeichnen kann: Be-
fehl, Gebot, Satzung, Vorschrift, Weg, Weisung, Wort,
Zeugnis. Fast alle haben Gebetsform. Der Grundton ist
Freude: »Ich wandle fröhlich, denn ich suche deine
Befehle« (V. 45). Konsequenzen werden bedacht: »Ich

plane meine Wege um und lenke meine Füße zu deinen Mahnungen« (59). Gottes Wort entthront die natürlichen Autoritäten: »Ich bin klüger als die Alten, denn ich halte mich an deine Weisungen« (100). So wird Umgang mit der Schrift gelehrt.

(2.) Ähnliche Lehrpsalmen kreisen um das Thema der *Furcht Jahwes*, das heißt des Gehorsams. Der 34. Psalm ist auch als alphabetisches Akrostichon angelegt. Als Grundlage der Unterweisung wird wie im Danklied (s. o. S. 124) auf eine Gebetserhörung hingewiesen: »Seht, ein Armer rief, und Jahwe hat gehört. Kostet und seht, wie gütig Jahwe ist!« (V. 5.7.9). Es folgen verschiedene Spruchformen wie Mahnungen, Lehrfragen, Sentenzen, Lehrsätze (V. 10–22). Die Weisheitspsalmen 112; 128 und 133 preisen vor allem die glücklichen Folgen der Jahwefurcht. Daß Unheil und Heil sich an Jahwe entscheiden, sagt der 127. Psalm. Der Gewissenserforschung dient Ps. 139.

(3.) Auch der große *Geschichtspsalm* 78 ist als Lehrpsalm zu erkennen. Eine breite Lehreröffnung ruft zur Aufmerksamkeit auf die Überlieferung der Väter; die Unterweisung schließt vergangene und künftige Generationen zusammen (V. 1–4), denn in Israel sind Hoffnung auf Zukunft und Erinnerung an Geschichte untrennbar. Darum sollen die Hörer auch ihren Nachkommen die Lehre vermitteln, »daß sie ihre Hoffnung auf Gott setzen und Gottes Werke nicht vergessen, sondern seine Gebote befolgen« (V. 7). Dann wird die Geschichte vom Auszug aus Ägypten bis zur Erwählung des Zions und Davids erzählt (V. 12–72), und zwar sowohl Jahwes Taten wie die meist widerspenstigen Reaktionen der Menschen.

(4.) Um die schwere Frage der *Gerechtigkeit Gottes* angesichts der Leiden des Unschuldigen ringen Ps. 37, 49 und 73. Sie sehen, daß der Ungerechtigkeit durchaus nicht immer Unheil und der Gottesfurcht nicht immer Heil auf dem Fuße folgen. Weise ist nur, wer aufs Ende warten kann (73,17), wer bei Jahwe bleibt, auch wenn ihm Leib und Seele verschmachten, wer seine Freude im Nahen zu Jahwe findet (73,23–28). Denn wahre Weisheit kennt die Grenze ihres Forschens und Erkennens.

2. Das Buch der *Sprüche* stellt im größten Umfang die israelitische Spruchweisheit der älteren Zeit zusammen; ihm sind in späterer Zeit nur das Buch Jesus Sirach und das Buch der Weisheit zu vergleichen.
(1.) Das heutige Sprüchebuch stellt mehrere ältere *Sammlungen* zueinander. Es wird in der Endredaktion insgesamt auf »Salomo, den Sohn Davids, König Israels« (1,1) zurückgeführt. Darin steckt gewiß ein Kern historischer Wahrheit. Denn nach den ausgebauten Mahnreden in Kap. 1–9 trägt die erste Sammlung von Einzelsprüchen in 10,1 die kürzere Überschrift »Sprüche Salomos«. Selbst wenn auch diese Sammlung als solche erst sekundär dem weisen König zugeschrieben wurde, so besteht doch kein Anlaß zu bezweifeln, daß Salomo eine Fülle von Weisheitsdichtungen verfaßte (1. Kön. 5,12: 3000 Sprüche und 1005 Lieder) und daß seine Weisheit von internationalem Rang war (1. Kön. 5,9 ff.14; 10,1 ff.); vergleichbar war besonders die Weisheit Ägyptens und die der »Söhne des Ostens« (1. Kön. 5,11), unter denen die der Edomiter Israel am besten bekannt war (Jer. 49,7; Obadja 8). Seit Salomo wurde die Weisheit in Israel hervorragend gepflegt. Die näch-

ste Überschrift im Sprüchebuch lautet denn auch »Worte der Weisen« (22,17); damit ist ein Stand von Lehrern bezeugt. Jer. 18,18 wird er neben Priestern und Propheten erwähnt. Die in 22,17–23,11 aufgenommenen Sprüche sind der ägyptischen Lehre des Amenemope eng verwandt. Wo hatten die Weisheitslehrer ihre Schule? Darauf antwortet die in 25,1 folgende Überschrift: »Auch dies sind Sprüche Salomos, welche die *Männer Hiskias, des Königs von Juda,* zusammengestellt haben.« Die salomonische Tradition muß also am Jerusalemer Hof gepflegt worden sein. In 30,1 ff. werden *»Worte Agurs«* und in 31,1 ff. *»Worte Lemuels«* angefügt, beide offenbar nordarabisch-edomitischer Herkunft, so daß das Spruchbuch die Weisheit Ägyptens und die der Söhne des Ostens mit der Weisheit Salomos und späterer Lehrer Israels vereint überliefert.

Sprüche Salomos (2.) Welche *Formen weisheitlicher Lehre* finden sich in den Sprüchen? Weit überwiegt das *Aussagewort (maschal).* Als Volkssprichwort hat es seine einfachste Form: »Wie die Mutter, so die Tochter« (Hes. 16,44). Von dieser Art ist der einmalige Reimspruch: ba sadon wajjabo kalon — »Kommt Vermessenheit, dann kommt Schande«. Der Kunstspruch fügt dem die Antithese hinzu: »Aber Weisheit ist bei den Bescheidenen« (11,2). Solche »Wahrworte« bündeln Erfahrung: »Die Faulen werden arm an Habe, aber Reichtum erlangen die Fleißigen« (11,16). Kunstvoller als derlei antithetische Sprüche sind die Vergleichsworte: »Wie ein Hund wieder frißt, was er erbrochen hat, so der Tor, der seine Dummheit wiederholt« (26,11). Beliebt ist der komparativische Vergleich: »Besser im Winkel der Dachstube sitzen, als mit einem zänkischen Weib zusammen im

Haus« (25,24). Von solcher Aussage ist der Weg nicht weit zur anderen Grundform, dem *Rat (eza)*. Sagt jener indikativisch, was ist, so dieser imperativisch, was sein soll. »Mach dich selten im Haus deines Nächsten, sonst bekommt er dich satt und haßt dich« (25,17). Solche Mahnworte zeigen immer die Folgen bestimmter Taten auf. Sie fordern nicht blinden Gehorsam, sondern wollen geprüft sein. So kann die Erörterung der Auswirkung bestimmter Verhaltensweisen bisweilen weit größeren Raum einnehmen als der Ratschlag selbst: »Schau nicht auf den Wein, wie er rot erglüht, wie er funkelt im Becher. Er trinkt sich so leicht. Am Ende beißt er wie eine Schlange, er spritzt Gift wie die Otter. Deine Augen sehen seltsame Dinge. Verworrenes redet dein Herz. Du bist wie auf hoher See, oben im Mastkorb geschaukelt. ‚Sie schlugen mich, doch es schmerzte nicht; sie prügelten mich, doch ich spürte nichts.' ‚Wann werde ich wach, ich suche noch mehr'« (23,31–35). So werden dem Trinker die Folgen vorgeführt: Blindheit, Verwirrung, Torkeln, Gefühllosigkeit, Süchtigkeit. Erziehung geschieht hier als Anleitung zur vernünftigen Sicht der Zusammenhänge. Das letzte Beispiel überschritt schon die Grenze zum Lehrgedicht. Auch aus dem *Rätsel* oder der Lehrfrage erwachsen größere Redeformen: »Wer hat Ach? Wer hat Weh? Wer hat Zank? Wer hat Klage? Wer hat Wunden um nichts? Wer hat trübe Augen? Die zu lange beim Wein sitzen! Die aussaufen, was eingeschenkt ist!« (23,29 f.). Aus dem Rätsel ging wohl auch der *Zahlenspruch* hervor, der eine bestimmte Anzahl gleichartiger Phänomene zusammenstellt, zum Beispiel vier kleinste Wesen, die doch weise sind: »Die Ameisen, ein Volk ohne Kraft,

und sichern sich doch im Sommer ihr Futter; die Klipp-
dachse, ein Volk ohne Stärke, und bauen doch in den
Felsen ihr Haus; einen König haben die Heuschrecken
nicht und ziehen doch wohl geordnet aus; die Eidechse
kann man mit Händen fangen, und sie hält sich doch
in Königspalästen« (30,24–28; vgl. 30,18–20!). Zer-
dehnte Formen finden sich in Kap. 1–9: Lehrdichtungen
und Mahnreden.

(3.) Die *Themen* der Weisheit sind weitgespannt. Dem
exemplarischen Weisheitslehrer Salomo wird als wesentliche Eigenschaft eine »Weite des Herzens gleich
dem Sand am Meeresstrand« nachgerühmt (1. Kön. 5,9).
Vier Bereiche ragen hervor: Die *naturkundliche Weisheit* belegte der oben angeführte Zahlenspruch. Von
Salomo selbst wird die Lehre der Botanik »von der
Zeder auf dem Libanon bis zum Ysop an der Mauer«
und der Zoologie »von den Vierfüßlern und Vögeln
bis zum Gewürm und den Fischen« bekundet (1. Kön.
5,13). Das »salomonische« Urteil im Streit der beiden
Frauen um ein Kind (1. Kön. 3,16 ff.) bezeugt die *rich-
terliche Weisheit*. Entsprechende Sprüche werden vor
allem der Prinzen- und Beamtenerziehung gedient haben: »Mit dem Recht baut ein König das Reich, wer
Abgaben fordert, zerstört es« (29,4). Den breitesten
Raum nimmt die *Erziehungsweisheit* ein, die in allen
Bereichen des Lebens den Menschen bilden möchte, vom
alltäglichen Umgang mit dem eigenen Körper, mit
Essen und Trinken, mit Geld, mit Freunden und Frauen,
bis hin zu der schwersten Kunst rechten Redens und
Schweigens. Einige Beispiele mögen zur Lektüre der
Sprüche anregen: »Die Tür dreht sich in der Angel, so
der Faule auf seinem Bette« (26,14). »Preßt du Milch,

so kommt Butter heraus, preßt du deine Nase, so kommt Blut heraus, preßt du den Zorn, so kommt Streit heraus« (30,33). Der Umgang mit der eigenen Nase wird hier echt weisheitlich mit Pressionen in der Natur und in der menschlichen Gemeinschaft hinsichtlich entsprechender Folgen verglichen. Prüfe die Freunde: »Manche Freunde führen ins Verderben; manche Freunde sind anhänglicher als ein Bruder« (18,24). Prüfe die Frauen: »So ist der Weg einer Frau, die Ehebruch treibt: Sie ißt und wischt sich den Mund ab und sagt: Ich habe nichts Schlechtes getan« (30,20). Iß mäßig: »Du setzest dir ein Messer an die Kehle, wenn du zu gierig bist« (23,2). Höchste Zucht erfordert Reden und Schweigen: »Goldene Äpfel auf silbernen Schalen, so das rechte Wort zur rechten Zeit« (25,11). »Wolken und Wind und doch kein Regen, so der viel verspricht und gar nichts hält« (25,14). »Essig auf eine Wunde, so wer Lieder singt einem verstimmten Herzen« (25,20). Grund und Grenze klugen Lebens bedenkt die *theologische Weisheit*. »Kopfstück der Weisheit ist Furcht Jahwes« (1,7). Denn Jahwe waltet still in der Weltordnung. Das weckt den Forschergeist. »Gottes Ehre ist es, eine Sache zu verbergen, doch der Könige Ehre, eine Sache zu erforschen« (25,2). Demütig achtet der Weise auf das erkennbar Mögliche: »Des Menschen Herz plant seinen Weg, Jahwe aber lenkt seinen Schritt« (16,9). Die Jahwefurcht läßt sich auch in kleinen und großen Entscheidungen nicht beirren: »Nicht ungestillt läßt Jahwe des Gerechten Verlangen, doch die Gier des Frevlers stößt er zurück« (10,3). Der äußerst verhaltenen und gerade darin doch fundamentalen Theologie der Weisheit nachzuforschen, gehört zu den wichtigsten Aufgaben gegenwärtiger alttestamentlicher Forschung.

3. Der Wille zur Unterweisung des Menschen hat in einigen *Lehrerzählungen* eine neue Gestalt gefunden. (1.) Besonders kunstvoll zeigt er sich in der *Jona*-Novelle. Sie geht offenkundig auf Fragen ein, die die nachexilische Gemeinde umtreiben: Was soll man von Jahwes uneingelösten Drohungen gegen die Feinde Israels halten? Wie soll sich Israel zu seinen Erzfeinden stellen? Wo verläuft die Grenze von Jahwes Barmherzigkeit? Ein klarer *Lehrwille* zeigt sich vor allem in der Formulierung von Fragen, die zunächst von Menschen her auf Jona einstürmen: »Was ist dein Auftrag? Woher kommst du? Was hast du getan?« (1,8.10), die aber dann gezielt und wiederholt im Munde Jahwes das Hauptproblem fixieren: »Meinst du, daß du mit Recht zornig bist?« (4,4.9). Am Ende wird der Leser mit der Frage an Jona entlassen: »Sollte ich nicht leiden wegen Ninive...?« (4,11). Erstaunlich sind die Lehrmittel: einprägende, steigernde Wiederholung und verfremdende Typisierung; man vergleiche die beweglich aktive, fromme Furcht der Matrosen (1,4.10.16) mit der Starre Jonas (1,9), Jonas Leiden um den Rizinus mit Jahwes Leiden um Ninive (4,8 ff.). Die Mirakel um den Fisch und die Staude werden mit einem kräftigen Schuß Komik und Humor der Didaktik dienstbar gemacht. Im tiefsten Ernst schwerster Probleme wird ein verhaltenes Lachen zum Lehrmeister, zeigt doch der *Lehrstoff*, daß Jona auf der Flucht vor dem Auftrag sogar noch weitere Kreise Fremder erreicht (Kap. 1), daß das kleinliche Selbstmitleid Jonas seinen Ärger

über Jahwes Mitleid Lügen straft (Kap. 4). Die ganze Erzählung dient dazu, völlig neuartig den überkommenen Bekenntnissatz als Lehrsatz zu interpretieren, daß »Jahwe gnädig und gütig, geduldig und reich an Huld ist und daß ihm das Unheil leid tut« (vgl. 2. Mose 34,6; Joel 2,13). Jona-Israel kennt ihn genau (4,2), aber Jona-Israel will nicht, daß er Gnade für die grausame Welt einschließt. Wieviel Anstöße zu neuen Lehrformen werden hier gegeben! Jeder einzelne steigert die Lust zu neuem Lehren solcher Art.

(2.) Ähnlich kunstvoll ist das Büchlein *Ruth*. Sein lehrhafter Charakter ist jedoch verhaltener. In idyllischer Profanität wird die Treue einer jungen Moabiterin geschildert. Sie hatte den Sohn einer in ihre Heimat gekommenen ephratitischen Familie aus Bethlehem geheiratet. Diese Ruth, inzwischen verwitwet, begleitet ihre ebenfalls verwitwete Schwiegermutter in deren Heimat Bethlehem. Rührend bekennt sie: »Wo du hingehst, da will ich auch hingehen.« Beim Ährenlesen — daher ist die Erzählung in den Festrollen dem Wochenfest als dem Fest der Getreideernte zugeordnet — lernt sie Boas aus der Familie ihres Schwiegervaters kennen, der sie nach dem Gesetz der Schwagerehe (5. Mose 25,5 ff.) nach umständlichen Verhandlungen heiratet. Sie schenkt einem Sohn Obed das Leben, der am Ende als Vater Isais und damit als Ahnherr Davids vorgestellt wird (4,17.22). Damit ist die frappierende Lehre dieser Meistererzählung besiegelt. Sie wendet sich gegen ein hochmütiges Judentum, das sich gegen die heidnische Umwelt sperrt und sie damit verkennt. Im Eingang des Evangeliums nach Matthäus (1,5) wird die Genealogie aufgenommen, nach der Davids Großmutter eine Moabiterin war. Unaufdringlich wird eine weitherzige Liebe gelehrt. Ruth hält einer vereinsamten und verarmten Israelitin die Treue, bekennt sich zu ihrem Gott (1,16), versorgt sie und findet darüber die fürsorgliche Liebe eines Israeliten. Die Novellen um Jona und Ruth zeigen der spätnachexilischen Zeit, daß Fremde Vorbilder sein können. Die Weisheit hat Israel neu gelehrt, daß Israel sich nur in Kommunikation mit den Völkern recht versteht.

(3.) Das *Esther*-Buch ist anderer Art, fast ein historisierender Roman. Es wird erst in hellenistischer Zeit entstanden sein. Es gehört auch den Festrollen (Megilloth) zu, denn es begründet das Purimfest, das am 14. und 15. Adar (Februar/März) als Volksfest gefeiert wird. Spannend schildert es die Planung einer Judenverfolgung im persischen Reich. Die Königin Esther, selbst Jüdin, wird von ihrem Vormund Mardochai zum Einsatz gegen die Maßnahmen des Judenfeindes Haman beim König Ahasveros (Xerxes I.) ermahnt: »Wenn du dich in Schweigen hüllst, wird den Juden Errettung und Befreiung von einem anderen Ort her erstehen« (4,14). Esther ist bereit, auch »gegen das Gesetz« zum König zu gehen. »Komme ich dann um, so komme ich um« (4,16). So wird schließlich der Pogromtermin umgewandelt in einen Tag des grausamen Untergangs der Judenverfolger. Schmerz wird zur Freude verkehrt und damit ein Festtag »froher Gelage und gegenseitiger Geschenke« (9,22) begründet. Den Namen Purimfest hat er nach dem babylonischen Wort Pur für das Los, das unter Haman geworfen wurde und das die entsprechenden Verfügungen veranlaßt hatte (3,7; 9,24 ff.). Das Buch heroisiert jüdische Tapferkeit und Klugheit und kann wie ein profanes Gegenstück zur Exodustradition aufgefaßt werden.

4. Ebenso völlig profan ist das *Hohelied*, das mit seiner hebräischen Überschrift (»Lied der Lieder«) das allerschönste Lied meint. Unter die Megilloth wurde es aufgenommen, weil es dem 8. Tag des Passahfestes zugeordnet wurde. Das setzt die allegorische Deutung seines Inhalts auf die Liebe Gottes zu seinem Volk voraus. Dieses Verständnis ist sicher sekundär. Tatsächlich liegt eine Sammlung von etwa dreißig rein menschlichen Liebesliedern vor. Das zeigt die Verwandtschaft mit altägyptischen Liebesliedern. Zahllose Einzelaussagen sind nur profan zu verstehen: »Erfrischt mich mit Äpfeln, denn ich bin krank von Liebe!« (2,5). »Wie die Lilie unter den Disteln, so meine Freundin unter den Mädchen!« (2,2). Die der Weisheit vertrauten Kunstformen des Vergleichs werden in den verschiedenen Gattungen der Beschreibungslieder, der Bewunderungslieder, der Sehnsuchtslieder verwendet. So vergleicht eins der seltenen Lieder auf den geliebten Mann: »Sein Haupt ist feines Gold, wie Dattelrispen sind seine Locken, schwarz wie ein Rabe ..., seine Lippen gleich Lilien, sein Leib eine Elfenbeinplatte ... Das ist mein Geliebter!« (5,10–16). Mag diese Kunst des Dichtens teilweise den Oberschichten der Königszeit entstammen (Salomo steht auch hier Pate: 1,1; 3,7.9; 8,11), mag sie nachexilischen Weisheitsdichtern zugehören — sie spiegelt die Freiheit der Begegnung der Geschlechter und die Freude am Leiblichen: »Horch! Mein Geliebter, sieh da, er kommt! Springt über die Berge, hüpft über Hügel, gleich der Gazelle, wie der Junghirsch. Sieh, da

steht er hinter unserer Hauswand, schaut zum Fenster herein, lugt durch das Gitter. Dann grüßt er: Meine Schönste, so komm doch!« (2,8–10). Diese Erotik ist weder dämonisiert noch deifiziert und ist doch ein menschlich Äußerstes. Die Frage nach dem Kind tritt ganz hinter die wechselseitige Liebe zurück, die Jahwe entzündet hat: »Ihre Brände sind Flammen Jahwes« (8,6).

Diese Literatur an den Rändern des Kanons zeigt, wie die Kunst des Erzählens und Dichtens noch letzte Leidenschaften umgreift: Jahwes Leiden selbst um Ninives Not im Jonabuch, die Hingabe der kleinen Moabiterin Ruth, die zur größten Ahnfrau in Israel wird, die triumphale Tapferkeit von Verfolgten im Estherbuch und das Wunder einer Liebe, das, noch fern von der Ehe, in heimlicher Zweisamkeit aufblüht (»Ich beschwöre euch, Jerusalems Töchter: Stört doch die Liebe nicht und weckt sie nicht auf, bis es ihr selbst gefällt«; 3,5) und das sich doch nur in der Ehe vollenden kann: »Ich hielt ihn fest und will ihn nicht lassen, bis ich ihn gebracht ins Haus meiner Mutter, in die Kammer von der, die mich getragen« (3,4). So weht uns hier noch einmal die ganze Lebensfülle des Alten Testaments an, von der großen Weltgeschichte bis in die heimlichsten Intimitäten.

Exkurs:

Die wissenschaftliche Literatur zum Alten Testament sollte entsprechend der Weisheit und Lehre des Alten Testaments selbst weit gespannt sein und bedarf desto mehr aller anderen Wissenschaften als ihrer Partner, je entschlossener sie sich ihrer eigenen wissenschaftlichen Hauptaufgabe zuwendet, nämlich der Erklärung der vielfältigen Texte des Alten Testaments selbst. Genausoviel wird sie auch für das Ganze der Theologie bedeuten, insbesondere für die neutestamentliche, die systematische und die praktische Theologie, wie sie die besonderen Aussagen des Alten Testaments selbst aufdeckt.

Voraussetzung aller Forschung sind die wissenschaftlichen *Textausgaben*. Die Leningrader Handschrift als ältester vollständiger, erreichbarer Text (s. o. S. 87f.) lag der Kittel-Bibel seit ihrer um 1930 erschienenen 3. Auflage zugrunde sowie der sie jetzt ersetzenden Biblia Hebraica Stuttgartensia, die auch wegen der Verarbeitung der Textfunde am Toten Meer erforderlich wurde. Kritische Ausgaben der alten Übersetzungen, hebräische Wörterbücher wie das von Köhler-Baumgartner und Grammatiken, die die Syntax ausreichend behandeln, ermöglichen den selbständigen Umgang mit dem Urtext. — Die *Kommentare* sollen einerseits den Ertrag aller Spezialforschungen auswerten und andererseits neue Aufgaben und Erkenntnisse einbringen. Das »Alte Testament Deutsch« (Göttingen) erklärt kurz und allgemeinverständlich. Kurze wissenschaftliche Erläuterungen bietet das »Handbuch zum Alten Testament« (Tübingen). Unter den ausführlichen wissenschaftlichen Kommentaren ist im deutschen Sprachraum der »Biblische Kommentar« (Neukirchen) in seiner Erscheinungsweise am weitesten fortgeschritten. Daneben erscheint in Gütersloh der »Kommentar zum Alten Testament«. — Die *Einzelforschung* findet sich zunächst in Aufsätzen. Zwei Zeitschriften dienen ausschließlich dem Alten Testament: Die »Zeitschrift für die alttestamentliche Wissenschaft« (seit 1881) bietet neben Aufsätzen eine wertvolle Zeitschriften- und Bücherschau. Daneben erscheint seit 1951 »Vetus Testamentum« (Leiden). Für größere Forschungsbeiträge liefern beide Zeitschriften »Beihefte« (»Supplements«). Außerdem sind die wichtigsten Monographienreihen: »Beiträge zur Wissenschaft vom Alten und Neuen Testament« (Stuttgart), »Forschungen zur Religion und Literatur des Alten und Neuen Testaments« (Göttingen), »Wissenschaftliche Monographien zum Alten und Neuen Testament« (Neukirchen). Die »Theologische Bücherei« (München) stellt theologisch wichtige Schriften und Aufsätze zusammen. *Zusammengefaßt* finden sich die Erkenntnisse der letzten Generation in Martin Noths Geschichte Israels, Otto Eißfeldts Einleitung in das Alte Testament und Gerhard von Rads Theologie des Alten Testaments. —

3.3 RÄTSEL UND RATLOSIGKEIT
Hiob, Prediger, Daniel

Jede Zeit Israels sah sich mehr oder weniger notvollen Fragen ausgesetzt. Was Israel von Jahwe her widerfahren war, trieb die Problematik meist noch in größere Tiefen und verhinderte schnelle Lösungen. In einigen späten Büchern des Alten Testaments wird das ganze Leben zu einem einzigen Rätsel. Dazu gehört die Verfinsterung Gottes selbst.

1. Das Buch *Prediger* ist dem Nihilisten am Spätabend des 2. Jahrtausends leichter zugänglich als jedes andere biblische Buch. Sartre, Camus und viele bezeugen es. Sprachlich und thematisch versteht es sich am besten aus dem 3. vorchristlichen Jahrhundert, in dem sich unter den Ptolemäern Fragen von Juden und Hellenen kreuzen. »Prediger« hat Luther entsprechend der griechischen Bibel (Ekklesiastes) das hebräische Qohälät übersetzt, das genauer mit »Versammlungsleiter« wiedergegeben wird. Das Wort kann auch Pseudonym eines Verfassers sein, der sich als Davidsohn und Jerusalemer König verbirgt (1,1.12). Seine Worte enthüllen ihn als sehr späten Gesprächspartner jener Weisheit, deren Autorität Salomo war; doch als einzelner lebt er ganz am Rande der Tradition.

Das Buch ist inmitten der Festrollen dem Laubhüttenfest zugeteilt, in dem die Erinnerung an den Wüstenzug auflebt. In dieser Zuweisung zeigt sich vielleicht die Erkenntnis, daß die Schrift in den Alltag hineingehört, in dem der Mensch ohne Propheten und ohne Wunder der Mühsal des Lebens preisgegeben ist. Sogar jene Weisheit fehlt ihm, die noch der voraufgehenden Generation »die Wirtin« war (Spr. 9,1). So treten denn auch die üblichen weisheitlichen Spruchformen von Aussage- und Mahnwort zurück, und eine breitere Form von Reflexionen gewinnt Raum, in denen Beobachtungen und Erlebnisse gewissen Schlußfolgerungen entgegengeführt werden. Der Leser wird mindestens zwei tief negative Erkenntnisse finden und geradezu paradox daneben einen leicht faßlichen positiven Rat.

(1.) Die *Abgründe des Nihil* umzingeln das Buch. Sein erster Satz schlägt das Thema an: »Nichtigkeit, nur

Nichtigkeit, spricht Qohälät; Nichtigkeit, nur Nichtigkeit. Alles ist Nichtigkeit« (1,2). Und als Schluß aller Erwägungen wiederholt er: »Nichtigkeit, nur Nichtigkeit, spricht Qohälät, alles ist Nichtigkeit« (12,8). »Eitel« und »Eitelkeit« übersetzt Luther, was im Hebräischen den Windhauch als das haltlos Vergängliche, ja Nichtige bezeichnet. Wie kommt der »Prediger« zu diesem wahrhaft vernichtenden Urteil über alles, was lebt? <u>Die Weisheit war doch zuvor ganz und gar der Lebensfülle zugewandt.</u> »Ich nahm mir vor, alles zu untersuchen und zu erforschen, was unter dem Himmel geschieht; ein böses Geschäft hat Gott den Menschen gegeben, sich damit zu quälen« (1,13). Wie kam es denn, daß die Freude am Forschen dem Überdruß wich? »Der Mensch ist nicht imstande, die Vorgänge zu ergründen, die unter der Sonne geschehen. <u>Selbst der Weise kann es nicht begreifen, auch wenn er vorgibt zu verstehen«</u> (8,17). Woran scheitert die menschliche Erkenntnis? <u>Die Grundthese der Weisheit vom Tat-Schicksal-Zusammenhang stimmt nicht:</u> »Der Weise hat Augen im Kopf, der Tor aber tappt im Finstern; doch erkannte ich auch, daß dasselbe Geschick beide trifft« (2,14). »Alles habe ich gesehen in meinen Tagen: Gerechte, die trotz ihrer Gerechtigkeit zugrunde gehen, und Frevler, die trotz ihrer Bosheit lange leben. Sei nicht zu sehr gerecht! Gehabe dich nicht allzu weise! Warum willst du dich zugrunde richten?« (7,15 f.). Bricht da nicht nihilistische Ironie durch? »Man weiß ja nicht, was kommen wird« (8,7). »Wer weiß denn, was für den Menschen gut ist, für die paar Tage seines nichtigen Lebens, die ihm wie Schatten dahingehen?« (6,12). Weil der einzelne weder die Zusammenhänge aller Dinge noch die Zukunft durchschauen kann, kommt Qohälät dahin, »daß ich mein Herz der Verzweiflung überließ« (2,20), die Toten pries und noch mehr die nie Geborenen (4,2 f.). So spricht sich düsterste Schwermut im Kanon aus. Alle Weisheit ist für sie *am Leben gescheitert*, da das Ich das Ganze nicht fassen kann.

(2.) Aber mehr noch: sie ist *an Gott gescheitert*. Bemerkenswert ist schon, daß Jahwe, der Name des Gottes Israels, nie gebraucht wird. Doch im Unterschied zum Estherbuch ist wenigstens von »Gott« die Rede, sogar thematisch. Die ganze Not des Defizits an Welterkenntnis wäre behoben, wenn nicht die Gotteserkenntnis fehlte. »Wie du nicht weißt den Weg des Windes noch die Geheimnisse im Leib der Schwangeren, so kennst du auch nicht das Walten Gottes, der alles bewirkt« (11,5). Nur gerade diese Gewißheit blieb Qohälät: »Alles ist Gottes Werk, doch der Mensch kann es nicht ergründen« (8,17). Der Mensch sieht immer nur Fragmente. »Alles hat seine Stunde: Geborenwerden und Sterben, Klagen und Tanzen, Sich-Umarmen und Sich-Entziehen ... Und Gott macht alles trefflich zu seiner Zeit. Aber Gottes Gesamtwerk von Anfang bis Ende kann der Mensch nicht erfassen« (3,1–11). Darum soll der Mensch auch höchst sparsam sein mit seinem Reden von Gott: »Gott ist im Himmel, doch du bist auf Erden. Darum laß deine Worte nur wenige sein!« (5,1). In großer Redlichkeit dokumentiert sich hier, daß eine Gotteserkenntnis aus dem Ganzen der Weltphänomene unmöglich ist.

(3.) *Was ist zu tun* angesichts der Nichtigkeit des Lebens und der Unerkennbarkeit Gottes in der Welt? Es ist merkwürdig, daß der Prediger weder zur Selbstpreisgabe seines Lebens noch zur willkürlichen Wollust kommt. Eine Erklärung dafür bietet eine andere Merkwürdigkeit. Gerade da, wo die Frage nach dem rechten Verhalten auftaucht, ist von Gott die Rede, und zwar von seinem Walten und Schenken; das ist ein Rest typischen Wissens Israels. Auf die Feststellung der Unerkennbarkeit des Gesamtwaltens Gottes folgt: »Da erkannte ich: Es gibt für den Menschen kein anderes Gut, als sich zu freuen und sich wohl sein zu lassen in seinem Leben. Es ist Gottes Gabe, daß jeder Mensch ißt und trinkt und sich gütlich tut bei all seiner Mühe« (3,12 f.) »die paar Tage seines Lebens, die Gott ihm gegeben hat« (5,17). »Genieße das Leben mit der Frau, die du liebst, all die Tage deines nichtigen Lebens, die Gott dir gegeben hat unter der Sonne« (9,9). Die Arbeit gehört hinzu: »Alles, was deine Hand zu tun findet, das tue, solange du es vermagst« (9,10). Schaffe mit Ernst: »Gedenke an deinen Schöpfer in deiner Jugend, ehe die Jahre nahen, wo starke Männer sich krümmen« (12,1 ff.). Schaffe ohne Übertreibung: »Mein Sohn, laß dich warnen! Das viele Büchermachen nimmt kein Ende, und viel Studieren ermüdet den Leib« (12,12). Der Epilog erinnert daran, daß die Gottesfurcht das rechte Maß setzt (12,13 f.). Sie öffnet das Auge für die konkrete Einzelheit im Dschungel des Ganzen. Die schmalste Erinnerung an Israels Wissen um den Schöpfer hält diesen fast nihilistischen Skeptiker am kleinen Finger auf dem Grat zwischen Verzweiflung und Übermut: »Sieh Gottes Werk! Wer kann denn, was er gekrümmt, gerade machen? Am guten Tag sei guter Dinge, und am bösen Tag sieh ein, daß

Gott auch diesen wie jenen gemacht hat, weil der Mensch nicht herausfindet, was hernach kommt« (7,13 f.). So findet der Heutige, der Welt und Gott nicht mehr begreift, im »Prediger« seinen Nächsten; er öffnet ihm im Nichtigen das Auge für die immer noch gegebenen Freuden.

2. Das Buch *Hiob* führt seinen Leser nicht nur den Weg durch die Resignation, sondern reißt ihn in die Rebellion gegen den Gott der Theologen hinein.
(1.) Zunächst sind hier *literarische Schichten* mit unterschiedlicher Problemstellung zu unterscheiden. Den Rahmen des Buches bildet eine volkstümlich-erbauliche Erzählung, die in edomitisches Milieu führt und durch das Nebeneinander irdischer und himmlischer Szenen in reizvolle Spannung versetzt (Kap. 1–2; 42,7–17). Innerhalb dieses Rahmens entfaltet sich ein höchst kunstvoller *Dialog* zwischen Hiob und seinen drei Freunden Eliphas, Bildad und Zophar. Nach der einleitenden Klage Hiobs in Kap. 3 sollen in drei Redegängen jeweils alle drei Freunde sprechen, wobei Hiob jedem einzeln antwortet (4–14; 15–21; 22–27; nur in der dritten Runde ist Zophar ausgefallen). In einer großen Schlußrede (29–31) wendet sich Hiob nur noch herausfordernd dem verborgenen, schweigenden Gott zu. In 38,1–42,6 erfolgt schließlich die zwiefache Antwort Gottes aus dem Gewittersturm (38,1 ff.; 40,6 ff.) mit jeweils anschließender zwiefacher Unterwerfung Hiobs (40,1 ff.; 42,1 ff.). Dem Literarhistoriker stellen sich hier einige Probleme, da Nachträge unverkennbar sind. Aber der Gesamtaufriß und der Zusammenhang des Freundedialogs mit den Gottesreden und der Reue

Hiobs bleiben als dichterisches Werk unbestritten. Abzuheben davon sind nur zwei größere Stücke: einmal das große Weisheitslied in Kap. 28, in dem die Weisheit im Abschied von aller Vermessenheit als dem Menschen schlechthin unauffindbar bezeugt wird: »Es kennt nur Gott den Weg zu ihr, er weiß allein um ihren Fundort« (V. 23). Zum anderen sind die Elihureden nachgetragen (Kap. 32–37). Ihr Grundtenor lautet: Leiden will läutern. Beide Nachträge lohnen nähere Untersuchungen. Doch müssen wir uns auf die Rahmenerzählung und die große Dialogdichtung beschränken.

(2.) Die *Rahmenerzählung* erhält ihre Spannung durch den dramatischen Wechsel irdischer und himmlischer Szenen. Ihr Problem sind die Bedingungen der Frömmigkeit Hiobs, das heißt: seiner völligen Verbundenheit mit Jahwe. Während die erste irdische Szene den reichen Hiob in seinem Einsatz für die Verbindung mit Gott angesichts möglicher Untaten seiner Kinder zeigt, wirft in der folgenden Szene im himmlischen Hofstaat Satan als himmlischer Staatsanwalt die Frage auf, ob Hiob etwa »umsonst« gottesfürchtig sei. Satans Vorschlag zu einer Kontrolle Hiobs durch Entzug des Besitzes stimmt Jahwe im Hinblick auf »seinen Knecht« zu. Der Satan ist also zwar Anklage- und Oppositionsvertreter, aber doch Jahwe eindeutig unterstellt. Der Leser blickt mit allen Himmlischen erregt in die sich überstürzenden Ereignisse der dritten Szene: Eine »Hiobspost« jagt die andere, Hiobs gesamter Besitz, seine Knechte und seine Kinder kommen um, bis auf den jeweiligen Meldeboten. Aber Hiob, nichts ahnend von dem himmlischen Kontrollbeschluß, betet an:

»Jahwe gab, Jahwe nahm, Jahwes Name sei gepriesen!« (1,21). Die zweite himmlische Beratung führt zur äußersten Belastungsprobe: Schwerste Krankheit greift nun Hiob selbst an. Dazu nimmt die Versuchung die Stimme des einzigen verbliebenen Nächsten, seiner Frau, an: »Hältst du noch fest an deiner Frömmigkeit? Sage Gott ab!« Hiob wehrt die Zumutung als Torheit ab: »Wenn wir Gutes von Gott annehmen, warum nicht auch das Böse?« (2,10). So wird der himmlische Opponent durch den leidenden Knecht Jahwes geschlagen und diesem am Ende gerechtfertigt neue Lebensfülle zurückgegeben. Hier wird eine Gottesfurcht gelehrt, die dem Rätsel verborgener Gottesentscheidungen standhält und noch im tiefsten Leid Jahwe verbunden bleibt. Die Gewißheit, daß Jahwe allein entscheidet, führt zur vollen Ergebung.

(3.) Im *Dialog* hingegen bäumt sich der Widerstand auf. Jetzt wird die Frage nach der Gerechtigkeit Gottes scharf gestellt. Mit allen Mitteln treibt sie der Dichter auf die Spitze. Die Formgeschichtler sind unsicher, ob sie die Redekompositionen als Lehrdispute, als Prozeßduelle oder sakralrechtlich deuten sollen. Die Klage in Kap. 3 versetzt in die völlig trostlose Ausgangssituation, in der Hiob den Tag seiner Geburt verflucht. Grundlos hat Gott ihm alle Wege versperrt (V. 23). Dem Aufstand der Verzweiflung begegnen in breiter Front die Lehren der Freunde. Man hat versucht, die Charaktere der drei zu unterscheiden; lohnender ist es, den Aufwand an Redeformen und Argumenten zu untersuchen. In Sentenzen, Ratschlägen, Reflexionen und Gleichnisreden wird die Fülle weisheitlicher Traditionen (8,8 ff.) aufgeboten; sogar prophetische Visionserlebnisse führt Eliphas ins Feld (4,12 ff.). Theologie und Seelsorge drängen sich teils behutsam, teils dreist, aber immer selbstsicher auf. Im Grunde kreist der Wortschwall um die große internationale Weisheitslehre vom Tat-Schicksal-Zusammenhang. »Bedenke doch, wer ging je schuldlos unter? Wo wurden jemals Redliche vertilgt?« (4,7). Die Heillosigkeit Hiobs muß Folge irgendeiner schweren, dunklen Schuld sein. Sie zu erkennen, sich von ihr abzuwenden, sich Gott zu unterwerfen, dazu wird Hiob in immer neuen Anläufen angehalten. Damit sind diese Theologen noch hinter die Lehre der Rahmenszenen zurückgefallen.

Hiob kennt alle Weisheiten, die man ihm vorhält. »Wahrhaftig, ihr seid die Gescheiten! Mit euch zusammen stirbt die Weisheit aus!« (12,2). Mit Hohn, mit Fragen, mit Ausrufen des Entsetzens und der unablässigen Rechtsforderung widersetzt er sich dem Versuch der Freunde, sein Leid mit Gottes Gerechtigkeit auf einen weisheitlichen Nenner zu bringen. »Nur eins ist wahr, drum spreche ich es aus: Unschuldig oder schuldig, er tilgt aus!« (9,22; vgl. 27,5). »Wenn ich in lauter Schnee mich wollte baden . . . , du würdest mich alsdann in Unrat tauchen« (9,30 f.). Willkürlicher Macht sieht er sich preisgegeben. »Du gibst mir keine Ruh, daß ich den Speichel schlucke. Hab ich gefehlt, was tat ich dir, du Menschenprüfer? Was machst du mich zum Ziele deines Angriffs?« (7,19 f.).

So fordert Hiob mehr und mehr Gott selbst zum Rechtsstreit heraus. Die Freunde können ihm keine Antwort geben. »Es gibt doch keinen Schiedsmann zwischen uns, der auf uns beide legte seine Hand« (9,33). In seiner Rebellion gegen Gott kann er nur zu Gott selbst flüchten. »Auch jetzt noch schaut: Im Himmel ist mein Zeuge. Noch lebt mein Eideshelfer in der Höh!« (16,19). Und wenn er im Tode ganz zerschunden sein wird: »Ich weiß gewiß, daß mir ein Anwalt lebt. Als letzter tritt er aus dem Staube auf« (19,25). So schreit er im letzten sakralrechtlichen Reinigungseid auf Grund seiner Unschuldsbeteuerung: »O wäre jemand da, daß Gott mich hörte! Dies ist mein letztes Wort, jetzt gebe Antwort mir der Höchste!« (31,35). Dann folgen die Reden Gottes aus dem Wetter (38 ff.). Und nun stürzen Fragen über Fragen auf Hiob ein: »Wer ist es, der den Weltenplan verdunkelt, mit Worten, denen die Erkenntnis mangelt? Wo warst du denn, als ich die Erde schuf?« (38,2 ff.). Dann gibt Gott seiner Schöpfung das Wort. Im Selbstzeugnis Gottes kommt Hiobs Klage zum Schweigen: »Nur durch Gerüchte wußte ich von dir. Jetzt aber hat mein Auge dich gesehen« (42,5). Gott selbst hat seinen Rebellen gewonnen, nur er selbst.

3. Das Buch *Daniel* ist innerhalb der »Schriften« das späteste Stück des alttestamentlichen Kanons. Ein Überblick über den Inhalt zeigt, daß verschiedene Schichten zu unterscheiden sind, die auch in unterschiedliche Entstehungsräume weisen. Dem Leser springt sofort die formale und inhaltliche Differenz der beiden Buchhälften ins Auge. Die ersten 6 Kapitel bieten Erzählungen über Daniel, die Kapitel 7–12 hingegen vier Visionen, in denen das Ich Daniels zu Wort kommt.
(1.) Die *Erzählungen* versetzen Daniel in die Zeit der frühen babylonischen Gefangenschaft unter Nebukadnezar (1,1 f.). Für Hesekiel (14,14.20) war Daniel neben Noah und Hiob das Beispiel eines vorbildlichen

Gerechten aus grauer Vorzeit, von dem nichts Genaueres zu berichten war. Die Erzählungen unseres Buches hingegen schildern ihn als einen hochgebildeten Weisen, der sich einerseits dem fremden Staat gegenüber loyal verhält, andererseits in schweren Konflikten unbedingte Glaubenstreue beweist. Der Erzähler gestaltet offensichtlich Legenden, die seinen Zeitgenossen Menschen in einer ähnlichen Lage der Vergangenheit als Exempel eines klugen Verhaltens gegenüber dem heidnischen Staat und zugleich der ungebrochenen Zuversicht zur Treue und Übermacht Gottes vor Augen führen wollen. Der weite Abstand des Verfassers von der Exilszeit zeigt sich in völlig falschen Vorstellungen von babylonischen, medischen und persischen Herrschern. Für die Frage der Datierung ist nicht unwichtig, daß die Erzählungen in Kap. 2–6, aber auch Kap. 7 in aramäischer Sprache verfaßt sind. Warum der Wechsel zwischen hebräischer und aramäischer Sprache nicht mit dem Übergang zu den Visionen zusammenfällt, gibt der Forschung noch ungelöste Rätsel auf. Vielleicht sind die Erzählungen etwas älter als die Visionen. Denn die Visionen zeigen ein noch sehr viel gespannteres Verhältnis zur politischen Macht als etwa die Legenden von den Männern im Feuerofen in Kap. 3 und von Daniel in der Löwengrube, die mit der besonderen Ehrung der Verfolgten durch den fremden König enden. Der weise Traumdeuter Daniel gehört zum engsten Beraterkreis des Großkönigs in Kap. 2; 4 und 5.

(2.) Die *Visionen* führen unverkennbar in die Tage Antiochus IV. Epiphanes, und zwar in jene Jahre, in denen jener Seleukide die kultischen Ordnungen der frommen Jerusalemer verbietet und den Tempel schändet. Er ist in 7,25 gemeint: »Selbst gegen den Höchsten wird er vermessene Reden führen; er wird die Heiligen des Höchsten hart bedrücken und Festzeiten und Gesetze ändern.« 12,11 spricht »von der Zeit, wo das tägliche Opfer abgeschafft und der Greuel der Verwüstung aufgestellt ist« (vgl. 8,13 f.; 9,27; 11,36 f.). Jede der vier Visionen in Kap. 7; 8; 9 und 10–12 führt also genau in diese Zeit. Die Eingriffe Antiochus IV. in den Jerusalemer Kult sind in das Jahr 167 zu datieren. Vom Erfolg des makkabäischen Aufstandes und der neuen Tempelweihe durch Judas Makkabäus im Dezember 164 wissen jedoch die Visionen noch nichts. Immerhin mögen sie in die Zeit gehören, da die makkabäischen Erfolge die Hoffnung auf eine baldige Wende nährten. Denn der Seher spricht wiederholt von einem Zeitraum von ungefähr dreieinhalb Jahren hinsichtlich der Herrschaft des Vermessenen, etwa 7,25: »Die Heiligen werden in seine Hand gegeben werden für eine Zeit und zwei Zeiten und eine halbe Zeit«, entsprechend 8,14: 2300 Abend- und Morgenopfer, 12,11: 1290 Tage, 12,13: 1335 Tage. Allerdings erwartet der Seher die endgültige Wende nicht von den Makkabäern; sie können allenfalls »eine kleine Hilfe« bieten (11,34). Die wahre Rettung kommt von oben herab. Bis dahin auszuharren, dazu wollen die Visionen wie die Legenden ermutigen.

(3.) Von *Apokalyptik* als einer Weise der Zukunfts-»Enthüllung« ist nur bei den Visionen zu sprechen. Diese Literatur hat in Jes. 24–27, Hes. 38 f., Joel und Sach. 12–14 Vorläufer, spielt aber vor allem im Judentum der folgenden Zeit eine erhebliche Rolle und ist zum Verständnis des Neuen Testaments unentbehrlich.

Über das Typische der Apokalyptik ist sich die Forschung nur in Umrissen einig. Die Verfassernamen der Apokalypsen sind Pseudonyme. Sie deuten auf Weise und Seher der grauen Vorzeit; sie überschauen das Ganze des Kosmos und der Geschichte von der Schöpfung bis zum Anbruch des endzeitlichen Gottesreichs (7,2 f.27). Dabei wird erst die jüngste Geschichtsphase, in der der Verfasser lebt, genauer gezeichnet; aber auch alles Voraufgegangene soll als Weissagung verstanden werden; als erfüllte legitimiert sie den Seher und stärkt den Glauben an die Zusage der endgültigen Wende. Der Unterschied zur klassischen Prophetie ist nicht nur in der Pseudonymität und im weltumfassenden Inhalt der Geschichte zu sehen, sondern deutlicher noch in der völligen Entgegensetzung zweier Weltzeitalter, des gegenwärtigen bösen, das sich als solches seit langem angebahnt und nun ins kaum noch Erträgliche gesteigert hat, und des kommenden neuen, des Gottesreiches. Als berühmtes Beispiel aus dem Danielbuch sei nur das 7. Kap. genannt, in dem der »Menschensohn« auf den Wolken des Himmels kommt; ihm wird von Gott alle Macht übergeben, und seine Herrschaft hat kein Ende (V. 13 f.). Er unterscheidet sich also deutlich von dem Messias der Propheten, der aus dem davidischen Hause kommt (Jes. 11; Micha 5). Das Neue Testament will weithin Jesus als diesen »Menschensohn« verstanden wissen, weil in ihm die Anbahnung der endzeitlichen Wende zu erkennen ist. Im Neuen Testament setzt sich denn auch eine Deutung der prophetischen Schriften fort, wie sie in gewisser Hinsicht für die Apokalyptik charakteristisch ist. Sie erhebt von den neuen Fakten her aus den alten Texten einen zweiten Schriftsinn. So werden in Dan. 9 aus den 70 Jahren, in denen nach Jeremias Weissagung (25,11 f.; 29,10) Jerusalem in Trümmern liegen soll, siebzig Jahrwochen (vgl. Dan. 9,2 mit 24), also 490 Jahre. Auf diese Weise werden der Text des 6. Jahrhunderts und die Gegenwart des 2. Jahrhunderts in eine wechselseitige Deutungsbeziehung gesetzt. Ob solche Apokalyptik mehr von weisheitlichem Denken als von prophetischer Verkündigung her zu verstehen ist, gehört zu den erregenden Fragen gegenwärtiger Forschung.

Exkurs:

Hauptprobleme alttestamentlicher Wissenschaft seien bei dieser Gelegenheit in einer kleinen Auswahl zusammengestellt.

(1.) Sie ergeben sich zu einem erheblichen Teil durch Textfunde im Vorderen Orient. Die französischen Ausgrabungen des *ras esch-schamra* an der Nordküste Syriens gegenüber der Ostspitze Cyperns haben von 1929 bis 1939 und weiter nach dem Zweiten Weltkrieg eine Fülle von Texten der alten Königsstadt Ugarit an den Tag gebracht, die zur Hauptsache aus der Spätbronzezeit, also aus den Jahrhunderten unmittelbar vor der Seßhaftwerdung Israels in Palästina stammen. Sie liefern die älteste Buchstabenschrift der Welt und belegen einen altkanaanäischen Dialekt, der der hebräischen Wortforschung reiches Material anbietet. Die kultisch-mythischen Texte ermöglichen es, das Verhältnis des Jahweglaubens zu seiner Umwelt genauer zu ermitteln. — Seit 1933 gruben die Franzosen am mittleren Euphrat den *tell chariri* aus, die alte Stadt Mari mit ihren Königsarchiven aus dem 18. Jahrhundert v. Chr. Die Tontafeln liefern zum Beispiel mit Namentypen und Wanderwegen Vergleichsmaterial für die Patriarchenzeit sowie zahlreiche briefliche Quellen zur Frage einer Vorgeschichte alttestamentlicher Prophetie im Zweistromland. — In den Höhlen bei *chirbet qumran* am Nordwestufer des Toten Meeres wurden seit 1947 einige vollständige und zahlreiche fragmentarische Texte alttestamentlicher Bücher aus dem 2. Jahrhundert vor Christus gefunden, die uns die Ermittlung des biblischen Urtextes erleichtern, außerdem Kommentare zu biblischen Schriften, eigene Psalmen (Hodajot) und sonstiges Schrifttum der dortigen Gemeinde (sogenannte »Sektenrolle« u. a.), wodurch die Auslegung des Alten Testaments und eine Strömung jüdisch-eschatologischer Frömmigkeit in der Zeit zwischen den Testamenten erkennbar werden.

(2.) Die wichtigsten Fragen geben der alttestamentlichen Forschung ihre eigenen Texte auf. Für die Frühgeschichte Israels rückt die Schwierigkeit der Überlieferungsdeutung die Gestalt Moses und die Organisationsformen des vorstaatlichen Israel immer neu in den Vordergrund des Interesses. Auch die Vorgeschichte der Schriftprophetie innerhalb Israels ist keineswegs ausreichend geklärt. Traditions- und Redaktionsgeschichte mündlicher und schriftlicher Überlieferung beleben die Frage nach weisheitlichen, höfischen oder kultischen Schulen. Für Wort- und Formstatistiken wird elektronische Datenverarbeitung erprobt.

(3.) Vernachlässigt ist die Konfrontation alttestamentlicher Wissenschaft mit systematischer Theologie und kirchlicher Praxis. Wie verhält sich die Gottesfrage

heute zur alttestamentlichen Unterscheidung Jahwes von
den Göttern? Wie wird das Reden von Gott legitimiert? Was bedeutet Gottes Volk für die Völkerwelt?
Wie bestimmt die bezeugte Gottestat das Werk des
Menschen, wie die Gottesfurcht Weisheit und Wissen?
Wie können solche alttestamentlichen Hauptprobleme
gegenwärtige Fragen korrigieren? Wo kann Erkenntnis alttestamentlicher Rede- und Literaturformen heutige Verkündigung zur Erneuerung anstoßen? —

3.4 ALT UND NEU
Zum Verhältnis der Testamente

Was sagt das Alte Testament in je neuer Zeit? Jede
Generation muß sich dieser Frage stellen, seitdem sie
im Neuen Testament in prinzipieller Schärfe aufbrach.
Sie kann nicht gut beantwortet werden, wenn der Leser nicht zuvor bemerkt, wie stark weite Partien alttestamentlichen Schrifttums selbst das Problem des Ver-
hältnisses von Alt und Neu umtreibt.

1. Das ist nicht so selbstverständlich, wie Heutige leicht
meinen. Das Alte Testament erinnert auch an die Wahr-
heit des Satzes: »*Nichts Neues* gibt es unter der Sonne«
(Pred. 1,9 f.). Diese Erkenntnis gehört nicht zufällig zu
jener »Weisheit«, die Israel auf weite Strecken mit dem
Lebensverständnis seiner Umwelt teilt. Hier wird die
Erfahrung eingebracht, daß in weiten Bereichen jede
Generation nur die Einsicht der vorigen wiederholen
kann. Zu Geburt und Tod, Schlafen und Wachen,
Schweigen und Reden wurden Wahrworte gesprochen,

die überall und jederzeit gelten. In solchen Bezirken gleicht das Neue dem Alten. Hier ist es klug, auf das Alte als auf das Gültige zu lauschen. Insofern derartige Weisheit im Alten wie im Neuen Testament angeboten wird, nimmt jeder Verständige sie ebensogern auf wie die Weisheit aller Völker.

2. Doch gilt das nur für schmale Schneisen in der Bibel. In den weiten Bezirken der geschichtlichen und prophetischen Überlieferungen zeigt sie ihr Eigentliches eben in *Unterscheidung* des Alten und des Neuen. Die Geschichtswerke bieten eine Fülle von Beispielen. Die Menschheit lebt nach der großen Flut unter anderen Bedingungen als vorher. Ihre Einheit ist mit der Sprachenverwirrung unwiederbringlich dahin. Durch die Berufung der Väter Israels wird den verfluchten Sippen der Erde jedoch die Chance eröffnet, gesegnetes Leben zu gewinnen. Für den Jahwisten wird von Phase zu Phase jeweils alles neu unter der Sonne: Aus den Vätern wird ein großes Volk, es wird aus Ägypten herausgerettet und durch die Wüste in das verheißene Land geführt. Was wäre hier schon je zuvor dagewesen? Auch im deuteronomistischen Geschichtswerk ist Jahwe der Gott, der die großen Umbrüche heraufführt, die zuvor nie gekannte Situationen mit sich brachten: im Übergang von der Mose-Josua- zur Richterzeit, weiter zur Königszeit und schließlich zur Exilszeit. Der Geschichtsverlauf ist unumkehrbar. Das Alte muß Neuem weichen. So hat das Alte Testament selbst ein Geschichtsdenken herausgefordert, das unser Problem der Bedeutung des Alten in neuer Zeit provoziert.
Die Prophetie hat es noch verschärft, wenn sie das an-

gekündigte Neue dem Bisherigen geradezu entgegen-
setzt. Es beginnt mit Amos' Botschaft vom Ende des
Nordreichs Israel. Von Jeremia an fanden wir das
»Neue« begrifflich gefaßt, und zwar so, daß es in immer schärferen Gegensatz zum Alten trat (s. o. S. 113 ff.).
Der neue Bund wird nicht mehr wie der alte sein. Ist
nicht die Frage nach der Relevanz des Alten im negativen Sinne entschieden, wenn Deuterojesaja im Namen
seines Gottes ausruft: »Denkt nicht mehr an das, was
früher geschah! Schaut nicht mehr auf das, was längst
vergangen! Seht, ich schaffe Neues. Schon sprießt es.
Merkt ihr es nicht? Ich schaffe in der Wüste einen Weg,
Pfade im Ödland« (Jes. 43,18 f.). Hat sich hier nicht
das Alte Testament selbst zum Problem gemacht? Sehen wir nicht in der Apokalyptik das Gegeneinander
des gegenwärtigen Weltreichs und des kommenden Gottesreichs vollendet (s. o. S. 158)? Allerdings bleibt zu beachten, daß das Alte Testament selbst uns zur scharfen
Unterscheidung, ja zur Sicht eines unvereinbaren Gegensatzes der alten und der neuen Zeit anleitet. Wer
mithin das Problem des Alten Testaments in neuer Zeit
radikal sehen will, sollte es mit dem Alten Testament
selbst bedenken.

3. Da ist uns in der Tat zuerst der *Kontrast* zum Neuen
eingeschärft. Das Alte ist vergangen. Schlimme Schäden hat es angerichtet, wo man es nicht vergangen sein
ließ. Die Kriegserzählungen aus der Richter- und Königszeit mußten die Greuel »christlicher« Feldzüge
rechtfertigen. Die Erwählung Israels aus den Völkern
mußte Pate stehen für nationale und religiöse Phari-
säismen. Priesterliche Gesetzesordnungen sollten hier-

archische Strukturen und kultisches Opferdenken legitimieren. Immer war es das vom Alten Testament selbst überwundene ungeschichtliche Denken, das solche Verwüstungen des christlichen Glaubens und Lebens anrichtete. Damit geschah also nicht nur der Rückfall hinter das Neue Testament, sondern zugleich die Verachtung der Anleitung des Alten Testaments zur Unterscheidung des Alten vom Neuen. Was sollen demnach jene Geschichten und Gesetze? Sie müssen zunächst den Gegensatz wachhalten zwischen dem, was mit Jesus von Nazareth in die Geschichte eingetreten ist, und allem, was dem im Vorangehenden zuwider ist. Paulus spricht davon, daß zahlreiche alttestamentliche Verhaltensweisen »uns zur Warnung aufgeschrieben« wurden (1. Kor. 10,11). Sie öffnen dem heutigen Leser die Augen für Gegenwärtiges, das zum überwundenen Alten gehören sollte. Ich nenne nur zwei Beispiele, die mit der Kreuzigung Jesu zum Alten gestellt sind. Die Priesterschrift formuliert die Todesstrafe als eine Ordnung für die nachsintflutliche Menschheit, die das menschliche Leben im Unterschied zum tierischen unbedingt schützen soll: »Wer Menschenblut vergießt, dessen Blut soll auch durch Menschen vergossen werden« (1. Mose 9,6; vgl. 9,2 f.). Diese Weise des Schutzes von Menschenleben sollte hinter uns liegen, seitdem schon in einem Nebenzug aller Evangelien beispielhaft die Hinrichtung Jesu in Zusammenhang gebracht wird mit der Amnestie eines berüchtigten Mannes, der sich bei revolutionären Akten vielleicht sogar des Mordes schuldig gemacht hatte, für den jedenfalls die Todesstrafe vorgesehen war (Matth. 27,16 f.21 f.; Mark. 15,7.11; Luk. 23,18; Joh. 18,40). Als zweites Beispiel von Überwundenem nenne ich gewisse mythische Redeweisen von Gott, die in theologisches Denken eingebracht werden. Zum Sterben Jesu gehört nach den Synoptikern das Gebet des 22. Psalms: »Mein Gott, mein Gott, warum hast du mich verlassen?« Als der völlig Verborgene ist Gott hier dokumentiert. Der von Gott Verlassene erweist sich Ostern den enttäuschten Jüngern als der wahre Zeuge des lebendigen Gottes. Seitdem ist Gott nicht auf dem Spaziergang im Abendwind, nicht im Traum auf der Spitze der Himmelsleiter und nicht im Fragensturm des Gewitters über Hiob zu erwarten, sondern als der lebendige Gott ist er genau in diesem verlassenen und erweckten Jesus und in der Freiheitsbotschaft, die auf ihn hinweist, zu suchen.

Die Stoßrichtung auf ihn hin ist aber auch schon mitten im Alten zu sehen. Es könnte sein, daß wir sogar hinter das Alte ins Ältere zurückfallen. Im Deuteronomium findet sich die Rechtsordnung, daß ein verbrecherischer Sohn, mit dessen Widerspenstigkeit die Eltern nicht fertig werden, vor die Gerichtsbarkeit der Ältesten der Stadt gebracht werden soll. Damit ist er immerhin auch der Willkür der Eltern entzogen, obschon der Ton nicht darauf liegt (5. Mose 21,18–21; vgl. 25,1–3). Der Brudermörder Kain wird sogar durch Spruch und Schutzzeichen Jahwes vor Blutrache geschützt (1. Mose 4,15). Die Beter der Rachepsalmen schritten nicht selbst zur Tat, sondern übergaben dem verborgenen Gott das Gericht (s. o. S. 126 f.). Auch in solchen Fällen liegt fraglos Altes vor, das nicht wieder aufleben sollte. Die geschichtliche Sicht warnt Menschen neuer Zeiten vor dem Rückfall noch hinter alttestamentliche Dokumente. Damit ist dem Alten Testament die Funktion eines geschichtlichen Beichtspiegels zur Gewissenserforschung im Vergleich mit dem Neuen zugewiesen. Doch so wird erst ein Teil seiner Bedeutung für die Erkenntnis des Neuen erfaßt.

4. Das Alte klärt auch den *Grund* des Neuen auf. Nehmen wir allein die beiden ausgeführten Beispiele zur Erfassung des Kreuzestodes Jesu auf, so wird dessen volle Bedeutung nur im Zurückhorchen auf das vorwärtsweisende prophetische Wort erkannt. Der Einsatz für die Befreiung des todeswürdigen Menschen hat eben als Wille Gottes seine große Vorgeschichte. Beachtet man sie nicht, so wird man das Geschichtsereignis der Hinrichtung Jesu nie als Ziel und Siegel des Willens Gottes begreifen können. Man kann das Schutzzeichen an Kain und die vom Jahwisten auch sonst bezeugte Geduld Gottes mit dem Verfluchten und seinen Segenswillen für alle Sippen der Erde schon in diese Richtung weisen sehen. Hoseas Botschaft von der leidenschaftlichen, bedingungslosen Liebe Gottes zu dem unverbesserlichen Israel, das an sich Leben und Liebesgemeinschaft völlig verspielt hat (s. o. S. 109), wirkt sich als Verstehenshilfe für das Kreuz als die offenbare Tat Gottes aus. Deuterojesaja leitete dazu an, Geschichtsereignisse vom voraufgehenden prophetischen Wort her als Tat Gottes zu begreifen (s. o. S. 115). Ähnlich steht es um die Gottverlassenheit des sterbenden Jesus, die mit der Aufnahme des 22. Psalms bezeugt wird. In der frühen Geschichtsschreibung Israels wie in der Prophetie fanden wir die Verborgenheit Gottes ständig im Wachsen. Nach Jes. 45,14 f. verbirgt er sich eben als Retter ganz in die Geschichte Israels hinein. Das sollen

die Völker nach Deuterojesajas Verheißung entdek-
ken. Da ist der Staunen erregende Weg von den mythischen Gottesvorstellungen zur Kreuzestheologie gewiesen. Ich weiß nicht, wie man ohne Besinnung auf
diesen Hinweg das Kreuz Jesu als Ursprung einer totalen Freiheitsbewegung und zugleich als Erkenntnisort
der Selbstenthüllung des verborgenen Gottes entdecken
will. Verstockung gegen das Alte Testament und gegen
Ostern fallen zusammen (Luk. 16,31). Wir würden
hinter den Zeugen des Neuen Testamentes zurückblei-
ben, wenn wir das Alte Testament nicht als Schlüssel
zum Verständnis der Geschichte Jesu in unsere modernen Erkenntnismöglichkeiten einbringen würden. Das
Alte ist nicht zur Hauptsache als Gewesenes vergangen,
sondern als Gegebenes aufs Neue hin ergangen. Dabei
geht es um noch mehr als um die Gründe des Neuen.

5. Das Alte verdeutlicht das *Ziel* des Neuen. Denn es
kündet auch an, was bis heute unerreicht ist. Dabei ist
an jene unerhörten alttestamentlichen Verheißungen zu
denken, die in Jesus eine gewisse Verkörperung gefunden haben, deren Verwirklichung in der Öffentlichkeit
gegenwärtiger Geschichte jedoch aussteht. Sie bilden
jenen Überschuß des Alten gegenüber der Jesusge-
schichte, der der neutestamentlichen Gemeinde den Aufbruch zu tätiger Erwartung gebietet. Das Ziel ist erst
erreicht, wenn Klage und Tod, in der Geschichte Jesu
überwunden, auch in der Sichtbarkeit eines neuen Himmels und einer neuen Erde das Feld räumen (vgl. Jes.
65,17; 66,22 mit Offb. 21,1 ff.).
Mit der Kraft der Verheißung bietet das Alte Testament seinen Lesern letzte Zielvorstellungen an. Sie be-

halten durch das Neue Testament hindurch eine doppelte Funktion: Einmal zeigen sie in der Wirrnis vorläufiger Verhältnisse die Wegrichtung zum Endgültigen an, zum anderen erwecken sie in den Depressionen der sich hinschleppenden Geschichte die Kraft der Erwartung des Verläßlichen. Ein wichtiger Strang des Alten rückt das Ziel des Neuen Testaments in unseren Horizont, damit keiner die gegenwärtigen Sackgassen und Schlammstrecken für endgültig hält.

Aber wie kann eine gegenwärtige Generation in der Fülle widersprüchlicher alttestamentlicher Erwartungen das Ziel des Neuen erkennen? Kann nicht jeder seine eigenen Wünsche im Wust der Texte wiederfinden? Hier setzt die Aufgabe kritischen Verstehens ein.

Exkurs:

Zu den ersten *Grundsätzen des Verstehens* gehört es, den Adressaten zu erkennen, an den sich der alte Zeuge wendet. So müssen wir es dem Text überlassen, in der Gegenwart den Leser zu suchen, der seinem ursprünglichen Adressaten entspricht. Nicht der heutige Hörer, sondern der geschichtliche Bote bestimmt, wem das Wort gilt. Aber kann überhaupt ein Heutiger dem ursprünglich Angesprochenen entsprechen? Ist solches Analogiedenken nicht ungeschichtlich? Seine Bestreitung wäre unmenschlich. Genauer: Wer Entsprechungen auf dem weiten Weg der Geschichte leugnet, verkennt die Wiederkehr ähnlicher Gefahren, Versuchungen und Nöte. Zu bedenken ist hier die Wahrheit der Weisheit (s. o. S. 161 f.). Allerdings sind die geschichtlichen Differenzen in den Verstehensprozeß einzubringen. Sie sind noch mehr beim Boten als beim Hörer zu beachten. Denn hinsichtlich des Zieles sind diejenigen Unterschiede wichtiger als alle sonstigen, die durch Wort und Geschick Jesu gesetzt sind. Ziele, die das Neue Testament hinter sich ließ, sind zu scheiden von solchen, die es aufnahm und deren Erwartung es bekräftigte. Die alttestamentliche Hoffnung muß also durch das Feuer der neutestamentlichen Kritik. Ebenso aber haben die alttestamentlichen Verheißungen das neutestamentliche Wort kritisch vor Mißverständnissen zu schützen, die die selbstverständlichen biblischen Voraussetzungen der urchristlichen Dokumente verkennen, indem sie etwa nur dem Einzelmenschen Ziele zeigen und diesem obendrein nur geistliche oder ausschließlich jenseitige Ziele. So fördert der wechselseitige Vergleich der Testamente das Verstehen beider. —

Drei Verheißungsbereiche können genannt werden, die in der Ziellosigkeit der Gegenwart aufmerksame Schüler finden sollten. Der erste ist in voller Größe mit dem Kennwort »Segen für alle Sippen der Erde« (1. Mose 12,3) vom Jahwisten eröffnet worden. Er will einer allzusehr mit sich selbst beschäftigten Gemeinde die Augen für den Endwillen Gottes öffnen, der die Menschheit als Einheit sieht und allen Hilfe zuteil werden lassen will. Paulus setzt die Verheißung in Beziehung zu Christus (Gal. 3,8) und bekräftigt sie damit. Die Aufnahme des Wortes in Jes. 19,23–25 regt an, die Erwartung konkret zu fassen: »Israel wird an jenem Tage als dritte Kraft im Bund mit Ägypten und Assur ein Segen inmitten der Erde.« Wenn Assur und Ägypten hier als die gegnerischen Weltmachtblöcke des Alten Orients eingeführt werden, so leitet dieses ungewöhnliche Wort schon zum zweiten Verheißungsbereich über: »Friede zwischen allen Völkern«. Nach Jes. 2,2–4 wird die Weisung des Zionsgottes am Ende die Umarbeitung aller Kriegswaffen in Friedenswerkzeuge bewirken. In vielen Varianten wird einem unter Gewalt leidenden Volk eingeschärft, daß es die Hoffnung auf den, der vollen Frieden ohne Ende auf der Grundlage von Recht und Gerechtigkeit bringt, nicht fahren läßt (Micha 5,3 f.; Jes. 9,5 f.; Sach. 9,9 f.). Mit der Fülle freien Lebens wird bei Hesekiel der dritte Verheißungsbereich verbunden, betont als Ziel der Erkenntnis Gottes. »Ich werde mit ihnen einen Friedensbund schließen, ... und sie werden erkennen, daß ich Jahwe bin, wenn ich die Stangen ihres Joches zerbreche« (34,25 bis 27). In der Gegenwart gibt es bestenfalls eine fragmentarische Gotteserkenntnis. Sie lebt von der Bevollmächtigung einzelner und von der Vermittlung durch Lehrer. Am Ziel aber steht die volle, unmittelbare Erkenntnis aller (Jer. 31,34); ja sogar die prophetische Begabung der Jungen wie der Alten, der Frauen wie der Männer, der Abhängigen wie der Freien (Joel 3,1 f.) wird verheißen.

Den Jubel über solche Lebensfülle aller in vollem Frieden mit ungebrochener Gotteserkenntnis nehmen die Jahwe-Königs-Psalmen vorweg: »Die Fürsten der Völker treten zusammen mit dem Volk des Gottes Abrahams« (Ps. 47,10). So zeigt der Überschuß des Alten Testaments das Ziel des Neuen in griffigen Konkretionen, die schon die Gegenwart in ihren Lichtkegel hineinholen.

6. Die meisten alttestamentlichen Texte weisen den *Weg* vom Alten zum Neuen. Eben indem sie noch ganz und gar nicht beim Neuen angelangt sind, sondern ihm allererst entgegengehen, erweisen sie sich als Hilfe für alle späteren Generationen, die inmitten der Vorläufigkeiten den Weg zum Endgültigen suchen. Das Neue Testament kann ohne das Alte für Menschen der Gegenwart nicht die Bibel sein, die ihnen in ihrer weltlichen Bedrängnis beisteht.

SCHLUSS

Das Alte Testament in Theologie, Kirche und Gesellschaft

Zuerst muß die Theologie dafür sorgen, daß das Alte Testament ihr Thema bleibt und es von Generation zu Generation neu wird. Mit seinen Texten kann sie die ihr jeweils nötige und mögliche fragmentarische Gotteserkenntnis einüben. Die Unterscheidung Jahwes und der Götter leitet sie an, in einer entgötterten Welt weder vermeintlichen religiösen Selbstverständlichkeiten noch atheistischen Plattheiten zu huldigen. Hiob und Qohälät nötigen sie, für den angefochtenen Zeitgenossen zu denken. Karl Barth erinnerte daran, daß das Neue Testament im Alten verborgen sei und das Alte im Neuen sich öffnet; er fuhr fort: » Die Theologie war noch immer von Knochenschwund bedroht, wenn sie diese Erkenntnis vernachlässigen, wenn sie nur eben im leeren Raum neutestamentlich orientierte Theologie sein wollte.«

Bleibt sie bei dem ihr gegebenen Thema, dann wird sie auch der Kirche kritisch helfen können. Sie wird sie auf die Gefahren des Jona hinweisen, der Gottes Mitleiden nur sich selbst reservieren wollte. Gott braucht ihn, obwohl er störrischer ist als alle Heiden. Holt das Jonabuch die christliche Gemeinde aus der Enge ihrer Erwartungen heraus, dann kann der Psalter sie ermuntern, den Lobpreis des langmütigen Gottes als Grundton aller ihrer Äußerungen und als Triebkraft aller ihrer Betätigungen zu gewinnen. Sie wird ihre vorläufigen Arbeiten für den Menschen in Not und im Widerspruch nicht hoffnungslos angreifen.

Denn das Alte Testament weist sie mehr in die alltägliche als in die sonntägliche Gesellschaft. Seine Verheißungen regen sie an, das Ziel nicht zu verfehlen, unterwegs weder zu resignieren noch im Kurzschluß gewalttätiger Selbsthilfe zu enden. Das diesseitig orientierte Alte Testament weckt den Spürsinn für mögliche Schritte. Man muß nur damit leben. Dazu will dieses Büchlein anregen. Es entläßt darum seinen Leser — im Blick auf die alttestamentliche Bibel — mit der Frage Georg Christoph Lichtenbergs: »Wenn ein Buch und ein Kopf zusammenstoßen, und es klingt hohl, ist denn das allemal im Buch?« Die Bibel kann warten.

Sie wartet.

GÜNTHER BORNKAMM

Das Neue Testament

EINE EINFÜHRUNG
IN SEINE SCHRIFTEN
IM RAHMEN DER GESCHICHTE
DES URCHRISTENTUMS

VORWORT

»Für alles gibt es eine Stunde, und eine Zeit hat jedes
Vorhaben unter dem Himmel« (Pred. 3, 1). Je nach Zeit
und Stunde gibt auch das Neue Testament Fragen auf
von sehr verschiedener Art und Dringlichkeit, gleichviel
ob wir mit der christlichen Überlieferung vertraut sind
oder sie uns fremd geworden ist. Dem möchte dieses
Buch gerecht werden. Zugleich will es neue Möglichkeiten und Wege wissenschaftlicher Erkenntnis aufzeigen.
Beides steht in Wechselbezug zueinander.
Selbstverständlich kann diese Einführung nicht eine er-
schöpfende Übersicht über den Inhalt der neutestamentlichen Schriften bieten. Wohl aber will sie einen Eindruck von ihrer Mannigfaltigkeit und geschichtlichen
Eigenart geben, ihre zentralen Gedanken und Probleme
zur Sprache bringen und so zur eigenen Lektüre anregen. Zu dieser Lektüre sei Das Neue Testament, übersetzt und kommentiert von Ulrich Wilckens (1970), besonders empfohlen.
Wichtig war mir, in diesem Buch die Leser nicht nur mit
anerkannten Ergebnissen der Forschung bekannt zu machen, sondern sie an dem Prozeß des Fragens und Erkennens zu beteiligen.
Notgedrungen mußte dabei eine Auswahl getroffen
und über den knapp bemessenen Raum unterschiedlich

verfügt werden. Die ersten drei Evangelien und die Briefe des Paulus werden darum eingehender, andere Schriften mehr summarisch behandelt. Auch habe ich auf eine Darstellung der Text- und Auslegungsgeschichte verzichten müssen, das außerkanonische Schrifttum der frühen Kirche nicht einbezogen und Literaturverweise auf ein Mindestmaß beschränkt.

Die Anordnung, in der die einzelnen Schriften und Schriftengruppen besprochen werden, konnte sich nicht streng an den Kanon halten. Wo es geboten schien und die Orientierung erleichterte, wird aber auch von dem Prinzip ihrer Abfassungszeit abgewichen.

Bei der Gestaltung des Manuskriptes, der Korrektur und der Anfertigung der Register war mir vor allem die unermüdliche, verständnisvolle und kritische Mitarbeit von cand. theol. Wolfgang Stegemann eine unschätzbare Hilfe. Ihm sowie auch meinen Assistenten Bernd Steinseifer und Wolf Henning Ollrog habe ich für ihre Mühe herzlich zu danken.

Günther Bornkamm

Einführung

Die Ur-kunde des christlichen Glaubens

Dieses Buch möchte dazu helfen, den Zugang zum Neuen Testament freizulegen; es wird ihn, wo die Sache es gebietet, hier und da vielleicht auch erschweren. Daß er vielfach verschüttet ist, bedarf keiner langen Erörterung. Obwohl noch immer wie kaum ein anderes Buch über die ganze Welt in ungezählten Sprachen verbreitet und immer noch unter dem Titel: *Das* Buch (der Bücher), ist die Bibel in unserer Zeit alles andere eher als ein Bestseller und führt weithin ein Inkognito-Dasein. Die Entfremdung ihr gegenüber hat jedenfalls heute, verglichen mit früheren Zeiten, ein einzigartiges Ausmaß angenommen.

Eine der Ursachen für diese Entwicklung liegt ohne Frage in der christlichen Tradition selbst, die in unserer gewandelten Welt tiefgreifend erschüttert ist. Ohne Traditionen ist menschliches Leben nicht denkbar. Wer das nicht wahrhaben will, zerstört die Fundamente seiner Existenz und braucht sich nicht zu wundern, wenn das eigene Lebensboot kiellos dahintreibt oder bald auf dem flachen Sand festsitzt. Aber jahrhundertealte Traditionen wie in diesem Fall die christliche haben es ebenso an sich, nicht nur je und dann Staub aufzuwirbeln, sondern — was schlimmer ist — auch einstmals lebendige und herausfordernde Geschichte mit einer dicken Staubschicht wie mit einem Leichentuch zu bedecken. Zur »bloßen« Tradition geworden, tritt sie zwar oft noch mit dem Anspruch auf, das Überlieferte gültig zu repräsentieren, aber vermag die Geschichte nicht mehr zu vergegenwärtigen, weil sie sich selbst der veränderten Gegenwart nicht stellt. In dieser Weise versagend, hat die kirchliche Tradition die von ihr überlieferte Geschichte vielfach gleichsam in ein Tabernakel oder einen Panzerschrank eingeschlossen, mag sein in der ehrlichen Absicht, sie vor Verfälschung durch den jeweiligen Zeitgeist zu schützen. Aber eine dergestalt aufbewahrte Geschichte kann nicht mehr reden; sie verstummt.

Wie aber wird der Anruf einer Geschichte und also auch der in der Bibel bezeugten vernehmbar? Vielleicht für manchen überraschend ist darauf zunächst zu antworten: Indem wir ihr ihre Zeit, ihren Ort, ihre Sprache, ihre Welt belassen und sie nicht sofort für uns vereinnahmen. Wer die Ferne und Fremdheit der biblischen Gestalten und Zeugen nicht aushält, ihnen die Anschauungen, Vorstellungen und Denkweise der eigenen Zeit voreilig aufzwingt oder umgekehrt seiner eigenen Gegenwart entflieht und so tut, als wäre er ihresgleichen, vereitelt jede wirkliche Begegnung mit ihren Texten und läßt sie ihr eigenes Wort nicht mehr sagen. Damit betrügt er sie zugleich um den hörenden und fragenden Dialogpartner, zu dem sie heute reden wollen.

Aufgabe der Bibelwissenschaft ist es, mit den ihr an die Hand gegebenen Mitteln der Sprach- und Geschichtswissenschaft die biblischen Autoren sagen zu lassen, was sie sagen, ihre Sache zur Sprache zu bringen, das von ihnen Gemeinte nach bestem Vermögen zu verstehen und zu »über-setzen« — wie ein Fährmann eine Fracht von einem Ufer zum andern — aus ihrer Zeit und Welt in die unsere. Es ist nicht wahr, daß die Bibelwissenschaft nur an dem Mausoleum der Bibel weiterbaue. Wie weit solche Übersetzung gelingt, ist nie von vornherein zu entscheiden. Sie stößt allenthalben an die Grenzen des eigenen Vermögens, aber auch an die der Bibel als eines Dokumentes der Geschichte; es wäre Illusion, zu meinen, sie rede noch heute vollgültig mit allem, was zwischen ihren Buchdeckeln steht.

Recht verstanden ist die Zeit- und Geschichtsgebundenheit des Alten und Neuen Testaments nicht »ein Erdenrest, zu tragen peinlich«, vielmehr ein Anzeichen dafür, daß ihre Zeugen und Autoren ihre Botschaft jeweils in eine bestimmte Situation und sehr verschiedenen Menschen ausgerichtet haben; so können und sollen sie die Unterschiedlichkeit ihres Ursprungs und ihrer Art nicht verleugnen. Dieser Prozeß, der allerorten auch im Neuen Testament seine Spuren hinterlassen hat, zeigt, daß die Frage des rechten, aktuellen Verstehens dem Christentum von seinem Ursprung an ein für allemal eingepflanzt ist. Im Unterschied zu vielen anderen Religionen konnte es darum niemals Sache der christlichen Boten sein, nur heilige Riten zu zelebrieren und sakrosankte Formeln zu zitieren.

Erste Informationen

Zunächst sollen einige gängige Fehlmeinungen zurechtgerückt werden, die das Verständnis des Neuen Testaments belasten.

1. Zu ihnen gehört schon die Vorstellung, das Neue Testament sei von jeher die »Heilige Schrift« des Christentums gewesen. Als solche galt allein, und zwar von Anfang an und ohne Ausnahme, das Alte Testament. Das Neue Testament gab es in den Anfangszeiten überhaupt nicht. Die Bildung des neutestamentlichen *Kanons* mit seinen sehr verschiedenen 27 Schriften hat sich erst stufenweise zwischen dem ausgehenden 2. und dem 4. Jahrhundert vollzogen. Nicht unwichtig ist, daß dieser »Kanon« (griechisches Wort für Maßstab, Richtschnur) nicht eigentlich das Resultat einer Sammlung war, sondern einer Auswahl der für maßgeblich gehaltenen Schriften aus einer Flut anderer kirchlicher und häretischer Literatur, die wir teilweise ganz, teilweise in Fragmenten noch besitzen; vieles davon ist freilich untergegangen. Soweit wir uns aus dem Vorhandenen ein Urteil bilden können, haben sich bestimmte Prinzipien, nach denen diese Auswahl getroffen wurde (Abfassung der Schriften durch Apostel oder deren Schüler), zwar als irrig erwiesen, im Endergebnis jedoch ist die Auswahl als glücklich zu bezeichnen. Kaum für eine einzige außerkanonische Schrift wäre ihre Aufnahme in den Kanon wünschenswert, höchstens kann man bezweifeln, ob alle neutestamentlichen Schriften gleichermachen ihre Aufnahme verdient hätten. In jedem Fall ist der Kanon ein Produkt irdisch-menschlicher Geschichte und nicht vom Himmel gefallene Offenbarung. Den Anstoß zu seiner Bildung gab übrigens nicht ein Vertreter der Großkirche, sondern Marcion (Mitte des 2. Jahrhunderts), der Begründer einer Gegenkirche. Dieser verwarf, streng dogmatisch an einem allerdings gröblich mißverstandenen Paulus orientiert, das Alte Testament

als Willenskundgabe eines anderen, jüdischen, unerbittlich »gerechten« Gottes im Gegensatz zu dem christlichen Gott der reinen Güte und traf dementsprechend auch aus dem christlichen Schrifttum eine rigorose Auswahl. Die Abwehr dieser dualistischen, schöpfungsfeindlichen Häresie hat bei der Entstehung des kirchlichen Kanons eine erhebliche Rolle gespielt.

2. Der Begriff *Neues Testament* für das kanonische Corpus der christlichen Schriften hat sich erst allmählich durchgesetzt. Nicht als Buchtitel, sondern als theologische Aussage gemeint, spricht er gleichermaßen Einheit und Unterschied der Offenbarung Gottes im Alten Bund und ihre Erfüllung in Christus aus. Er hat seine Wurzel in 2. Kor. 3, 6 ff., wo Paulus in Anlehnung an die alttestamentliche Verheißung Jer. 31, 31 den »Alten« und »Neuen Bund« (Gesetz und Evangelium) einander gegenüberstellt und zugleich beides einander zuordnet. Schon in der Septuaginta (griechische Übersetzung des Alten Testaments: Jer. 38, 31) ist für das hebräische Wort »Bund« das Wort diatheke gewählt, das ursprünglich Anordnung, Stiftung, Heilsverfügung bedeutet. Im Lateinischen wurde dieses mit testamentum wiedergegeben. Dabei ist selbstverständlich nicht mehr an die letztwillige Verfügung eines Sterbenden gedacht, sondern will jener griechische Wortsinn herausgehört werden. Auf diesem verschlungenen Weg sind Altes und Neues Testament Bezeichnung der beiden Teile des biblischen Kanons geworden.

3. Verglichen mit dem Alten Testament scheint das Thema des Neuen Testaments erstaunlich vereinfacht. Es

läßt sich auf den einen Namen bringen: Jesus Christus. Dem entspricht die Verschiedenartigkeit der hier und da dokumentierten Geschichte. Dort eine tausendjährige, bewegte Abfolge von Geschehnissen vom Auszug Israels aus Ägypten über seine wechselvollen Schicksale bis zum Verlust seiner Eigenstaatlichkeit und zur Neukonstituierung des jüdischen Volkes nach dem Exil, und im Zuge dessen eine Fülle von Gestalten und Vorgängen, Fakten und Daten und ihrer Dokumente. Gegenüber dieser weiträumigen, plastischen, reichen Geschichte wirkt die im Neuen Testament bezeugte eng und arm, auch wenn in ihr die für das Alte Testament charakteristischen Grenzen einer volksgebundenen Geschichte radikal gesprengt sind und nur im Blick auf das Neue Testament sinnvoll von einer Zeitenwende gesprochen werden kann. Dieses letztere aber hat offenkundig seinen Grund eben in der im Neuen Testament radikal vollzogenen Konzentration der Thematik auf Jesus Christus. Ihm und seiner Geschichte gegenüber rückt alles andere in den Schatten. Alle Gestalten sonst, von denen hier berichtet wird — seine Jünger und Gegner, Fromme und Unfromme, Besessene und Geheilte, Pilatus und die Römer —, sind von Belang nur, sofern sie im Schatten oder auch im Lichte Jesu erscheinen. Von eigentlichem und wesentlichem Interesse ist für das urchristliche Verständnis überhaupt nicht der pure Ablauf historischer Fakten, nicht einmal in der Darstellung des irdischen Wirkens und Geschicks Jesu selbst, sondern das Geschehen, das sich *in* Jesus und seiner Geschichte zwischen Gott und der Welt letztgültig und heilbringend ereignet hat.

4. Analog dem Alten Testament werden auch die neutestamentlichen Schriften in unseren Bibeln in Geschichtsbücher (Evangelien, Apostelgeschichte), Lehrbücher
(Briefe), prophetisches Buch (Offenbarung Johannes)
eingeteilt. Diese Anordnung und Bezeichnung ist in
Wahrheit jedoch anfechtbar, weil man unwillkürlich damit die irrige Vorstellung verbindet, die erste Schriftengattung enthalte die Darstellung der den Glauben be-
gründenden vergangenen Geschichte, die zweite zeitlos-
gültig die christliche Lehre, und die dritte eröffne dem
Glauben den Blick für Zukunft und Weltende. Aber
diese allzu eingängige, nach den drei Dimensionen der
Zeit gegliederte Aufteilung hält bei genauerem Zusehen nicht stand. Denn alle neutestamentlichen Schriften
enthalten den glaubenden Rückbezug auf das Christusgeschehen, wie sie, wenn auch in verschiedener Weise,
Gegenwart und Zukunft zum Inhalt haben. Das wird im
folgenden sichtbar werden.

5. Schließlich sei noch die durch Kanonbildung und
kirchliche Tradition genährte vulgär-dogmatische An-
sicht abgewehrt, das Neue Testament sei so etwas wie
eine Summe verbindlicher christlicher Lehre, anders gesprochen, eine Art Normaldogmatik. Wer dieser Illusion
erliegt, muß zwangsläufig die nicht unerheblichen Differenzen innerhalb der vier Evangelien (besonders der sogenannten synoptischen zu Johannes), der Apostelgeschichte zu Paulus, des Paulus zu Jakobus u. a. ignorie-
ren und die Texte so lange abschleifen, bis jeder neutestamentliche Autor so etwa dasselbe sagt. So gewiß wir
nach dem einen gemeinsamen Thema des Neuen Testaments zu fragen haben, so wenig ist es erlaubt, Unter-

schiede und Gegensätze zu verwischen. Das berühmte Prokrustesbett ist das untauglichste und schlechteste Instrument für jede Interpretation des Neuen Testaments.

Nach allen diesen kritischen Überlegungen kann man die Frage: Was ist das Neue Testament? positiv beantworten: Es ist die *Ur-kunde* des christlichen Glaubens. Der Bindestrich ist in dieser Formulierung keine modische Spielerei, sondern soll den Sinn des Wortes von seinem geläufigen, sowohl archivarisch-historischen wie rechtlich-gesetzlichen Gebrauch abheben. Ur-kunde ist das Neue Testament allerdings auch im »geschichtlichen« Sinne, aber als anfängliche und grundlegende Kunde und Anruf. Und ebenso ist es »verbindlich«, jedoch nicht in der Weise, daß es seine Leser auf die Anerkennung einer uniformen Lehre verpflichtet, vielmehr so, daß es ihn mit einer Fülle von Ausprägungen und Auswirkungen des Glaubens im Urchristentum konfrontiert und ihn auf Schritt und Tritt an dem Prozeß des Glaubens und Erkennens und dem Kampf um Wahrheit und Irrtum kräftig beteiligt.

I. Teil

Jesu Botschaft

Wer von dem Neuen Testament sachgemäß etwas aussagen will, kann sich nicht darauf beschränken, seinen Inhalt wiederzugeben, seine Schriften aufzuzählen und über ihre Entstehung, ihre Verfasser, ihre Adressaten und ihren Anlaß zu berichten. Er muß von Jesus sprechen. Das aber heißt: von dem, der nicht nur *in* diesem »Buch« steht, sondern in mehrfacher Bedeutung des Wortes *vor* ihm steht. Das gilt im zeitlich-historischen Sinn: Jesus ist nicht der Autor des Neuen Testaments, auch nicht eines Evangeliums. Er hat keine Schrift verfaßt, keine Zeile hinterlassen und war ebensowenig ein Ausleger der »Schrift« im zünftigen Sinne der Schriftgelehrten. Das sind bekannte Tatsachen, aber wert, sie zu bedenken. Es gilt aber auch im sachlichen Sinn: Jede neutestamentliche Aussage will im Blick auf ihn verstanden und an ihm gemessen werden.

Das scheint leichter gesagt als getan. Denn es ist kein Geheimnis, daß unser geschichtliches Wissen über Jesus sehr lückenhaft ist. Die einzigen historischen Quellen über ihn sind unsere Evangelien. Andere vereinzelte Erwähnungen seiner Person etwa in späteren jüdischen Schriften oder bei römischen Historikern sind vergleichsweise wertlos, flüchtige Nachrichten aus zweiter oder dritter Hand. Auch was die in Fragmenten erhaltene apokryphe, das heißt nicht in den Kanon aufgenommene christliche Literatur hergibt, sind fast durchweg spätere Wucherungen und Phantasieprodukte. Schwerlich ist auch zu erwarten, daß irgendwo in Palästina, Ägypten oder sonstwo noch einmal ein »authentisches« Evangelium auftauchen wird. Unsere vier kanonischen aber enthalten keine Stenogramme seiner Predigt, keine Protokolle über seine Taten und sein Geschick und keine Biographie Jesu im antiken oder modernen Sinn.

Dennoch wäre es unsinnig und nicht gerechtfertigt, an dieser entscheidenden Stelle einen weißen Fleck zu lassen oder ein mysteriöses X einzusetzen. Denn die Evangelienüberlieferung hat, in welchem Umfang auch immer, das unverwechselbar eigene Wort des geschichtlichen Jesus aufbewahrt, und zwar allermeist so, daß im einzelnen das Ganze ist. Wir sind deshalb nicht darauf angewiesen, zuvor in jedem Fall Echtheit und Wortlaut kritisch sicherzustellen und aus dem mühsam rekonstruierten Bestand seine Predigt im ganzen zusammenzustücken.

Unsere Aufgabe ist hier nicht, eine vollständige Jesus-Darstellung zu geben. Wir beschränken uns auf die Mitte seiner Verkündigung: Jesu Botschaft vom Kommen der Gottesherrschaft. Sie ist im Markusevangelium — schon in der Sprache der frühchristlichen Mission — programmatisch zusammengefaßt: »Die Zeit ist erfüllt und die Herrschaft Gottes nahe. Kehrt um und glaubt der Heilsbotschaft« (1, 15).

In der Umwelt der ersten Hörer Jesu waren die Worte: Gott — Gottes Königtum — Gottes Reich zwar gewiß nicht unbekannte Vokabeln, aber sie waren bei den pharisäischen Frommen eigentümlich verfremdet, verschoben und nicht mehr von lebendiger Gewißheit und Erwartung erfüllt. Die Vertreter dieser Kreise hatten sie gleichsam in das Ghetto und in den Jargon ihrer Zunft mitgeschleppt. Man sprach etwa davon: »Das Joch des Königtums Gottes auf sich nehmen« und meinte damit, gegenüber heidnischer Vielgötterei an dem Bekenntnis zu dem einen Gott festzuhalten und dem Buchstaben des Gesetzes gehorsam zu sein, in der Hoffnung, daß am Ende der Tage das Königtum Gottes noch einmal offenbar werden solle. Aber die wirkliche, aktuelle Erwartung zielte auf den nationalen Messias, der in der Endzeit das Joch der Fremdherrschaft zerbrechen und dem jüdischen Volk seine Eigenstaatlichkeit zurückgeben werde. Ins Universale ausgeweitet begegnet die jüdische Enderwartung in den großen Entwürfen der Apokalyptik, in ihren phantastischen Bildern vom Untergang dieser alten, bösen Welt, vom Weltgericht und einem danach anbrechenden paradiesischen Äon.

Gottes Herrschaft und Reich — hier in orthodoxfrommen Zirkeln privatisiert und dort ersetzt und ausgebaut zu einer theologisch verschlüsselten Konzeption, die die Welt schwarz in schwarz malt und dämonisiert, um die Herrlichkeit einer jenseitig-zukünftigen, neuen Welt um so heller aufstrahlen zu lassen. Die Herrschaft Gottes war so oder so an den Rand gedrängt, ins Jenseits abgeschoben, zu einer entleerten Chiffre geworden.

Noch eine andere Variante bietet die politisch-theokratische Widerstandsbewegung der »Zeloten« (das heißt Eiferer). Sie machten mit der Herrschaft Gottes im wahrsten Sinne des Wortes blutigen Ernst, schürten den Aufruhr und suchten mit allen Methoden eines Guerillakrieges die Gottesherrschaft herbeizuzwingen und Kollaborateure und Gesetzesbrecher auszurotten. Diese Bewegung löste schließlich den jüdisch-römischen Krieg aus und führte die Zerstörung Jerusalems herauf.

Vergegenwärtigt man sich diesen zeitgenössischen Hintergrund, so wird deutlich, daß Jesus ein zerstrittenes, mehr oder weniger religiös und politisch geladenes, brisantes Wort zum Inhalt seiner Botschaft machte und also durchaus nicht eine abgelegte, verstaubte Vokabel aus der Vergessenheit heraufholte. Aber wie geschah das? Für die einen wie die anderen war Jesus fremd, ärgerlich, ja eine unerträgliche Provokation. Eine Beleidigung für die in frommen Zirkeln Abgeschirmten, weil er ihren religiösen Betrieb nicht bestätigte, die eifersüchtig gezogenen Grenzen zwischen Gerechten und Ungerechten durchbrach und sich ebensowenig an den schweifenden Phantasien der apokalyptischen Visionäre beteiligte (Luk. 12, 56). Nicht minder unbrauchbar aber auch für die Zeloten, weil er nicht wie sie zu Sturm und Aufruhr blies (Mark. 12, 13 ff.), auch wenn es heute wieder Mode wird, ihn zu ihrem Parteigänger zu machen.

Für die Herrschaft Gottes, deren andringende Nähe Jesu Botschaft ansagt, läßt sich keine definierende Formel finden, nicht darum, weil sie ein Mysticum wäre, wohl aber, weil sie Geschehen und Ereignis ist, in dem die Zukunft Gottes und die Gegenwart der Menschen, denen Jesus mit seinem Wort, seinem Wirken und Verhalten begegnet, aufeinander treffen und sich füreinander öffnen: die Gottesherrschaft als heilbringende Zuwendung Gottes zur Welt und die irdisch-menschliche Gegenwart im Licht der befreienden Nähe Gottes. Daß Jesu Reich-

Gottes-Botschaft ohne die jüdisch-apokalyptische Zukunfts- und Enderwartung nicht denkbar ist und nicht verständlich gewesen wäre, steht außer Frage. Sie teilt mit seiner Zeit darum auch die eschatologische Überzeugung vom bald hereinbrechenden Weltende (Luk. 17, 24 ff. u. a.). Wer diese Zusammenhänge nicht sieht, wird darum zwangsläufig, wie zur Genüge oft geschehen, aus dem Reich Gottes in Jesu Predigt die zeitlos-allgemeine Idee des höchsten sittlichen Gutes machen. Die Zeitgebundenheit der Predigt Jesu hat, so könnte man sagen, einen ambivalenten Sinn: Seine Botschaft ist ihrer unwiederholbaren damaligen Zeit und Denkweise verhaftet und zugleich unablösbar von Zeit und Geschichte im Gegensatz zur Zeitlosigkeit des allgemeinen Gedankens.

Im Grunde bedarf die von Jesus verkündigte Gottesherrschaft des traditionellen Vorstellungsgefüges nicht mehr und geht jedenfalls darin nicht mehr auf (Messias, dramatischer Weltuntergang, Weltgericht, Menschensohn/Weltrichter, neue paradiesische Welt und dergleichen). Wo immer diese Motive in Jesu Botschaft begegnen, haben sie sichtlich die Funktion von Sprachelementen, aber sind nicht wie in seiner Umwelt Gegenstand der Lehre. Auch läßt sich an vielen der einschlägigen Stellen nachweisen oder vermuten, daß sie auf das Konto der späteren Gemeinde gehen. Besonders kennzeichnend ist, daß Jesus nirgends vorgängig für sich selbst die Anerkennung als eines eschatologischen Funktionärs fordert und die Gültigkeit seiner Botschaft an sie bindet. Das ist um so bemerkenswerter, als nach seiner Predigt die Gottesherrschaft schon mit seinem Wort, seinem Tun, seinem Verhalten hereinbricht. Schon ist der Stärkere da, der dem Regiment des Satans ein Ende macht und ihm seine Beute entreißt (Mark. 3, 27; Luk. 11, 20; Matth. 13, 16 f.).

Im vollen Sinne des Wortes entscheidend ist die Zuwendung Gottes, der nicht mehr als der Gefangene seiner eigenen Erhabenheit und eingesperrt in eine nebelhafte Zukunft, in die ihn fromme Tradition und Erwartung verbannt haben, die Welt sich selbst überläßt, sondern zu ihr kommt, so nahe, menschlich nahe, wie Jesu Gleichnisse es sehr profan schildern (Matth. 13, 24 ff. 31 f. 33 f. 44 ff.; 18, 23 ff.; 20, 1 ff.; Luk. 16, 1 ff. u. a.). Die Zukunft Gottes berechnen wollen, ist darum Narrheit, ja mehr noch: Flucht aus dem Heute angesichts der Zukunft (Luk. 17, 20). Wer das Gebot der Stunde hört, kann sich für derlei Ausflüchte keine Zeit mehr nehmen, aber empfängt damit in einem qualifizierten, nicht mehr bloß chronologischen Sinn die ihm zugemessene Zeit. Darum Jesu Ruf: »Sehet zu, wachet!« (Mark. 13, 33 u. ö.).

Gottes Herrschaft ist Zukunft und Gegenwart zugleich, nicht aufgelöst in bloße Gegenwart. Die Armen der ersten Seligpreisung befinden sich nicht schon im Himmel, die Weinenden sind nicht zugleich die Lachenden, den Hungernden wird nicht zugemutet, ihr Darben als Fülle anzusehen (Luk. 6, 20 ff.; Matth. 5, 3 ff.). Die ersten Bitten des Vaterunsers (Luk. 11; Matth. 6) setzen die harte Not voraus, daß Gottes Name geschändet wird und sein Reich noch nicht da ist. Aber ebensowenig vertröstet Jesus auf eine andere, bessere Welt, denn der kommende Gott ist schon jetzt auf dem Plan und am Werk.

Die Nähe Gottes rückt auch den anderen Menschen,

Freund und Feind, in gebietende Nähe. Von daher will auch Jesu souveräne Stellung zum Gesetz, seine Verkündung des Willens Gottes verstanden werden — in Vollmacht, und nicht wie die Schriftgelehrten (Matth. 7,28 f.) —, aber auch sein eigenes, in den Augen seiner Gegner blasphemisches Verhalten, das den tödlichen Konflikt mit den Autoritäten seines Volkes heraufführte. Der nahende Gott sprengt auch das mörderische Zwangsgefüge, in dem alles und jeder hoffnungslos verrechnet, eingestuft, verplant ist: Fromme und Unfromme, Privilegierte und Verfemte, Juden und Heiden. Das vermeintlich unerschütterliche, durch unantastbare Normen festgefügte, religiös sanktionierte Gestell der gängigen Welt wird durch Jesu Liebesgebot fragwürdig.

Jesus ruft diese Stunde der andringenden Herrschaft Gottes aus. Darin sind seine Heilsbotschaft und sein Bußruf eines: »Heil den Augen, die sehen, was ihr seht, denn ich sage euch: Viele Propheten und Könige wollten sehen, was ihr seht, und haben es nicht gesehen. Sie wollten hören, was ihr hört, und haben es nicht gehört« (Luk. 10, 23 f.). Und: »Kehrt um, denn das Himmelreich ist nahe herbeigekommen!« (Matth. 4, 17). Wohlgemerkt — nicht: Ihr werdet in den Himmel kommen, später, wenn eure Erdenzeit mit allen ihren Miseren ein Ende hat; sondern: Gott kommt zu euch! Auch nennt sein Bußruf nicht eigentlich eine zuvor zu erfüllende Bedingung (wenn ihr Buße tut, dann . . .), vielmehr steht die Ansage des Kommens Gottes begründend am Anfang: denn seine Herrschaft ist genaht. Umkehr bedeutet darum nicht nur ein reumütiges Einkehren in sich selbst, sondern Sich-Öffnen für die Zukunft Gottes; eine Bewegung — nicht rückwärts, sondern nach vorn.

II. Teil

Das Evangelium und die Evangelien

a) Was wir soeben umrißhaft und unvollständig genug gesagt haben, ist den ersten drei Evangelien entnommen, aber nicht eigentlich ihr Inhalt und schon gar nicht der des vierten. Als eine völlig eigenständige theologische Deutung der Geschichte Jesu soll dieses an anderer Stelle in unsere Betrachtung einbezogen werden (s. u. S. 319 ff.). Aber auch die ersten drei — sogenannten synoptischen — Evangelien erzählen nicht einfach eine Geschichte wie andere auch im Ablauf von Raum und Zeit. Deren Grenzen und Maßstäbe sind allenthalben gesprengt. Wenn das von ihnen Berichtete schon Geschichte heißen soll — und dies zu bestreiten, wäre allerdings ein absurder Irrtum —, so erscheint sie doch auf alle Fälle nach unseren Begriffen als eine Geschichte sui generis. Das aber heißt: Von dem »historischen« Jesus führt kein direkter Weg zu der in den Evangelien erzählten Geschichte und vollends nicht zu dem, was die spätere Lehre der Kirche seit dem Neuen Testament von diesem Jesus aussagt.

Wer in den jahrhundertelang unbestrittenen Anschauungen christlicher Tradition groß geworden ist und unkritisch an ihnen festhält, wird sich sträuben, dieser Behauptung zuzustimmen, ja hier überhaupt ein Problem anzuerkennen. Er nimmt die Evangelien unbesehen als historisch zuverlässige Berichte und erklärt das merkwürdige Neben- und Ineinander von Natur und Übernatur in ihnen supranatural aus der Verbindung von Gottheit und Menschheit in der Person Jesu. Ist dies einmal »gläubig« zugestanden, lösen sich alle Rätsel sozusagen höchst »natürlich«: Der ewige Gottessohn, vom Himmel herabgekommen, wunderbar von einer Jungfrau geboren, hat während seiner Erdenzeit durch seine Wunder ungezählte Beweise seiner Göttlichkeit erbracht und ist, vom Tode auferstanden, endlich wunderbar wieder zum Himmel aufgefahren, aus dem er gekommen ist. So geht die Lebensgeschichte Jesu, wie sie die Evangelien erzählen, nach dieser Auffassung bruchlos in die spätere apostolisch-kirchliche Lehre über. Schlimm genug, sagt dieser »Biblizismus«, daß der Unglaube dieses geschlossene Bild in Zweifel gezogen hat und sogar eine gottlose Theologie den Einflüsterungen des Zeitgeistes erlag und ihm Vorschub leistet.

Diese Anschauung ist allerdings seit dem Aufkommen eines von Grund auf gewandelten Welt- und Geschichtsverständnisses unwiderruflich erschüttert. Mit Recht hat darum die historisch-kritische Bibelwissenschaft jene aus dem Weltbild der Antike und des Mittelalters stammende, in der Orthodoxie bis heute zäh verteidigte supranaturalistische Anschauung preisgegeben und sich darum bemüht, die Bande zu lösen, mit denen Jesus »an den Felsen der Kirchenlehre gefesselt war« (A. Schweitzer). Sie hat damit auch der Theologie eine Fülle neuer Erkenntnisse eröffnet, neue Fragen gestellt und Wege gewiesen, aus denen es jedenfalls in Richtung auf die traditionelle Metaphysik des Väterglaubens kein Zurück mehr gibt.

Aber hat sie damit wirklich den Weg freigelegt zu dem in den Evangelien verkündigten Jesus? Diese Frage kann nur mit einem Nein beantwortet werden. Denn, so paradox es klingen mag, auch diese Ära der sogenannten »Leben-Jesu-Theologie« blieb trotz ihres erklärten Gegensatzes zum orthodoxen Biblizismus noch in derselben Blickrichtung wie dieser befangen und glaubte, eine direkte Brücke vom »historischen« zu dem in den Evangelien begegnenden Jesus schlagen zu können. Nach wie vor gelten auch der Leben-Jesu-Forschung die Evangelien primär als eine Darstellung der Vita Jesu, allerdings einer nachträglich in frommer Absicht vergoldeten, von den oft primitiven Anschauungen der Erzähler durchsetzten, hier und da verstümmelten und andernorts phantasievoll angereicherten Lebensgeschichte Jesu.

Es wäre verkehrt, hier das Kind mit dem Bade auszuschütten, als ob nicht wirklich Tendenzen solcher Art reichlich in den Evangelien zu finden wären und die kritische Arbeit jener Forschergeneration, unbeschadet mancher Irrwege, nicht auch Ergebnisse erbracht hätte, die heute kaum noch bestritten werden. Aber ihr Leitbild hat sich als irrig erwiesen, weil man die Quellen Maßstäben und Fragestellungen unterwarf, denen sie sich verweigern. Zwar sind die Evangelisten an Jesu Geschichte durchaus interessiert, aber in völlig anderer Weise und auf alle Fälle nicht nach Art antiker oder moderner Biographen und Historiker. Das wird uns im folgenden noch beschäftigen. Hier muß zunächst die Feststellung genügen: Die einst unbekümmert in die Evangelien eingetragenen Voraussetzungen stimmen nicht. Die mit unermüdlichem Aufwand von scharfsinnigen und phantasievollen Kombinationen gezimmerten Brückenbalken zwischen dem »historischen« Jesus und der Jesusüberlieferung haben sich als Phantom erwiesen.

Das hat freilich nicht verhindert, daß sich auf dem brüchigen Fundament der in der neueren Evangelienforschung mit Recht ad acta gelegten Leben-Jesu-Theologie eine bis heute überaus öffentlichkeitswirksame Literaturgattung angebaut hat, die mit fast periodischer Regelmäßigkeit ihre Blüten treibt. Ihr jüngstes Machwerk haben wir soeben in Gestalt von Joh. Lehmann, »Jesus-Report. Protokoll einer Verfälschung« (1970) und der ihm vorausgegangenen Sendereihe »Das Geheimnis des Rabbi J.« und einer Artikelserie im »Stern« erlebt. Gemeinsam ist diesen tendenziös antichristlichen Pamphleten ihr Anspruch, der lange genug betrogenen und mit allzu durchsichtigen Absichten von der Kirche und ihren Funktionären in Unkenntnis gehaltenen Öffentlichkeit endlich reinen Wein einzuschenken und sie mit den jeweils neuesten, angeblich wissenschaftlich gesicherten Tatsachen bekannt zu machen, um Überlieferung und Glauben des Christentums definitiv als Schwindel zu entlarven. So auch im Falle des genannten Buches. Grotesk entstellt müssen diesmal die seit 1947 bekannt gewordenen Schriftrollen vom Toten Meer herhalten und beweisen, daß Jesus ein essenischer Jude war und seine Predigt ein Abklatsch der religiösen Lehren der Sekte von Qumran, was freilich schon die neutestamentlichen Schriften und die Lehre der Kirche geflissentlich unkenntlich gemacht haben. Wie sehr solche sich avantgardistisch gebenden Schriften nur Nachzügler in ausgefahrenen Gleisen sind und erwiesene Resultate der theologischen und nicht-theologischen Wissenschaft verdrehen, bleibt bei entsprechender Aufmachung den Lesern zumeist verborgen.

b) Das Leitbild einer Vita Jesu, sowohl das orthodox-biblizistische wie das in einer langen Galerie der Jesus-bilder in der Leben-Jesu-Theologie entworfene, hat den Zugang zu den Evangelien nicht eröffnet. Diese Erkenntnis wird heute mit Recht von der Forschung kaum noch bestritten und wird sich uns im folgenden bei der Interpretation der Texte bestätigen. Weiter kommen wir allein, wenn wir unter Verzicht auf jenes überholte Leitbild in einer völlig anderen Blickrichtung nach den Evangelien fragen. Sie ist uns schon durch die Bezeichnung »Evangelium« gewiesen. Zwar hat nur einer der Evangelisten (Markus) dieses Wort als Überschrift seinem Buche vorangestellt (1, 1), aber die kirchliche Überlieferung hat recht daran getan, es auch auf die anderen drei zu übertragen, und damit eine wesentliche Verstehenshilfe gegeben.

Die Wahl gerade dieses Begriffes stellt uns jedoch sofort vor einen historisch und sachlich überraschenden Sachverhalt. Denn »Evangelium« meint in der Sprache des Urchristentums nicht eine Evangelienschrift. Längst ehe Evangelien geschrieben wurden, gab es *das Evangelium*, in einem völlig anderen Sinn und von anderer Art. Aller Wahrscheinlichkeit nach stammt das griechische Wort (gute Nachricht, Freudenkunde) aus der frühesten hellenistisch-christlichen Missionssprache und hat hier zum erstenmal einen eindeutig religiösen Sinn und einen bestimmten Inhalt bekommen: die eine Heilsbotschaft von Jesus Christus. In dieser Bedeutung begegnet das Wort schon an die 60 mal in den von Paulus verfaßten oder ihm später zugeschriebenen Briefen, und zwar durchweg als mündliche, jeweils neu zu sagende und zu hörende Kunde. Seinem Wesen nach ist dieses Evangelium schlechterdings nicht pluralisierbar (Gal. 1, 6) und verträgt nur eine nähere Bezeichnung seines Ursprungs (»das Evangelium Gottes«) und eine Bestimmung seines Inhalts (»Evangelium von Jesus Christus«); oft wird es, weil eindeutig und bekannt, von Paulus auch ohne jeden Zusatz gebraucht.

Ebenso wie entsprechende Wendungen (zum Beispiel: das Wort; die Predigt) läßt auch der Ausdruck »Evangelium«, durch lange christliche Tradition klerikalisiert und abgenutzt, für uns heute seine ganz und gar nicht selbstverständliche Bedeutung und sein Gewicht kaum noch erkennen. Ursprünglich meint es nichts geringeres als die Ansage, Proklamation, Vergegenwärtigung eines weltenwendenden Geschehens: der Befreiungstat Gottes in der Sendung, im Tod und in der Auferweckung Christi, die im Glauben ergriffen sein will. Dazu zieht Paulus als berufener »Bote« und »Sklave« Jesu Christi zu den Völkern (Röm. 1; Gal. 1 u. a.).

Diese Botschaft hat gewiß eine bestimmte Geschichte zum Inhalt, nicht ein zeitlos-mythisches Geschehen. Paulus kann das ganze Evangelium in der schroffen Wendung zusammenfassen: »Das Wort vom Kreuz« (1. Kor. 1, 18 ff. u. a.). Doch ist damit nicht das tragische, einst in Jerusalem Jesus widerfahrene Unrecht gemeint, für das Paulus unter seinen Hörern Mitgefühl oder Empörung wecken wollte. Wen hätte das in einer Welt, in der zahllose aufsässige Sklaven und politische Rebellen in gleicher grausamer Weise exekutiert wurden, schon interessiert? Und wie hätte Paulus eine solche Nachricht ausgerechnet mit dem Wort Heils- und Freudenbotschaft firmieren können? Nein, Paulus proklamiert den gekreuzigten Christus, den Gott zum »Herrn« über alle eingesetzt hat (Phil. 2, 6 ff.), als ein der Welt zu ihrem Heil »vor Augen geschriebenes« Manifest Gottes (Gal. 3, 1), und ruft einen neuen Schöpfungstag aus, dessen Licht im Evangelium aufstrahlt (2. Kor. 4, 4 ff.).

Nirgends aber finden sich Anzeichen dafür, daß in dem paulinischen »Evangelium« die irdische Geschichte Jesu vor seinem Tod und seiner Auferstehung einen wesentlichen Raum gehabt hätte. Nichts verlautet von dem, was die Evangelien berichten: von dem Verkünder der nahenden Gottesherrschaft, von Jesu Dämonenaustreibungen, Krankenheilungen, Streitgesprächen mit Pharisäern und Schriftgelehrten und seinem Umgang mit Zöllnern, Sündern, Ausgestoßenen. Von keinem der Gleichnisse Jesu, nicht einmal vom Vaterunser ist die Rede.

In den Paulusbriefen tritt dieser befremdende, oft beklagte Sachverhalt zwar am deutlichsten zutage. Doch repräsentieren sie mit ihrer Konzentration auf Christi Tod, Auferstehung und Erhöhung und ihrer Ausblendung der irdischen Geschichte Jesu einen frühen Typus der Christusbotschaft, der sich auch in allen späteren, etwa im gleichen Zeitraum wie die Evangelien oder auch nach ihnen verfaßten neutestamentlichen Schriften durchhält.

Seinen gedrängtesten Ausdruck hat dieses »Kerygma« (Predigt) schon in frühester Zeit in knappen Zusammenfassungen christlicher Lehre (zum Beispiel Röm. 1, 3 f.; 1. Kor. 15, 3 ff.; 2. Tim. 2, 8 u. a.), in Bekenntnissätzen (1. Kor. 8, 5 f.; Röm. 10, 8 f.; Apg. 8, 37 u. a.), Hymnen und Liedern (Phil. 2, 6 ff.; Kol. 1, 15 ff.; 1. Tim. 3, 16) gefunden. Sie alle bilden eine Vorstufe zu dem bis heute von der Kirche bekannten Credo. Noch sind die meisten dieser neutestamentlichen Aussagen allerdings frei von dem Beigeschmack des Nur-Formelhaften und Archaisch-Unverständlichen, der das Verständnis der uns überkommenen Bekenntnisse belastet. Frei überdies von jeglicher Uniformität. Auch nicht zwei solcher Sätze sind wortgleich. In immer neuen Formen und wechselnden Hoheitsnamen, die je nach dem Verstehenshorizont — Herkunft, Sprache und Denkweise — der Redenden und Angeredeten sich wandeln, ruft in ihnen der Glaube das in und durch Jesus geschehene Heil in seiner Gegenwarts- und Zukunftsbezogenheit aus — ihn als den, der gestern und heute derselbe ist, und so auch in Ewigkeit (Hebr. 13, 8).

Ursprünglich sind schon die beiden Worte Jesus-Christus ein Urbekenntnis der frühen Christenheit und nicht ein beliebiger menschlicher Doppelname wie Pontius Pilatius. Es will nach beiden Richtungen gleichgewichtig verstanden werden: Jesus ist der *Christus*, der Bringer des Heils. Aber dieser Hoheitstitel bezeichnet den geschichtlichen Menschen *Jesus* und »ersetzt« ihn also nicht durch eine mythische Gestalt. Die Verbindung und Ineinssetzung von beidem, eines irdisch-menschlichen Namens (Jesus) mit einem göttlichen Hoheitsnamen, der die Grenzen eines geschichtlichen Menschseins und die Schranken eines einmaligen Damals und Dort durchbricht, gehört seitdem zum Wesen der christlichen Botschaft, wie es zugleich seit dem Altertum bis heute Befremden und Widerspruch erregt hat.

c) Die Differenz zwischen diesem eben gekennzeichneten *Evangelium* und den *Evangelien* ist offenkundig. Diese erzählen, in den Passions- und Osterberichten ausmündend, Jesu irdische Geschichte, in jenem verlautet nichts von ihr. Was dort Ende und Ziel ist, ist hier Anfang, Grund und Inhalt allen Verkündens und Denkens.

Was also haben *das Evangelium* und *die Evangelien* miteinander zu tun? Hat die Überlieferung die ersten vier Bücher des Kanons nicht vielleicht unter eine sachfremde Überschrift gestellt? Es wird sich zeigen, daß sie und schon Markus kein sachgemäßeres und glücklicheres Wort hätten wählen können.

Aber worin besteht der Zusammenhang? Man könnte versucht sein, sich mit folgenden Denkmodellen zu helfen. Etwa so: Ihrer eigentlichen Substanz nach haben die Evangelien, jedenfalls die ersten drei, mit dem Evangelium = Kerygma so gut wie nichts zu tun. Völlig unabhängig von der nachösterlichen Glaubensbotschaft haben sie — zum Glück — doch wenigstens einigermaßen noch das Bild des geschichtlichen Jesus bewahrt und es nur hier und da mit einigen aus dem späteren Credo entnommenen Lichtern und Farben »übermalt« und ausgeschmückt. Oder: Beides gehört zwar von Anfang an eng zusammen, aber hat je seine eigene Funktion. Die Jesusüberlieferung hat selbstverständlich überall und immer die Predigt der Heilsbotschaft (im kerygmatischen Sinn) begleitet und diente von jeher der Missions- und Gemeindepredigt wie den Autoren der nicht-evangelischen Schriften als Anschauungsmaterial, um deutlich zu machen, wer dieser Jesus war, von dem das Kerygma so erstaunliche Dinge aussagt. In den Texten außerhalb der Evangelien habe das nur darum keinen Niederschlag gefunden, weil die Verfasser bei ihren Lesern und Hörern ein gesättigtes, solides Maß von Kenntnissen über den irdischen Jesus voraussetzen konnten; so habe es sich erübrigt, auf sie eigens Bezug zu nehmen.

Aber beide Auskünfte, sosehr sie für den ersten Blick einleuchten mögen, sind Eselsbrücken; sie haben in den Texten selbst keinen zureichenden Anhalt. Zwar ist unser Wissen über die Predigt der Urkirche begrenzt. Mit Sicherheit aber läßt sich sagen, daß diese Annahmen mindestens in dieser pauschalen Form falsch sind.

Dennoch haben unbeschadet aller Unterschiede das Evangelium und die Evangelien einen gemeinsamen Ursprung. Denn auch die Evangelien und alle in ihnen verarbeitete ältere Jesusüberlieferung gründen in der Gewißheit der Auferstehung Christi und sind in aller ihrer Mannigfaltigkeit Manifestationen dieses Glaubens. So widersinnig es zunächst klingen mag, läßt sich auch für die Evangelienüberlieferung darum die Behauptung wagen: Jesu Geschichte beginnt mit ihrem Ende. Für die jüdischen Gegner Jesu und nach dem Urteil der römischen Besatzungsmacht war sein Ende am Kreuz eindeutig die Annullierung seiner Geschichte. Für die Jünger dagegen bedeutete dieses Ende auf Grund der österlichen Erscheinungen des Auferstandenen und der Erfahrungen seiner Gegenwart im Geist einen neuen, durch Gottes Tat gesetzten Anfang in einem letztgültigen, für die Welt heilbringenden Sinn: Gottes Widerspruch zu dem von Menschen über Jesus gefällten Spruch, das Bekenntnis Gottes zu ihm, aber darin zugleich seine unwiderrufliche Zuwendung zur Welt, die ihm ihr Bekenntnis verweigert hatte.

Diese Gewißheit war in der Urgemeinde nicht ein Reservat einiger visionär Begabter oder die unverbindliche theologische Privatmeinung einzelner. Schon die älteste, geradezu protokollarische Aufzählung der Erscheinungen des Auferstandenen (1. Kor. 15, 1—11) mündet aus in der repräsentativ gültigen Behauptung des Paulus: »Es seien nun ich oder jene (die übrigen Apostel), so predigen wir, und so seid ihr zum Glauben gekommen.« Auch die Gegner, denen er in 1. Kor. 15 entgegentreten muß, haben diese Botschaft nicht in Zweifel, sondern nur andere Konsequenzen als der Apostel aus ihr gezogen. Dieser Glaube hat im Urchristentum von früh an einen sehr mannigfaltigen Ausdruck gefunden. Die neutestamentlichen und apokryphen Erzählungen von der Auffindung des leeren Grabes, die Paulus sichtlich noch nicht kannte, sind nur eine und auch in sich nicht einheitliche Tradition unter anderen. Doch stimmen die Aussagen alle ohne Ausnahme darin überein, daß sie Jesu Auferweckung und Erhöhung zum Herrn als ein im Horizont des allgemeinen Weltlaufes unverrechenbares, auch den Jüngern gegen eigenes Begreifen und Zweifeln widerfahrenes Geschehen verstanden. Ohne diesen Glauben wäre auch nicht ein einziges Stück der Jesusüberlieferung denkbar. Ihm sind also nicht nur einige Lichter und Farben entnommen und der Überlieferung aufgesetzt. Vielmehr ist diese auch in ihren Berichten und in allen ihren Formen Christusbekenntnis und Botschaft.

III. Teil

Die synoptischen Evangelien

A. Die Quellen

Die ersten drei Evangelien sind untereinander engstens verwandt. Auf weite Strecken gehen ihre Berichte parallel, an anderen Stellen finden sich Übereinstimmungen mindestens zwischen zweien, darunter besonders augenfällig gemeinsames Gut bei Matthäus und Lukas. Darüber hinaus bieten vor allem die beiden letzteren vielerlei Sonderüberlieferungen. Daraus ergibt sich der sehr verschiedene Umfang der drei Evangelien (Mark. 16, Matth. 28, Luk. 24 Kapitel). Das eigentümliche Wechselverhältnis von Übereinstimmungen und Differenzen kann sich jeder an Hand einer »Synopse« (griech.: Zusammenschau) vor Augen führen, das heißt einer Textausgabe mit Parallelkolumnen (deutsch: C. H. Peisker, Zürcher Evangelien-Synopse, 1970[10]).

Nach anderen, unzureichenden Lösungsversuchen hat heute die vor etwa hundert Jahren sorgfältig begründete sogenannte *Zweiquellentheorie* fast allgemeine Anerkennung gefunden. Sie besagt erstens: Markus ist das älteste Evangelium und in den beiden anderen »Großevangelien« als Hauptquelle zugrunde gelegt und eingearbeitet worden. Und zweitens: Matthäus und Lukas haben über Markus hinaus, wie viele parallel überlieferte Einzelsprüche und Spruchkomplexe zeigen, unabhängig voneinander aus einer zweiten Quelle geschöpft. Da diese beiden gemeinsame Überlieferung außer der Geschichte vom Hauptmann von Kapernaum (Matth. 8, 5 ff.; Luk. 7, 1 ff.) fast ausnahmslos nur Herrenworte bietet — jedoch keine Wundergeschichten, Streitgespräche und vor allem keine Passions- und Osterberichte —, wird diese zweite Quelle (»Q«) in der Forschung allgemein »Spruchquelle« genannt.

a) Für die Priorität des Markusevangeliums (nicht wie früher angenommen des Matthäus!) sprechen die stärksten Gründe: 1. Mit verschwindenden Ausnahmen läßt sich der gesamte Erzählungsstoff des Markus in den beiden anderen, mindestens aber entweder bei Matthäus oder bei Lukas wiedererkennen. 2. Auch die Szenenfolge des Markus hat weitgehend bei den anderen ihre Entsprechung. Zwar nicht überall; aber wo es nicht für alle drei gilt, stimmt wiederum in der Regel einer der Seitenreferenten mit Markus überein, und wo der andere abweicht (Matthäus aufs ganze gesehen häufiger als Lukas), läßt sich dies fast immer aus Gründen der Komposition erklären und ergibt sich zwangsläufig aus der den Evangelisten gestellten Aufgabe, das Markus-Gut mit anderweitiger Überlieferung zu verknüpfen. 3. Schließlich ist auch die weitgehende, wenn auch nicht sklavische Übereinstimmung im Wortlaut ein gewichtiges Indiz. Mit dieser Erklärung hat die früher und gelegentlich noch heute vertretene Annahme, Markus habe nachträglich aus den beiden Evangelien des Matthäus und Lukas ein Exzerpt bzw. eine Kurzfassung hergestellt, ihre Erledigung gefunden. Sie verbietet sich schon darum, weil sich dann schlechterdings nicht erklären ließe, warum er gerade diese Auswahl getroffen und eine Fülle kostbaren Überlieferungsgutes aus den anderen Evangelien übergangen haben sollte. Man denke etwa an die lukanische Feldrede (Luk. 6, 20 ff.), die Bergpredigt (Matth. 5—7), viele der Reich-Gottes-Gleichnisse (Matth. 13 u. a.), an das Vaterunser (Matth. 6, 9 ff.; Luk. 11, 2 ff.) und vieles andere. Das gleiche Argument spricht auch gegen die Vermutung, Matthäus habe Lukas schon als Quelle vor sich gehabt oder umgekehrt. Auch hier würde man vergeblich nach einer Erklärung für jeweils gelassene Lücken suchen.

Aus den genannten Gründen ist die erste These der Zweiquellentheorie (Priorität des Markus) gerechterweise nicht mehr als bloße »Hypothese« zu bezeichnen. Sie läßt weitere Fragen, auf die wir uns hier nicht einzulassen brauchen, noch zur Genüge offen, wird aber durch sie nicht in Frage gestellt. Selten genug ist der Historiker wie hier in der glücklichen Lage, eine ältere Quelle noch in einigermaßen vollständiger literarischer Gestalt ständig zur Kontrolle heranziehen zu können.

b) Aus dem reichen Bestand der *Spruchquelle* seien hier nach der zumeist älteren lukanischen Version nur einige Beispiele genannt: die Feldrede Luk. 6, 20 ff., zusammen mit anderem Spruchgut in Matth. 5—7 zur Bergpredigt ausgeweitet; Jesu Rede über Johannes den Täufer Luk. 7, 18 ff. par.; die Aussendungsrede Luk. 10, 2 ff. par.; Jesu Wehe über die unbußfertigen galiläischen Städte und sein Jubelruf Luk. 10, 13 ff. 21 ff. par.; seine Jüngerreden über das Gebet Luk. 11, 2 ff. 9 ff. par.; Bekenntnis und Nachfolge Luk. 12, 2 ff. par.; Sorgen und

Schätzesammeln Luk. 12, 22 ff.; 14, 26 f. par.; dazu nicht wenige Gleichnisse wie das vom großen Abendmahl Luk. 14, 16 ff. par., vom Suchen und Finden des Verlorenen Luk. 15, 1 ff. par. und vieles andere mehr.

Eigenart und Charakter dieser zweiten Quelle sind schwieriger zu bestimmen als die des Markus. Die zahlreichen Matthäus/Lukas-Parallelen berechtigen zwar dazu, mit ihrer Existenz zu rechnen. Aber wie weit hatte sie schon eine literarisch fixierte Gestalt angenommen? Jedenfalls muß sie völlig anderer Art als das Markusevangelium gewesen sein, ja ein diesem vergleichbares Evangelium war Q sicher nicht. Auch zeigt ihre Benutzung im Matthäus- und Lukasevangelium, daß beide Evangelisten mit ihr ungleich freier und unabhängiger umgegangen sind, sowohl was ihren Wortlaut betrifft als besonders auch ihre Anordnung der Jesusüberlieferung.

c) Mit den genannten Quellen Markus und Q ist die synoptische Überlieferung jedoch noch keineswegs erschöpft. Sogar Markus, wenn auch nur in drei Perikopen (4, 26 ff.; 7, 32 ff.; 8, 22 ff.), enthält einiges *Sondergut;* vollends aber Matthäus und am reichhaltigsten Lukas, beide sowohl in den Vor- und Ostergeschichten wie auch in Fülle in den aus Markus übernommenen Rahmen eingefügt. Dafür einige Beispiele: Zum matthäischen Sondergut gehören zahlreiche Gleichnisse Jesu vom Himmelreich (13, 14 ff. 36 ff. 44 ff. 47 ff.; 18, 23 ff.; 20, 1 ff.; 21, 28 ff.; 25, 1 ff. 31 ff.), die Geschichte vom sinkenden Petrus (14, 28 ff.); das berühmte Wort an Petrus als Fels der Kirche (16, 17 ff.) u. a.

Lukanisches Sondergut: Petri Fischzug und Berufung

(5, 1 ff.); Jüngling zu Nain (7, 11 ff.); die Gleichnisse
vom unfruchtbaren Feigenbaum (13, 1 ff.); vom unver-
drossen bittenden Freund (11, 5 ff.) und vom gottlosen Richter (18, 1 ff.); die Gleichnisse vom verlorenen
Groschen und vom verlorenen Sohn (15, 8 ff. 11 ff.),
vom ungerechten Haushalter (16, 1 ff.). Die Geschichten
von den zehn Aussätzigen (17, 11 ff.) und von Zachäus
(19, 1 ff.) sowie die vier Beispielerzählungen vom barmherzigen Samariter (10, 29 ff.), reichen Kornbauern
12, 13 ff.), vom Reichen und dem armen Lazarus (16,
19 ff.) und vom Pharisäer und Zöllner (18, 9 ff.) und
viele andere.

Mancherlei Versuche, auch dieses umfängliche kostbare
Sondergut bestimmten, mehr oder weniger zusammenhängenden Quellen zuzuweisen, haben bisher zu keinen
allseits überzeugenden Ergebnissen geführt. Mit Recht
ist die von den meisten Forschern vertretene Literar- und
Quellenkritik darum über die Grenze der Zweiquellentheorie nicht hinausgegangen. Sie hat damit der Tatsache Rechnung getragen, daß unabhängig, zum Teil
aber auch innerhalb der literarisch fixierten Tradition,
ein breiter Strom lebendiger mündlicher Überlieferung
weitergeflossen ist.

B. DIE ÄLTESTE JESUSÜBERLIEFERUNG

Die literarkritischen Ergebnisse der älteren Forschung
haben aufs ganze gesehen ihre Feuerprobe bestanden.
Sie geben bereits einen ersten Einblick in den Entste-
hungsprozeß der Evangelien. Aber der einst auf diesem
Fundament errichtete Bau hat nicht standgehalten, weil

man Eigenart, Charakter und Zweck der Überlieferung verkannt hatte. Unbedenklich ordnete man die Evangelien in die Literaturgattung anderer Geschichtswerke des Altertums ein und glaubte durch Rekonstruktion ihrer Quellen Schritt für Schritt einer einigermaßen gesicherten Vita Jesu näherzukommen; selbstverständlich unter gebührender Berücksichtigung der Tatsache, daß die Erzähler keine gelehrten Historiker waren und jede volkstümliche Überlieferung Differenzen mit sich bringt, hier etwas wegläßt, dort etwas hinzudichtet und oft zu legendären Übermalungen neigt. Für alles das lassen sich in der Tat reichlich Belege aus den Evangelien beibringen.

Dennoch reichen diese Forschungs- und Auslegungskriterien bei den Evangelien nicht hin und nicht her. In Wahrheit haben sie, schon die ersten drei und vollends das vierte, in der antiken Literatur nicht ihresgleichen. Weder lassen sie sich den großen Werken griechischer und römischer Historiker (Thukydides, Polybius, Tacitus u. a.) zuordnen noch den etwa zeitgenössischen Biographien bedeutender Männer wie den Kaiserviten des Sueton (ca. 70—140 n. Chr.) oder auch den viel bewunderten Biographienpaaren des Plutarch (ca. 45—125 n. Chr.). Auch die damals schon bekannte literarische Bezeichnung »Memoiren« (der Apostel), die der christliche Schriftsteller und Märtyrer Justin (gestorben um 165) für die Evangelien wählte, trifft für sie nicht zu.

Ein erster Unterschied zu diesen Werken wird schon darin sichtbar, daß die schriftstellerische Individualität der Evangelisten kaum irgendwo hervortritt. Bezeichnenderweise nennt keines der Evangelien selbst den Namen seines Autors. Die uns geläufigen (Matth., Mark.,

Luk., Joh.) gehen sämtlich erst auf die kirchliche Überlieferung des 2. Jahrhunderts zurück. Diese war sichtlich bestrebt, durch die Zurückführung der Evangelien auf einen bekannten Jünger aus dem Kreise der Zwölf (Matthäus, Johannes; apokryphe Evangelien: Petrus, Thomas, Philippus u. a.) oder einen Gehilfen der Apostel (Markus, Lukas) die Zuverlässigkeit der Überlieferung außer Zweifel zu stellen. Am weitesten hat sich von den kanonischen das Lukasevangelium dem Modell antiker Historiographie angenähert (Luk. 1, 1—4), auch in mancherlei Zügen der Schilderung Jesu. Doch sind sie aufs ganze gesehen vereinzelt. Die Jesusüberlieferung selbst hat sich einer solchen Darstellungsweise nicht gefügt. So fällt auch das dritte Evangelium nicht eigentlich aus dem Rahmen der anderen heraus (siehe dazu S. 247 ff.).

Wichtiger ist, daß sich die Evangelisten erstaunlich wenig oder gar nicht für die historische Persönlichkeit ihres »Helden« interessieren, also für das soziale und familiäre Milieu, aus dem er stammt und in dem er heranwuchs, seine Jugendeindrücke, Gaben, Bildung, Entwicklung, seinen Charakter oder gar sein Porträt. Der Verfasser des früher erwähnten »Jesus-Reports« schildert zwar — im wahrsten Sinne des Wortes »haargenau« — das Aussehen des Juden Jesus nach einem obskuren, angeblich von einem Vorgesetzten des Pilatus verfaßten Brief, um bei seinen Lesern den Eindruck gesicherter, von christlicher Überlieferung unverfälschter »Tatsachen« zu erwecken. Aber er verschweigt, daß das fragliche Dokument eine christliche Fälschung aus sehr später Zeit ist (wahrscheinlich erst aus dem 12. Jahrhundert), in der die »fromme« Phantasie das Aussehen Jesu in dem aus zahllosen Kultbildern bekannten Geschmack der Zeit zu schildern versuchte. In der landläufigen Unterweisung werden wir über viele Einzelheiten zwar phantasievoll unterrichtet, jedoch bestätigt das nur den starken Einfluß der herkömmlichen, aber falschen Auffassung der Evangelien als einer normalen Lebensbeschreibung.

Allerdings erfahren wir aus ihnen einiges über Jesu Eltern, sogar seinen Stammbaum (Matth. 1; Luk. 3), sein Handwerk (Mark. 6, 3) und das seines Vaters (Matth. 13, 55), seine Brüder und Schwestern (Mark. 6, 3 u. a.). Aber die Angaben der Evangelien sind spröde und spärlich und verraten ausnahmslos kein biographisches Interesse. Erst die spätere Legende versuchte — zum Teil schon innerhalb der Evangelienüberlieferung (besonders in den Vorgeschichten des Matthäus und Lukas) und wild auswuchernd in den Apokryphen — diesem Mangel aufzuhelfen, aber auch sie allermeist unter ganz anderen Aspekten.

Zu diesen ersten Beobachtungen fügen sich weitere, die wir der neueren Evangelienforschung verdanken und in ihrer Tragweite erst allmählich einzuschätzen gelernt haben, auch wenn sie für den ersten Blick nur formaler Art zu sein scheinen. Gleichwohl ermöglichen sie uns, hinter die Evangelien und ihre Quellen zurückzufragen, und geben einen deutlichen Einblick in die Jesusüberlieferung in ihrem ältesten, mündlichen Stadium. Das klingt nach einem verwegenen, ja aussichtslosen Unterfangen. Ein alter Grundsatz auch der Historikerzunft lautet: Was nicht aktenkundig ist, existiert nicht (quod non est in actis, non est in re). Führt ein solcher Weg nicht zwangsläufig von der soliden Textbasis fort ins Ungewisse, in einen Dschungel unkontrollierbarer Vermutungen? Aber diese Befürchtung ist unbegründet. Denn alles, was hier zu sagen ist, läßt sich an den Texten selbst ablesen, führt darum auf sie zu und nicht von ihnen weg und ist in allem Wesentlichen jedermann auch ohne besonderes wissenschaftliches Rüstzeug — am besten an Hand einer »Synopse« (s. o. S. 205) — zugänglich. Wie so oft bedarf es hier nur der Aufmerksamkeit und der Bereitschaft, sich einiger Beobachtungen bewußt zu werden und über sie nachzudenken. Der Leser soll darum nicht befürchten, in einen Gelehrtendisput hineingezogen zu werden, der ihm gleichgültig sein könnte oder sein eigenes Urteilsvermögen überfordert.

Wir beginnen mit der schlichten, sinnenfälligen Tatsache, daß jedenfalls die synoptische Überlieferung aus lauter in sich geschlossenen Einzelabschnitten mit einem klar markierten Anfang und einem ebenso eindeutig bezeichneten Ende besteht. Jede Szene und Spruchgruppe, oft sogar ein einzelner Spruch steht auf sich selbst und bedarf eigentlich keines vorangehenden und nachfolgenden Zusammenhanges. Kaum je wird auf Früheres oder Späteres verwiesen, und wo es vereinzelt geschieht, heben sich solche Stellen oft wie ein Fremdkörper vom sonstigen Kontext des Berichtes ab. Diese *Autarkie* der »Perikopen« springt unmittelbar in die Augen.

Der Eindruck eines zusammenhängenden Ablaufes der Geschichte Jesu entsteht erst dadurch, daß die Evangelisten mit Hilfe von häufig wiederkehrenden kurzen Zeit- und Ortsangaben (»danach . . .«, »als aber Jesus . . .«, »am Abend . . .«), nicht selten auch mittels stereotyper, knapper Übergangs- und Einleitungssätze die einzelnen Traditionsstücke miteinander verbinden. Einen wirklichen, rekonstruierbaren Geschichtsablauf geben die Texte jedoch nicht her. Dafür sind die chronologischen und topographischen Angaben viel zu spröde, einförmig, ohne Beziehung zum jeweiligen Inhalt der Perikopen und differieren oft von einem Evangelium zum anderen. In Wahrheit bilden sie das sehr bescheidene und erstaunlich frei gehandhabte Instrumentar der Evangelisten oder schon älterer Sammler zur Gruppierung des ihnen vorgegebenen Überlieferungsstoffes. Nicht einmal mit Markus sind die Verfasser der beiden synoptischen »Großevangelien« (Matth./Luk.) anders verfahren, obwohl sein Evangelium ihnen als Quelle vorlag und sie seinem Aufriß weitgehend gefolgt sind. Wo sie verwandtes Überlieferungsgut aus anderer Tradition unterbringen wollten oder es ihnen aus sonstigen Gründen angebracht schien, haben sie den Markus-Zusammenhang bedenkenlos unterbrochen oder aufgegeben.

Natürlich können sich durchaus hier und da glaubwürdige, an eine bestimmte Situation gebundene Erinnerungen in solchen Notizen erhalten haben. Das ist von Fall zu Fall zu fragen, wenn auch selten sicher zu beantworten. Hier geht es allein um die Einsicht, daß den besagten Angaben keine chronistische Absicht zugrunde liegt, sondern eine redaktionelle Bedeutung zukommt. Auslegungen, wie sie besonders früher beliebt waren, die solchen Stellen besondere Betrachtungen widmen und gar aus der zufälligen Abfolge der Szenen auf eine so oder so geartete Seelenstimmung Jesu, seiner Jünger oder Zuhörer auf Grund des soeben Erlebten schließen wollen, geraten dabei regelmäßig in ein zumeist peinlich sentimentales Phantasieren. Der Predigthörer darf darum getrost bei derlei Passagen einen Kirchenschlaf einlegen, weil er sicher sein kann, daß von der ihn angehenden Sache des Textes nicht die Rede ist.

Man lernt aus solchen Beobachtungen, zwischen dem Urgestein der Überlieferung und seiner nachträglichen redaktionellen Verarbeitung zu unterscheiden. Das schärft den Blick für das Wesentliche des Textes selbst. Vielerlei historisch-pragmatische Fragen, an deren Lösung frühere Generationen Mühe und Scharfsinn gewandt haben, werden wir nun freilich nicht mehr so direkt wie einst an die Evangelien richten, sie offenlassen, kritischer beantworten und in ihrer Bedeutung geringer einschätzen. Um einige einfache Beispiele herauszugreifen: wo der Berg der Versuchung (Matth. 4 par.), die Szenerie der »Bergpredigt« (Matth. 5, 1), der Berg der Verklärung (Mark. 9 parr.) oder der Aussendung der Jünger durch den Auferstandenen zu allen Völkern (Matth. 28) zu suchen ist, darüber gibt keine Landkarte Auskunft. Alle diese Stellen sind überhaupt nicht als topographisch exakte Ortsbestimmungen gemeint, sondern nennen eine typische Stätte der Offenbarung. Belanglos ist etwa auch die Frage, ob Jesu Salbung am Anfang seiner Passion in dem Jerusalem benachbarten Bethanien stattgefunden hat (Mark. 14; Matth. 26; Joh. 12) oder schon viel früher in Galiläa gelegentlich eines Gastmahles im Hause eines Pharisäers, wie bei Lukas (7, 36 ff.). Dagegen ist nicht belanglos, daß diese Szene hier die Einleitung zu dem Gleichnis von den ungleichen Schuldnern bildet. Oder die Frage nach dem höchsten Gebot: Nur im Lukasevangelium ist sie ebenfalls abweichend von den anderen nicht in den Zyklus der Jerusalemer Streit- und Lehrgespräche Jesu, sondern in einen großen »Reisebericht« (Luk. 9, 51 — 18, 14) eingeordnet. Hier findet die

Frage des Schriftgelehrten in der Erzählung vom barmherzigen Samariter (10, 30 ff.) ihre bündige Antwort. Derlei Beispiele lassen sich beliebig vermehren. Sie zeigen, wie sehr sich das Schwergewicht der Fragen von dem und jenem »passierten« Ereignis mit seinem unverwechselbar einmaligen Damals und Dort und seinen so und nicht anders gesprochenen Worten Jesu verlagert hat auf die Frage: Was wollten und wollen die ältesten Erzähler und ihre späteren Sammler mit diesen Einzeltraditionen aussagen? Allein unter dieser Fragestellung wird man ihnen gerecht. Alles andere verfälscht sie.

Zur Eigenart der aus den Evangelien noch deutlich erkennbaren ältesten mündlichen Überlieferung gehört, daß sie in bestimmten *Formen* und nach festen *Überlieferungsgesetzen* verläuft. Diese Formen sind nicht vom einzelnen Erzähler nach Eigenart, Begabung und Geschmack willkürlich gewählt, sondern überindividuell und ganz von ihrem Inhalt her geprägt, also nicht nur leere Formen und primär nicht unter ästhetisch-künstlerischem Aspekt zu betrachten. Schon die Überlieferung der *Herrenworte* zeigt, daß sich Jesus solcher Formen bedient hat. Eine eigene Struktur haben seine prophetischen Worte, die das Kommen der Gottesherrschaft, die Stunde des Heils ansagen; eine andere seine Weisheitsworte, die pointiert und knapp in höchster Einfachheit ein für allemal Gültiges aussprechen und, ohne schriftgelehrtes Wissen vorauszusetzen, an das unmittelbare Verstehen der Hörer appellieren. Man denke an viele seiner Gleichnisse oder die Sprüche über die Unsinnigkeit und Unnötigkeit der Sorge (Matth. 6, 25 ff. par.) und zahlreiche Sentenzen, die sich ebenso oder ähnlich in jüdischen Spruchsammlungen, aber auch in außerbiblischen

Sprichwörtern finden. Wieder anderer Art sind Jesu Worte über Gottes Gebote und Willen in Streitgesprächen mit seinen jüdischen Gegnern oder in der Form der Antithesen der Bergpredigt (»Ihr habt gehört . . ., ich aber sage euch . . .«). Alle diese Formen hat die spätere Überlieferung beibehalten, aber auch selbständig weiterentwickelt (vgl. die Unterschiede zwischen der Feldrede Luk. 6 und der Bergpredigt Matth. 5—7).

Zahlreiche Worte Jesu sind nach Art von Anekdoten überliefert, mit einer knappen Situationsschilderung eingeleitet, manchmal auch zu kleinen Dialogen ausgestaltet (griechisch: Apophthegmata). Die erzählerischen Elemente können dabei wie die Gruppierung des Stoffes überhaupt wechseln, nicht dagegen — jedenfalls im Wesentlichen nicht — das Wort Jesu selbst, das die Pointe enthält und zumeist die Szene beschließt.

Eine andere Gruppe der Überlieferung bilden die *Jesusgeschichten*, die seine Heilungen und Wundertaten erzählen. Auch sie sind in der Regel nach festen Gesetzen aufgebaut, die sich ebenso an den Berichten über andere große Wundertäter studieren lassen, insbesondere auch an solchen aus dem heidnisch-hellenistischen Bereich. Typisch ist etwa bei Heilungen die einleitende Schilderung der Not der Kranken, die Erwähnung der Dauer und Auswirkungen ihrer Krankheit, der vergeblichen, kostspieligen Bemühungen der Ärzte, der umgebenden spottenden oder jammernden Volksmenge. Dann aber vor allem das machtvolle Heilungswort des großen Wundertäters, nicht selten in geheimnisvoller, fremder Sprache (»Ephata« Mark. 7, 34; »Talitha kumi« Mark. 5, 41), oft begleitet von einem Heilungsgestus (er nahm ihn bei der Hand; rührte die Zunge des Stummen an;

legte einen Teig aus Erde und Speichel auf die Augen des Blinden). Sodann der Erfolg: Alsbald fährt der Dämon aus, steht der Gelähmte auf, sieht der von Blindheit Geheilte Bäume und Menschen und demonstriert damit die geschehene Wundertat vor der umstehenden Menge, die nun in Erstaunen und Lobpreis ausbricht. Im Wieder- und Weitererzählen solcher Geschichten ist — auch dies oft von einem Evangelium zum anderen und vollends in der späteren Legende zu verfolgen — vielfach die Neigung zu novellistisch-episodischer Ausschmückung zu erkennen: Die einmaligen Umstände werden breiter ausgemalt, die beteiligten Personen bekommen Namen oder auch ein deutliches Profil.

Ein besonderes Feld, auf dem sich die Tendenzen und Gesetze solcher volkstümlichen Überlieferung erkennen lassen, ist die hier nur kurz zu erwähnende *Legende*. Sie spielt auch in der neutestamentlichen Jesusüberlieferung eine — wenn auch nicht beherrschende — Rolle. In unserem modernen vulgären Sprachgebrauch wird die Legende in der Regel summarisch als Produkt der frommen Phantasie dem Geschichtsbericht entgegengestellt. Doch wird man ihr damit nicht gerecht. Sie kann sich durchaus auf historische Tatsachen beziehen. Jesu Geburt, seine Taufe durch Johannes, sein letztes Mahl mit den Jüngern und seine Kreuzigung wird niemand ernstlich bestreiten. Die Frage ist jedoch, mit welchem Interesse, zu welchem Zweck und in welcher Weise erzählt wird. Darauf ist zu antworten: nicht mit historiographischer Tendenz, sondern mit einem besonderen Interesse an der Heiligkeit und vorbildlichen Frömmigkeit bestimmter Gestalten, nicht nur Jesu, auch anderer, wie der in den Vorgeschichten des Matthäus- und Lukasevangeliums auftretenden Frommen (Zacharias und Elisabeth; Maria und Joseph; Simeon und Hanna) oder in der Apostelgeschichte bestimmter Jünger. Dabei wird dann freilich in legendären Einzelzügen oder ganzen Szenen die Grenze des »Historischen« durchbrochen und mit einer großen Variationsbreite von Wunderdingen, Engeln und Himmelszeichen erzählt, oder es werden bestimmte Berichte — wie die über Jesu Taufe und die Stiftung des Herrenmahles — unwillkürlich dem späteren Kultbrauch der Gemeinde angeglichen. Kennzeichnend ist auch die Angleichung der Vorgeschichte des Matthäus an die alttestamentlich-jüdische Moseslegende. Unter solchen Aspekten werden etwa auch die beträchtlichen Abweichungen in der Gethsemane-Szene, der Kreuzigung Jesu sowie der Oster- und Himmelfahrtsberichte verständlich. In einigen Fällen kann man fragen, ob man hier überhaupt noch von Legenden bzw. legendären Einzelzügen reden soll. Schon bestimmte Herrenworte, die von seiner Sendung, seiner Hoheit und seinem Schicksal sprechen, aber auch ganze Geschichten wie Taufe, Versuchung, Petrusbekenntnis, Verklärung, Jesu Einzug in Jerusalem, sein Verhör vor dem Hohen Rat u. a. sind, was immer ihr »historisches« Substrat sein mag, in Wiedergabe und Erzählweise so stark von dem Christus-Glauben der Gemeinde geprägt, daß hier der Ausdruck »Legende« kaum noch zureicht. Im Unterschied zu älteren und schlichteren Überlieferungsstücken, die mehr den Glauben an Jesus wecken sollen, hat dieser Glaube hier noch stärker seinen zusammenfassenden, bekennenden Ausdruck gefunden. Doch sind die Grenzen natürlich fließend.

Von den besonders hervorstechenden Merkmalen

der Jesusüberlieferung seien hier nur drei noch einmal hervorgehoben; sie gehören eng miteinander zusammen. Erstens: ihre *Konzentration auf Jesus.* Keine der einzelnen Szenen wird vom Erzähler wie oft in der Geschichtsschreibung von langer Hand vorbereitet, Nebenpersonen werden unvermittelt eingeführt und verschwinden in der Regel ebenso unvermittelt in dem Dunkel, aus dem sie gekommen sind; keine von ihnen trägt — wie etwa bei Homer — ein stehendes Beiwort. Die neutestamentlichen Berichte zielen auf Jesu Wort und Tat und verkünden, wer er ist, nicht nur, wer er war. Sodann: ihre *Offenheit auf den Angeredeten hin.* Naheliegende neugierige Fragen wie die: Wie reagierte Johannes der Täufer auf Jesu Antwort, die ihm die Täuferjünger ins Gefängnis zurückbrachten (Matth. 11, 2—6 par.)? Wie verhielten sich die drei zur Nachfolge Bereiten, aber ihre Bedingungslosigkeit nicht Ahnenden, als sie Jesu Ruf in seiner Größe und Härte vernahmen (Luk. 9, 57—62)? Hat Petrus, als er Jesus von seinem Leidensweg abbringen wollte, dessen schroffes Satanswort sich alsbald zu Herzen genommen (Mark. 8, 33)? Oder: Was wurde weiter aus dem und jenem Geheilten, aus einzelnen hier oder da auftretenden Jüngern oder Gegnern Jesu? Alle solche Fragen bleiben fast durchweg ohne Antwort. Für das weitere Schicksal etwa des Pilatus, des römischen Hauptmanns unter dem Kreuz oder des Nikodemus hat sich erst die spätere Legende interessiert. Über alle an einer Szene Beteiligten hinweg ist der jeweils durch den Bericht angeredete Hörer und Leser selbst zur Antwort des Glaubens aufgerufen.

Drittens: der *Bezug der Berichte zu Glauben und Leben der Gemeinde.* Kein Stück der Überlieferung ist nur um seiner selbst willen aufbewahrt, etwa weil es interessante zeitgenössische Details enthielt oder der Erzähler der Pflicht zur gewissenhaften Berichterstattung genügen wollte, sondern weil das Berichtete mehr oder weniger vital Leben und Glauben der Gemeinde Jesu anging und angehen sollte. Damit ist keineswegs gesagt, daß all und jedes nur eine nachträgliche Spiegelung und ein Phantasieprodukt späteren Glaubens sei. Eine pauschale Skepsis solcher Art ist durchaus fehl am Platze. Wir haben vielmehr allen Anlaß, dem einfachen und geübten Gedächtnis der ältesten Jüngergeneration, das noch nicht wie das unsere durch Druckerschwärze und Massenmedien mit ihrer alltäglichen Nachrichtenschwemme abgenutzt war, Erhebliches zuzutrauen.

Dennoch haben von Anfang an Glauben und Leben der nachösterlichen Gemeinde auf die Ausformung der Jesusüberlieferung einen nicht zu unterschätzenden Einfluß geübt, und zwar offensichtlich in einem lebendigen Wechselbezug: Die frühe Kirche bedurfte ihrer, um ihres Glaubens an Jesus als den Bringer des Heils gewiß zu werden und zu bleiben, sich in der Auseinandersetzung mit ihrer jüdischen und heidnischen Umwelt zu behaupten, sich bedrohlicher Strömungen in ihrer eigenen Mitte zu erwehren, oder weil sie Weisungen brauchte für ihr praktisches Leben, Hilfe für ihr Gebet, Antworten auf neue, ihr gestellte Fragen und klare Inhalte und Richtlinien für Missionspredigt und Unterweisung. Aber ebenso haben umgekehrt die jeweilige Situation der Gemeinde, ihre hier und da besonderen Traditionen, Anschauungen und Denkweise stark auf die keineswegs uniforme Gestaltung der Jesusüberlieferung eingewirkt und Erfahrungen, Fragen und Erkenntnisse in sie einge-

bracht. Will man Entstehen und Eigenart der Jesusüberlieferung recht verstehen, so gilt es, diese ihre Verflech-
tungen mit den Lebensäußerungen, -bedürfnissen und
Fragen der Gemeinde als ihren »Sitz im Leben« ständig
mitzubedenken.

Wieder sind das nicht bloße Vermutungen. Vielmehr
wird das Gesagte durch die ersten drei Evangelien selbst
bestätigt. Sie alle tragen die Merkmale der älteren
mündlichen Tradition noch unverkennbar an sich. Matthäus hat sein Evangelium, wie noch zu zeigen sein wird,
für eine in vieler Hinsicht anders strukturierte Gemeinde
geschrieben als Markus vor ihm, und Lukas noch einmal
von beiden unterschieden, vom Johannesevangelium
ganz zu schweigen. Ein Vergleich zeigt, daß die drei Synoptiker nicht nur verschiedenes Traditionsgut verarbeitet, sondern auch selbständig wieder- und weitergegeben
haben. Das ist um so bemerkenswerter, als die beiden
Verfasser der Großevangelien, wie wir sahen, das Markusevangelium und eine andere schon mehr oder weniger
fixierte Quelle vor sich hatten und sich an ihre Hauptquelle mit einiger Sorgfalt, obschon mit gebotener Freiheit anschlossen. Man ersieht daraus, daß die Abfassung der Evangelien eher den Anfang eines Regulie-
rungsprozesses bedeutet. Die Mannigfaltigkeit der Tradition steht nicht am Ende, sondern am Anfang. Lukas
hat das in seiner Weise im Prolog zu seinem Evangelium
auch unmißverständlich ausgesprochen (Luk. 1, 1—4).
Gleichwohl haben die Evangelisten der ältesten Überlieferung ihre Lebendigkeit und Eigenart nicht einfach
genommen, sondern sich weiter in ihr bewegt; anders
hätten sie ihre eigene Sache verfälscht. In diesem Sinne
gleicht jeder Evangelist, wie es im Matthäusevangelium

schön gesagt ist, als »ein zu einem Jünger des Himmel-
reiches gewordener Schriftgelehrter, einem Hausherrn,
der aus seinem Schatz Neues und Altes hervorholt«
(13, 52).

Nach dem bisher Gesagten läßt sich die in den Evangelien gesammelte und verarbeitete Jesusüberlieferung
jetzt zusammenfassend charakterisieren: sie ist — ohne
Analogie in der antiken Literatur — eine einzigartige
Verbindung von Bericht und Bekenntnis, Erzählung von
Jesus und Zeugnis der an ihn glaubenden Gemeinde, ja
geradezu Bericht *als* Bekenntnis, Glaubensbotschaft *als*
Jesuserzählung. Beides unlöslich zu einer Einheit ver-
woben, weil Jesus für die Urchristenheit nicht eine tragisch am Kreuz geendete Gestalt der Vergangenheit war,
sondern kraft seiner Auferstehung der lebendige, gegenwärtige und kommende Herr; als solcher aber nicht
eine an seine Stelle getretene mythische Gestalt, sondern
nach wie vor Jesus. Wir erinnern uns an das früher über
Kerygma und Credo Gesagte: »*Herr* ist Jesus Christus«
und »Herr ist *Jesus*« (Phil. 2, 11; 1. Kor. 12, 3). So blieb
auch seine einstige Geschichte aktuell und gewann je
neue Bedeutung.

C. Typen der Christusbotschaft

Wie ist aus dem Vielerlei der Jesusüberlieferung ein
Ganzes geworden? Nach allem, was wir wissen, hat
Markus als erster ein Evangelium verfaßt. Aber kleinere
Sammlungen, die sich selbständig entwickelten und auch
neben und nach ihm ein Sonderdasein führten, muß es
schon vor ihm gegeben haben. Sie lassen sich zwar nicht

mehr als literarische Quelle sicher ausgrenzen und sind aller Wahrscheinlichkeit nach überhaupt nicht als Größen solcher Art vorzustellen, sondern als verschiedene, voneinander unabhängige Typen der mündlichen Tradition, sozusagen als erste Kristallisationsformen zu denken.

a) Jesu Lehre in Vollmacht (Worte Jesu)

Eine erste Sammlung solcher Art haben wir in Gestalt der *Spruchquelle* kennengelernt. Aus ihr haben Matthäus und Lukas einen beträchtlichen Teil ihrer gemeinsamen Überlieferung geschöpft (s. o. S. 207 f.). Ihr auffallendstes Merkmal ist, daß sie außer der Geschichte vom Hauptmann von Kapernaum (Matth. 8, 5 ff; Luk. 7, 1 ff.) keine Wunder Jesu berichtet, obwohl auch sie von seinen Machttaten weiß (Luk. 10, 13 ff.; 11, 20 ff. 24 ff.) und keine Geschichte seiner Passion bietet, ja nicht einmal einen Hinweis auf diese. Um so reichlicher finden wir in ihr fraglos ältestes, aber auch jüngeres Traditionsgut aus dem Bestand der Worte Jesu: seine vollmächtige Botschaft vom Anbruch der Gottesherrschaft (Matth. 12, 25 ff. 38 ff. 43 ff.) und seinen verheißenden und verpflichtenden Ruf zur Nachfolge (Luk. 9, 57 ff. u. a.) und zu mutigem Bekenntnis (Luk. 12, 2 ff.), selbst wenn darüber die engsten Familienbande zerreißen (Luk. 14, 26 f.). Aufs stärkste wird hier die Stunde der Entscheidung eines neuen endzeitlichen Anfangs ausgerufen, die mit Jesu Kommen angebrochen ist, auch wenn der im alttestamentlichen Gesetz proklamierte Gotteswille nicht in Frage gestellt wird (Matth. 4, 4 ff.). Aber Jesus, der schon in irdischer Gestalt erschienene und dereinst zum Gericht kommende Menschensohn ist mehr als Jona

und Salomo (Matth. 12, 41) und steht in schroffem Gegensatz zu »diesem Geschlecht« und der Gesetzesfrömmigkeit der Schriftgelehrten. Ihm als dem »Sohn« ist
»alles vom Vater übergeben«, und er offenbart es, wem
er will — nicht den Weisen und Klugen, sondern den
Unverständigen (Luk. 10, 21 f.).

Hier wird, wie sofort deutlich, nicht ein verwaistes Erbe
pietätvoll gehütet, werden auch nicht bloß zeitlos-allgemeine ethische und andere Lebensweisheiten lehrmäßig
ausgesprochen. Jesu Wort von einst erklingt lebendig-
gegenwärtig als Entscheidungs- und Heilsbotschaft durch
den Mund seiner bevollmächtigten Boten — noch ohne er-
kennbare christologische Reflexionen über ihn als den
Bringer des Heils, ja auch ohne jeden Bezug auf Jesu
Ende am Kreuz. Gleichwohl lebt auch in diesen »Worten« Jesu ein starker Christusglaube. Auch in dem konsequenten Schweigen über sein Todesgeschick hat eine
unbeirrbare Ostergewißheit ihren erkennbaren Ausdruck
gefunden.

Markus hat die »Spruchquelle« (Q) schwerlich gekannt,
wohl aber enthält auch sein Evangelium, wenngleich in
geringerem Maße, Redengut ähnlicher Art, hier und da
sogar dieselben Herrenworte wie Q und ebenfalls wenigstens ansatzweise zu kleinen Sammlungen zusammengefügt (vergleiche besonders das Gleichniskapitel
Mark. 4).

Daß dieser erste Überlieferungstypus der Jesusworte
auch nach Abfassung unserer Evangelien noch ein Eigen-
leben führte, läßt sich aus zahlreichen Zitaten der frühen
Kirchenväter ersehen. Vor allem aber haben wir dafür
jetzt einen sicheren Beleg in dem 1945 aufgefundenen,
vollständig in koptischer Sprache erhaltenen Thomas-

evangelium (Abfassungszeit: 2. Jahrhundert). In ihm sind 114 Aussprüche Jesu locker wie in Q aneinandergereiht, ausschließlich solche, keine Taten und keine Passions- und Osterberichte, aber alle Sprüche als Worte des Lebendigen, darunter zahlreiche Parallelen zur Spruchquelle. Aber der Sinn der Jesusworte ist hier durchweg eigentümlich verschoben: Jesus selbst figuriert im Thomasevangelium nur noch als himmlischer Offenbarungsmittler ohne alle irdisch-menschlichen Konturen. Als solcher übergibt er dem abgesonderten Kreis seiner Jünger dualistisch-gnostische Lehren und ruft sie aus der fremden, materiellen Welt zur Entsagung, Abkehr und Sammlung für die eine, unvergängliche, jenseitige Welt des Lichtes, aus der sie stammen.

Deutlich zeichnet sich damit im Thomasevangelium eine dem Typus der bloßen Sammlungen von Jesusworten inhärente verfremdende Tendenz ab, auch wenn die formverwandte Spruchquelle davon noch nichts erkennen läßt.

b) Jesu Taten in Vollmacht (Jesusgeschichten)

Einen ganz anderen, in sich selbständigen Typus der Jesusüberlieferung bilden die gerade im Markusevangelium reichlich überlieferten Heilungen, Dämonenaustreibungen und andere Wunder. Wir haben früher festgestellt, daß sie in ihrer Erzählweise vor allem hellenistisch-heidnischen Berichten über Auftreten und Wirken großer Wundermänner eng verwandt sind (s. o. S 217 f.). Wir haben hier nicht die Historizität solcher Taten im einzelnen zu diskutieren. Daß Jesus über Kräfte, vor allem der Besessenen-Heilung verfügte, die zumal nach zeitgenössischen Anschauungen und Maßstäben nur als schlechterdings wunderbar gelten konnten, wird man nicht bestreiten können. Aber ebenso unverkennbar hat man im frühen Christentum auch vielerlei von anderen Wundermännern erzählte Taten, Einzelmotive und ganze Szenen, auf Jesus übertragen, um ihn als den wahren Helfer zu verkünden. Etwa in dem Sinne: »Such, wer da will, Nothelfer viel, die uns doch nichts erworben; hier ist der Mann, der helfen kann, bei dem nie was verdorben.«

Mancherlei rohes, unbehauenes Gestein aus Erzählgut und Erzählweise der Umwelt ist in den neutestamentlichen Jesusgeschichten unbekümmert stehen gelassen: derbe, ja komische Züge, wie in der Geschichte der verschreckten, in die 2000 Schweine gefahrenen und samt ihnen den Seeabhang hinuntertobenden und versaufenden Dämonen bei Gerasa (Mark. 5, 1—19), oder die unvorstellbare Menge kostbaren Weines bei der Hochzeit zu Kana, die der ahnungslose Festordner mit seiner verschmitzten Sentenz dem Bräutigam bestätigt (Joh. 2, 1 ff.). Auch primitiv magische Elemente (Mark. 5, 28 ff.) und zeitgenössisch-volkstümliche Vorstellungen von personhaften Krankheitsdämonen finden sich reichlich. Man sollte sich abgewöhnen, derlei fremdartige, drastische Züge erbaulich wegpolieren oder naseweis plausibel machen zu wollen, um die »Historie« zu retten. Zunächst einmal haben die Erzähler das schlechterdings Unfaßbare und darin die »Epiphanie« des göttlichen Wundermannes schildern wollen.

Diese Charakteristik erschöpft freilich die neutestamentlichen Wundergeschichten nicht. Ebenso unverkennbar ist in ihnen die Tendenz zur eigentlichen Christusverkündigung, das heißt der Wille, Jesus darzustellen in sei-

ner machtvollen, barmherzigen Zuwendung zu den Geschlagenen, Trauernden, von der Gesellschaft für unrein
Erklärten und Ausgestoßenen wie die Aussätzigen oder
die von satanischen Mächten Besessenen. Von 17 im Markusevangelium erzählten Wundern Jesu sind bezeichnenderweise 13 exorzistische Taten, abgesehen von Sam-
melberichten, in denen gerade sie besonders hervorgehoben werden (1, 32 ff.; 3, 7 ff.; 6, 53 ff.). Das Interesse
der Erzähler ist also nicht, ihn nur als *einen* Thauma-
turgen zu verherrlichen, der mit seinen stupenden Spit-
zenleistungen andere in den Schatten stellt, sondern ihn
als *den* Heiligen Gottes (Mark. 1, 24), *den* Sohn Gottes
(Mark. 3, 11) und als den »Stärkeren« zu schildern, der
den Starken (Satan) bindet und ihm seine Beute entreißt
(Mark. 3, 27).
Dem entspricht der heilszeitliche Horizont, in den diese
Berichte wiederholt gerückt werden: In dem »Chor-
schluß« der Heilung des Taubstummen (Mark. 7, 31 bis
37) bricht die Menge in den Ruf aus: »Er hat alles wohl
gemacht; die Tauben macht er hören und die Sprachlo-
sen reden« — in deutlicher Anlehnung an die Schöpfungsgeschichte (1. Mose 1, 31). Dasselbe zeigt sich in
der Aufnahme der endzeitlichen Weissagung Jes. 35, 5 f.
in Matth. 11, 5. In diesen Zusammenhang gehört auch,
daß manche ebenfalls mit Anspielungen an das Gottes-
lob durchsetzte Geschichten sehr bald, wenn nicht von
Anfang an, unbeschadet ihres realen Sinnes eine sym-
bolische Bedeutung haben wie die Sturmstillung (Mark.
4, 35 ff.) und die Blindenheilungen (Mark. 10, 46 ff. u. a.,
am deutlichsten Joh. 9, 1 ff.). Ferner: daß wir bei einem
Vergleich der Texte nicht nur die schon erwähnte Neigung zu novellistischer Ausschmückung (s. o. S. 218) be-

obachten können, sondern öfter noch die umgekehrte Tendenz, das Einmalig-Episodische zugunsten des ein für allemal Beispielhaften zurückzudrängen und dem Motiv des Glaubens verstärkten Vorrang zu geben (»dein Glaube hat dich gerettet« Mark. 5, 34; vgl. Matth. 15, 28 u. a.). So wird die Einzelgeschichte transparent; aus Geschichten wird eine Geschichte, genauer: die im Glauben verstandene Geschichte Jesu.

Sichtlich haben wir es auch in diesem Typus der Jesusüberlieferung mit einer eigenständigen Form der Christusverkündigung zu tun. Sie zielt auf die Vollmacht Jesu in seinen Taten. Nichts deutet darauf, daß dieser Verkündigungstypus als solcher auf Jesu Leiden und Sterben hin angelegt war. Das gilt gleicherweise für die Einzelstücke, die keinen Hinweis darauf enthalten, wie für kleinere oder größere Sammlungen, wie sie sich etwa in Mark. 4, 35—5, 43 rudimentär, bei Johannes in Gestalt einer eigenen Traditionsquelle mit gesteigert mirakelhaften Zügen (»Zeichenquelle«) erkennen lassen. Ebensowenig ist für die Urform der Wunder Jesu eine enge Beziehung zu seiner Lehre anzunehmen. Bezeichnend ist freilich, daß sie im Prozeß der Überlieferung vielfach in diesen Zusammenhang gerückt worden sind.

Es wäre eine unerlaubte Vergröberung, den hier charakterisierten Typus auf Grund seiner unbestreitbaren Nähe zu antiken Wundergeschichten summarisch als eine heidnische Verfremdung abzustempeln. Aber eine eigentümliche Ambivalenz ist dieser Gattung der Tradition nicht zu bestreiten. Sie konnte sich ebenso in paganisierender Richtung wie umgekehrt zur eigentlichen Christusbotschaft hin entwickeln. So trug sie von früh an verborgen den Keim zur Häresie in sich. Das zeigt bereits der leidenschaftliche Kampf des Paulus mit seinen korinthischen Gegnern, die offensichtlich Christus für eine Kraft-Gottheit nach heidnischer Art hielten und von seinen Aposteln darum entsprechende Demonstrationen göttlicher Macht erwarteten (s. u. S. 288).

c) Jesu Geschick (Passion und Auferstehung)

Noch ist kaum von Jesu Passion und Auferstehung die Rede gewesen, da weder die älteste Überlieferung seiner Worte noch die seiner Taten einen bestimmenden Einfluß des Passionskerygmas erkennen ließ. Dennoch besteht kein Zweifel, daß Jesu Ende die Gemeinde von Anfang an intensiv beschäftigte. Nicht zufällig hat man darum die Einzelperikopen der Passion — nicht sofort auch die Osterberichte — zu einer zusammenhängenden Geschichte zusammengefügt: nach den Synoptikern vom Todesbeschluß des Hohen Rates, Salbung Jesu und Judasverrat über das letzte Mahl am Passa mit den Jüngern, Gethsemane, Gefangennahme, die Verhöre Jesu vor dem Rat und vor Pilatus, Verurteilung, Verspottung bis zu Kreuzigung, Tod und Begräbnis Jesu (Mark. 14/15; Matth. 26/27; Luk. 22/23). In Joh. 18/19 setzt der zusammenhängende Komplex der Szenen zwar erst mit der Gefangennahme ein, aber trotz verschiedener Gestaltung im einzelnen reichen die Übereinstimmungen in allen vier Evangelien hier beträchtlich weiter als irgendwo sonst. Auch der unverhältnismäßig große Umfang der Berichte — wohlgemerkt über die Geschehnisse einer Woche — ist hier wie da auffallend. Er ist wohl verständlich aus der Bedeutung, die gerade das Ende der irdischen Geschichte Jesu für Botschaft und Glauben der Urgemeinde hatte (vgl. o. S. 199 f.).

Keineswegs ist jedoch die Passionsgeschichte nach einer bestimmten Bekenntnis- oder Lehrformel gestaltet und also kein in die Form eines geschichtlichen Berichtes umgegossenes Credo. Das Neue Testament enthält sehr verschiedene knappe Zusammenfassungen des Glaubensinhaltes. Aber keine von ihnen gibt sozusagen *das* theologische Leitthema her für die Evangelien-Passionen. Um einige Beispiele zu nennen: Die in der Formel 1. Kor. 15, 3—5 so gewichtige Wendung »für unsere Sünden« wird in den Passionen nicht thematisch durchgeführt (Ausnahme: das Kelchwort beim Abendmahl Matth. 26, 29), ebensowenig sind die zentralen Motive des (vorpaulinischen) Christushymnus Phil. 2, 6—11 — »Erniedrigung«, »Erhöhung«, »Kyrios« — Leitworte der Passiontexte. Auch die stereotype Gegenüberstellung der Apostelreden: »Ihr habt ihn getötet — Gott hat ihn auferweckt« (Apg. 2, 23 f.; 3, 15 u. ö.) ist viel zu formal, um den Inhalt der Berichte zu erschöpfen. Nicht einmal die drei Jesus in den Mund gelegten Leidensweissagungen (Mark. 8, 31; 9, 31; 10, 33 f.), deren dritte ein ganzes Summarium der Passions- und Ostergeschichte enthält, haben mehr als vereinzelte Nachklänge in Mark. 14/15 hinterlassen (14, 21. 41 parr.). Der gewichtige christologische Grundgedanke vom leidenden und auferstehenden Menschensohn fehlt.

Diese für den unkritischen Leser vielleicht wenig besagenden Feststellungen sind in unserem Zusammenhang nicht unwichtig. Sie bestätigen, daß die Passionstexte sich nicht in ein theologisches Schema pressen lassen. Weithin wird in ihnen erzählt, nichts als erzählt, ohne daß man hinter all und jedem einen tiefsinnigen Gedanken suchen müßte. Dennoch sind auch sie nicht ein »Jesus-Report«, sondern von theologischen und christologischen Reflexionen und Motiven durchzogen. Das zeigen die gehäuften Schriftzitate und Anspielungen an Propheten- und Psalmworte schon von Jesu Einzug in Jerusalem und der Tempelreinigung an (Mark. 11) bis zu seinem Sterben. Sie besagen unmißverständlich: In diesem Ende Jesu mit allen seinen Schrecknissen hat sich nicht ein tragisch verworrenes Geschehen abgespielt, sondern Gottes Ratschluß und Wille seine Erfüllung gefunden. So erscheint Jesus hier in allen Szenen in starkem Kontrast zu den vielerlei menschlichen Akteuren, als Gotteslästerer und Staatsfeind von seinen Gegnern verworfen, von seinen eigenen Jüngern verraten, verleugnet, verlassen, aber auch in der Tiefe der Gottverlassenheit (Mark. 15, 34 = Matth. 27, 46) als der wahre »König der Juden« und »Sohn Gottes« (Mark. 14, 60; 15, 39).

Die sehr verschiedenen Worte des Sterbenden in allen vier Evangelien und das in jedem auf seine Weise gezeichnete Bild der Todesstunde bekunden den mannigfaltigen Ausdruck, den das glaubende Verständnis der Sendung Jesu und seiner Geschichte gefunden hat. Sein Ende widerspricht nicht seinem Auftrag; es hat ihm entsprochen.

Auch keiner der Passionsberichte wäre ohne die Ostergewißheit des Glaubens denkbar. Jeder spricht sie auf seine Art aus. Dennoch darf keiner unter das allzu billige Motto gestellt werden: durch Nacht zum Licht (per aspera ad astra). Das zeigt sich schon darin, daß außer der einen, im einzelnen differierenden Erzählung von der Auffindung des leeren Grabes die Osterüberlieferung der Evangelien sich in verschiedensten Richtungen auffächert — ganz anders als die Passionstradition.

Schließlich fällt noch eines auf: die Passionsgeschichte enthält nur verschwindend wenige Bezüge zu Jesu Wundertaten (nur Mark. 15, 31 par.); diese gehören sichtlich einem anderen Zweig der Jesusüberlieferung an. Ebenso lassen sich kaum irgendwelche Aus- und Nachwirkungen der »Worte Jesu« erkennen. Nur Lukas hat einiges wenige in den Passionszusammenhang aufgenommen (22, 24—30). Auch hier wieder heben sich die einzelnen Komplexe der ältesten Überlieferung deutlich gegeneinander ab. Die Passionstradition ist ebenso selbständig gewachsen wie die anderen; die irdische Geschichte Jesu vor seinem Leiden ist in ihr eigentümlich abgeblendet.

D. Markus — Matthäus — Lukas

a) Der Sohn Gottes (Markus)

In Kanon und Gebrauch der Kirche hat seit alters Matthäus den ersten Platz inne. Das *Markusevangelium* führt dagegen ein verborgenes Schattendasein; bezeichnenderweise sind verschwindend wenige Abschnitte aus ihm in die altkirchlichen Sonntagsperikopen aufgenommen. Doch kann seine Bedeutung für die Geschichte des Christentums nicht hoch genug eingeschätzt werden. Über die äußeren Umstände seiner Entstehung wissen wir nicht viel. Ebensowenig wie die anderen Evangelien nennt es seinen Verfasser. Die spätere Überlieferung geht auf eine historisch wertlose Notiz aus dem 2. Jahrhundert zurück, die Markus, einen zeitweiligen Reisebegleiter des Paulus, auch zum Sekretär und Dolmetscher des Petrus gemacht hat und sichtlich dem Evangelium damit indirekt apostolische Autorität sichern wollte. Mit hoher Wahrscheinlichkeit läßt sich vermuten, daß es für Griechen in einer Gemeinde des Ostens (Syrien?) in zeitlicher Nähe zum jüdisch-römischen Krieg um 70 n. Chr. verfaßt worden ist.

Erstmalig erscheint in ihm die zuvor mündliche Jesusüberlieferung in Gestalt eines Buches — historisch ein Ereignis von außerordentlicher Tragweite. Doch darf das nicht sofort moderne Assoziationen wecken. Markus wollte sicher mit seinem Werk nicht eine sensationelle Neuheit auf den Markt bringen, sondern wie andere vor und nach ihm die verstreut umgehende mündliche Jesusüberlieferung sammeln und festhalten, aber damit zugleich wie die Prediger des frühen hellenistischen Christentums seit seinen Anfängen die Heilsbotschaft von dem Gekreuzigten und Auferstandenen zu Gehör bringen. Daß er sein Werk so verstanden wissen wollte, spricht gleich der erste Satz aus, als Überschrift des ganzen: *Das Evangelium von Jesus Christus* (1, 1). Hier und auch an anderen Stellen (8, 35; 10, 29; 13, 10) meint »Evangelium« wie bei Paulus: Heilsbotschaft, Anrede mit jenem einen, unvertauschbaren Inhalt (s. o. S. 28 ff.), also nicht eine neue Literaturgattung.

Neu ist jedoch, daß in dieses eine Evangelium die Geschichte des irdischen Jesus vor Karfreitag und Ostern einbezogen ist. Es wäre falsch, diesen Prozeß nur als eine stoffliche Ausweitung und »historische« Auffüllung des überkommenen, auf Kreuz und Auferstehung reduzierten Kerygma zu verstehen und damit als eine unsachgemäße Übertragung des geprägten Begriffes auf Überlieferungsstoffe, die ihm im Grunde völlig fremd sind. Vielmehr gibt der Evangelist der in sehr verschiedenen Typen ausgeprägten Überlieferung bewußt und konsequent eine entschlossene Ausrichtung auf das Kerygma vom Gekreuzigten-Auferstandenen, aber er verankert dieses zugleich fest in der Geschichte des irdischen Jesus. Seine Geschichte ist Markus allerdings wichtig und bedeutsam. Sie hat ihre bestimmten Schauplätze und Zeiträume: Galiläa als erste Etappe seines Wirkens, in Einzelszenen ausgedehnt auf Phönizien, Caesarea Philippi am Hermongebirge und das Zehn-Städte-Land östlich vom See und Jordan (1—8); als spätere Etappe Judäa und Jerusalem (11—13) und daselbst sein Ende (14 f. 16). Aber schon diese geographischen Räume haben eine tiefere Bedeutung und markieren eine erste Zeit, in der Jesus fern von dem Zentrum des offiziellen Judentums im verachteten Heidengau in Vollmacht lehrt und wirkt und damit — wenn auch unter Anfeindung und eigentümlich verhüllt — das Licht der Heilszeit aufstrahlt. Dann offen und nicht mehr verhüllt nach verschärften Konflikten das Ende des Christus. So wird, wenn auch nur in groben Umrissen, ein realer Geschichtsablauf sichtbar, aber in ihm ein Geschehen von letzten, endzeitlichen Dimensionen.

Die theologischen Grundgedanken des Markus lassen sich ebenso wie die der anderen Synoptiker aus der Art und Weise erkennen, wie sie die ihnen vorliegenden Traditionen verarbeitet haben. Im Zuge der Herauskristallisierung ihrer ursprünglichen kleinen Einheiten und Formen ist zwangsläufig der Prozeß ihrer späteren »Redaktion« in Front gegen die Leben-Jesu-Forschung zunächst stark abgewertet worden. Wie wir sahen, nicht ohne Grund. Die synoptischen Evangelisten galten zunächst als bloße Sammler, die weithin gleichförmig, hier und da auch verschieden, ihren Stoff mit sehr bescheidenen handwerklichen Mitteln arrangierten. Doch hat sich inzwischen gezeigt, daß auch die ersten drei Evangelien von einer profilierten, je eigenen Theologie geprägt sind, die in der Auswahl und Komposition des Stoffes, in Wortwahl und charakteristischer Akzentsetzung oder auch in frei gestalteten Sprüchen und Übergangsstücken ihren Ausdruck gefunden hat. Am sichersten lassen sich diese Erkenntnisse selbstverständlich da gewinnen, wo wir Texte, also Matthäus und Lukas mit Markus oder die Großevangelien, soweit sie Q-Überlieferung bieten, vergleichen können. Doch läßt sich auch für den ältesten Evangelisten — wie für jede Art von Traditionssammlung vor ihm — mit Sicherheit behaupten, daß seine Wiedergabe der Überlieferung mehr oder weniger zugleich eine vergegenwärtigende Auslegung ist.

Für Markus ist in besonderer Weise charakteristisch und bedeutsam, daß er nach dem programmatischen Eingang seines Evangeliums (1, 1—15) und der Berufung der ersten Jünger (1, 16—20) in Kapitel 1—8 (bis 8, 26) Lehre und Taten Jesu aufs engste einander zuordnet, beides gleicherweise verstanden als Manifestationen seiner »Vollmacht« (1, 21—28). Traditionsstücke mehr der einen und solche der anderen Art wechseln ab. Viele von ihnen sind überdies so gestaltet, daß sie beidem, Lehre und Taten, zuzurechnen sind. Das zeigt besonders deutlich die stilgerecht erzählte Heilung des Gelähmten (2, 1—12), in die ein ebenso stilgerechter Disput Jesu mit den Schriftgelehrten über seine Vollmacht, Sünden zu vergeben (V. 6—10 a), eingewoben ist, so daß Jesu Wort und Tat einander bestätigen. Desgleichen sind die von Markus (3, 1—5) und in anderen Evangelien erzählten, in den Augen der Juden blasphemischen Sabbatheilungen

236

Jesu (vgl. Luk. 13, 10 ff.; 14, 1 ff.; Joh. 5, 9 ff.; 9, 16 ff.) Erweise seiner Macht in Tat und Lehre. Beides gehört zusammen: »Was ist das? Eine neue Lehre in Vollmacht! Und den unreinen Geistern gebietet er, und sie gehorchen ihm« (1, 27).

Damit sind zwei urspründlich verschiedene, im Urchristentum weithin unabhängige, in jeweils eigenen Formen und Gesetzen entwickelte Ausprägungen der Jesusbotschaft miteinander bewußt verflochten. Beides bringt der Evangelist damit zur vollen Geltung: Jesus selbst mit seiner Predigt vom Reich als den Freudenboten (1, 14 f.), vollmächtig in seiner Lehre wider alle verkrustete jüdische Gesetzesfrömmigkeit, der den Sündern sich zugesellt und sie — nicht die Gerechten — zur Freude der Umkehr ruft (2, 13 ff.). »Neuer Wein in neuen Schläuchen« (2, 22). Aber ebenso Jesus als den Bezwinger der satanischen Gewalten und grauenhaften Krankheitsmächte.

Auch der Wunderüberlieferung hat Markus in seinem Evangelium breiten Raum gegeben, und zwar sicher nicht mit Verdruß in Ermangelung eines besseren Stoffs. Selbstverständlich war sie auch für ihn als Kind seiner Zeit prall voll Realität und hatte eine kerygmatische Aussagekraft, die für uns vielleicht unvorstellbar ist. Auch waren die Taten Jesu für einen Christen nicht mehr pure Mirakel eines beliebigen Wundermannes, sondern hatten gleichsam ihre erste Taufe längst vor Markus erhalten. Doch war, wie wir sahen, ihr ursprüngliches Ziel, ungebrochen und unmittelbar die Epiphanie des göttlichen Wundermannes Jesus zu proklamieren. Hier aber hat der Evangelist kräftig, nicht selten gewaltsam, in die Überlieferung eingegriffen und ihr in Wendungen, die oft den Zusammenhang durchbrechen und unverkenn-

bar seine Hand verraten, Gedanken und Motive auf-
geprägt, welche ihr von Hause aus fremd waren und
einen auf das Passionskerygma begründeten Glauben
bekunden. Von hier aus will das charakteristisch marki-
nische theologische Motiv des »Messiasgeheimnisses«
verstanden werden, das das ganze Evangelium durch-
zieht. Es besagt: Erst in Kreuz und Auferstehung wird
der Sinn der Messianität Jesu oder — richtiger nach Markus — seiner Gottessohnschaft offenbar (8, 31 ff.; 9, 9).
Ihn anders, unter Überspringung seines Endes verkündigen, hieße die Heilsbotschaft verfälschen. Dem hat
Markus durch bestimmte redaktionelle, retardierende
Stilmittel Ausdruck gegeben: durch die wiederholten
Schweigegebote an die Dämonen, die bereits sein wahres
Wesen erkennen und den vernichtenden Gegner wittern
(1, 34; 3, 12 u. ö.), an Geheilte (1,44; 5, 43; 7, 26) und
an seine Jünger (8, 30; 9, 9). Aber auch seine Reichsbot-
schaft trägt dieses Geheimnis in sich und wird nur im
Blick auf sein Ende von den Glaubenden recht verstanden. Das meint der seltsame Gedanke, daß Jesu Gleichnisse nicht das Verständnis seiner Predigt erschließen,
sondern gerade verschließen und »die draußen« verstocken sollten (»Parabeltheorie«; 4, 10—12).
Der Gekreuzigte-Auferstandene ist der *Gottessohn!* Von
allen Hoheitsnamen im Markusevangelium spricht dieser
Titel am klarsten und gewichtigsten sein Christusverständnis aus. Andere, wie Messias (Christos), Davids-
sohn, der Heilige Gottes, treten dahinter zurück. Von
großer Bedeutung ist zwar auch die apokalyptische Wür-
debezeichnung »Menschensohn«, aber sie weist — immer
in Selbstaussagen Jesu — mehr auf das vielfältige Geheimnis seiner Hoheit schon in seiner irdischen Gestalt

(2, 10. 28), in seinem Leiden und Auferstehen (8, 31; 9,9; 10, 33. 45) und in seiner künftigen Funktion als Weltrichter (8, 38; 13, 26; 14, 62). Dagegen begegnet *der Sohn* an andersgearteten Stellen, die mit dem klaren, zusammenfassenden Bekenntnis des Glaubens im Zusammenhang stehen.

Die wichtigsten Aussagen dieser Art stehen an besonders hervorgehobenen Stellen am Anfang, in der Mitte und am Ende des Evangeliums, jede von ihnen von überirdisch-kosmischen Zeichen begleitet: in der Tauf- und Verklärungsgeschichte, wo eine Stimme vom Himmel selbst Jesus als Gottes geliebten Sohn proklamiert (1, 11; 9, 7), und in dem Bekenntnis des Hauptmanns zu dem Gekreuzigten (15, 39). Indirekt gehören in diesen Zusammenhang aber auch die Stimmen seiner Gegner: der Aufschrei der aufgestörten Dämonen (3, 11 f.; 5, 7) ebenso wie die Frage des Hohenpriesters im Verhör, die der angebliche Gotteslästerer vor ihm mit einem eindeutigen Ja beantwortet (14, 61 f.). Nirgends findet sich an diesen Stellen eine Spekulation über die supranaturale Geburt Jesu; sie alle sprechen eindeutig seine göttliche Sendung und den Sinn seines Weges und Wirkens aus bis zu seinem Ende.

Welche Bedeutung aber haben Kreuz und Auferstehung für die Gottessohnschaft Jesu im Markusevangelium? Will das ständig vorausweisende »Gottessohn-Geheimnis« sagen: Noch nicht der Irdische, erst der Erhöhte ist der Gottessohn? Diese Konzeption liegt tatsächlich bestimmten Ausprägungen des Christusglaubens der Frühzeit zugrunde und hat nach Jesu Auferstehung zweifellos weithin einen schwärmerischen Enthusiasmus geweckt, der aus der Überzeugung lebte: Die

Schwelle der Äonen ist überschritten; die Geschichte des irdischen Jesus ist abgetan, sein Kreuz annulliert; wir leben bereits im Reiche Gottes. Doch ist die Tendenz dieses Evangelisten gerade die umgekehrte. Nicht daß er die endzeitliche Gewißheit überhaupt preisgäbe, ohne die das ganze Urchristentum undenkbar ist. Wohl aber verkündet sein Evangelium den Anbruch des Eschaton schon *in* der Geschichte des irdischen Jesus. Mit der Kraft des Geistes ausgerüstet, hat der Sohn Gottes in Vollmacht gelehrt und die Dämonen bezwungen. Und doch ist er als solcher nur von seinem Ende am Kreuz her zu erkennen. Da hat seine Sendung sich erfüllt, nicht sich dïenen zu lassen, sondern zu dienen und sein Leben zu opfern für alle (10, 45). Auferstehung heißt darum nicht: Er ist aus seiner irdischen Geschichte in ein mythisches Jenseits entwichen; sein Tod am Kreuz ist aufgehoben, ungültig gemacht. Vielmehr ist sein geschichtliches Ende, aber auch sein ganzes irdisches Wirken nun erst eigentlich in Kraft gesetzt als der große, endzeitliche Kampf zwischen Gott und Satan (1, 12 f.), ausgetragen und angebrochen in Jesu Weg und Werk und vollendet in seiner noch ausstehenden Ankunft in Herrlichkeit (8, 38 u. a.). Der Evangelist verkündigt damit die Geschichte Jesu als eschatologisches Geschehen, seine Geschichte als Eschaton, aber ebenso das Eschaton als Geschichte. Dem Passionsgeschehen läßt er darum die große apokalyptische Rede Jesu unmittelbar vorangehen (Kapitel 13). Er hat damit zugleich die Kirche gelehrt, was die ihr zugemessene Erdenzeit bedeutet.

Das wird in anderer Weise auch in der sorgfältig durchgegliederten Jüngerbelehrung zwischen Petrusbekenntnis und Einzug in Jerusalem deutlich (8, 27—10, 52). Sie gehört zu den nicht wenigen Abschnitten, in denen Jesu Passion von rückwärts her immer tiefer in die Darstellung seines irdischen Wirkens vorgeschoben wird und in zahlreichen Vorverweisen immer neue Signale gesetzt werden (2, 19 f.; 3, 6 u. a.). Zugleich aber wird in der dreimaligen Verbindung von Leidensweissagungen und Jüngersprüchen der Kirche ein für allemal gesagt, was Nachfolge heißt: Bereitschaft zu Leiden und Dienst (8, 31 f. 34 ff.; 9, 31 f. 33 ff.; 10, 32 ff. 35 ff.). Ihr eigener Weg steht bis zum Kommen des »Menschensohnes in Herrlichkeit« (8, 38) hart und verheißungsvoll unter dem Zeichen seines eigenen irdischen Weges.

Geschichte und Endgeschichte, Vollmacht und Kreuz, Gottes Erscheinen und Verborgenheit sind in diesem ersten Evangelium höchst spannungsvoll — gleichsam kontrapunktisch — einander zugeordnet. Mit Recht hat man Markus darum »das Buch der geheimen Epiphanien« genannt (M. Dibelius).

b) Der Lehrer der Kirche (Matthäus)

Der erstmals von Markus unternommene Versuch, die breit gestreute, verschiedenartige Jesusüberlieferung zusammenzufassen, zu ordnen, vergegenwärtigend zu interpretieren und ihr in Buchform feste Gestalt zu geben, hat schnell Schule gemacht. Das zeigt das ein bis zwei Jahrzehnte später ebenfalls griechisch abgefaßte *Matthäusevangelium*. In ihm ist das Markusevangelium fast vollständig aufgenommen, aber selbständig verarbeitet, durch anderes Traditionsgut (Q, Sondergut) aufgefüllt und in meisterhaft klarer, einprägsamer Disposition gegliedert. Alles das macht sein hohes Ansehen in der Geschichte der Kirche wohl verständlich, zumal man dieses

Evangelium seit der ersten Hälfte des 2. Jahrhunderts (fälschlich) für ein Werk des von Jesus selbst zum Jünger berufenen ehemaligen Zöllners Matthäus hielt (9, 9; 10, 3) und damit für das älteste aller Evangelien.

Aus seiner Abhängigkeit von Markus, seiner scharfen Frontstellung gegen die nach der Zerstörung Jerusalems (70 n. Chr.) zu unbestrittenen Führern des Judentums gewordenen Pharisäer, aus der schon fortgeschrittenen Konsolidierung der Kirche, der der Evangelist zugehört und für die er schreibt, sowie aus der Theologie seines Werkes lassen sich die Achtziger-, Neunzigerjahre als seine Entstehungszeit und das palästinisch-syrische Grenzgebiet als seine Heimat erschließen. Deutlich spiegelt sich in ihm nicht nur der schroffe Gegensatz zwischen Judentum und Christentum wider, sondern auch ein innerkirchlicher Kampf zwischen einer noch streng gesetzesgebundenen judenchristlichen und einer enthusiastisch bewegten heidenchristlichen Richtung.

Damit ist bereits das erregende Spannungsfeld bezeichnet, das im Matthäusevangelium allenthalben sichtbar wird. Auf der einen Seite ist sein unversöhnlicher Gegner das heuchlerische, gesetzesstarre pharisäische Judentum; es hat den wahren Gotteswillen, die vollkommene Gerechtigkeit (5, 20), die Verwirklichung der barmherzigen Liebe gegenüber dem Bruder durch Menschenüberlieferungen und rituelle Tüfteleien außer Kraft gesetzt und seinen verheißenen Messias verworfen. Auf der anderen Seite aber gilt der Kampf des Matthäus nicht minder schroff den Schwärmern in der Kirche. Für sie war mit dem Kommen Jesu die Ära von »Gesetz und Propheten« schlechthin abgetan (5, 17 ff.), und Jesus galt nur als der Kyrios, in dessen Namen die von seinem Geist Inspirierten weissagten, Dämonen austrieben und viele Wundertaten vollbrachten (7, 22). In Front gegen diese »falschen Propheten« (7, 15 ff.) proklamiert der Evangelist unter Aufnahme einer sicher nicht von Jesus selbst formulierten, radikal judenchristlichen Tradition die bleibende Verbindlichkeit des Gesetzes bis zum letzten I-Tüpfelchen (5, 18 f.) und kündigt die Verwerfung dieser Herr-Herr-Sager im Weltgericht an, weil sie den Willen Gottes nicht getan haben (7, 21 ff.).

Trotz 5, 17—19 ist Matthäus freilich alles andere eher als nur ein sturer Vertreter einer am Buchstaben klebenden Gesetzesobservanz. Denn Jesus hat den eigentlichen, letztlich auf die bedingungslose, auch den Feind einschließende Liebe abzielenden Willen Gottes vollmächtig zur Geltung gebracht und nicht nur gelehrt, sondern gelebt und verwirklicht. So hat er sich in unbedingtem Gehorsam, nicht durch Magie und Machtdemonstrationen, als der verheißene und erwählte Sohn Gottes (4, 1—11) erwiesen.

Auch andere messianische Hoheitsnamen begegnen im Matthäusevangelium in Fülle (Immanuel, König, Davids Sohn, Menschensohn, Herr, Gottesknecht), aber nicht eigentlich unter Ausspinnung jüdischer Messianologie, vielmehr wird Jesu Hoheit sichtbar in seiner Lehre, seinen Taten, seinem Verhalten und Schicksal, in denen Zug um Zug sich die Schrift erfüllt hat. Das bringt die im Matthäusevangelium gegenüber Markus beträchtlich ausgeweitete Tradition lehrhaft zur Darstellung.

Dieser lehrhafte Zug prägt das ganze Evangelium. Formen des jüdischen Schulbetriebes, die auch in den Synagogen der zeitgenössischen Diaspora üblich waren, haben sich in seinem Buch reichlich erhalten. Jesus selbst erscheint in ihm vornehmlich als Lehrer. Seine Worte sind zu großen »Reden« (in Wahrheit Spruchsammlungen) zusammengestellt und als deutlich markierte Komplexe in den Markusaufriß eingefügt: Bergpredigt (5 bis 7); Aussendungsrede (10); Reich-Gottes-Gleichnisse (13); Gemeindeordnung (18); Pharisäerrede (23); eschatologische Rede und Gleichnisse (24/25).

Auch Jesu Wundertaten hat der Evangelist konsequent zu Lehrstücken und Dialogen umstilisiert und sie unter Verzicht auf erzählerische Details gestrafft. An der Gestaltung des matthäischen Legendenstoffes (s. o. S. 48 f.) läßt sich das gleiche erkennen.

Wie Jesus der alleinige *Lehrer der Kirche* ist (23, 8), so werden die ihm Nachfolgenden, an die alle seine »Reden« sich wenden, durchweg mit dem einen Wort »Jünger«, das heißt Schüler, bezeichnet — der einzige ekklesiologische Terminus, den Matthäus verwendet. Darin spricht sich aus, was die Gemeinde mit dem Judentum verbindet, aber zugleich von ihm scheidet. Denn von diesem »Rabbi« gilt, was von keinem jüdischen, aber auch keinem christlichen Lehrer gesagt werden kann: er ist gekommen, Gesetz und Propheten zu »erfüllen« (5, 17), im Gegensatz zu Pharisäern und Schriftgelehrten als einer, der »Vollmacht« hat (7, 29). Seine Lehre steht darum in radikaler Antithese zu dem, was zu den »Alten« gesagt ward (»Ich aber sage euch . . .«; vgl. 5, 21—48). Im Unterschied zu jeglicher Art von Schülerschaft im Schulbetrieb der Rabbinen und griechischer Philosophen, wo jeder eines Tages ausgelernt hat, hören Jesu Jünger nie auf, seine Schüler zu sein. Wie sehr das Verständnis der Kirche bei Matthäus von diesem Gedanken geprägt ist, zeigt am deutlichsten der Auftrag des Auferstandenen an seine Sendboten am Schluß des Evangeliums: alle Völker zu seinen »Jüngern« zu machen (28, 19).

Zum ersten und einzigen Mal in den Evangelien begegnet im Matthäusevangelium das Wort Ekklesia (Gemeinde), das im griechischen Alten Testament Israel als das Volk und Aufgebot Gottes bezeichnet, hier aber — an Petrus gerichtet — mit einem neuen Inhalt gefüllt ist: »Du bist Petrus (Felsenmann), und auf diesen Felsen werde ich *meine* Kirche bauen, und die Pforten des Totenreiches (die endzeitlichen Verderbensmächte) werden sie nicht überwältigen« (16, 18). Die Gemeinde hat dieses Wort dem irdischen Jesus in den Mund gelegt. Es weist in die Zukunft nach Jesu Tod und Auferstehung. Doch wird diese Zeit als eine irdisch-geschichtliche von Weltgericht und Himmelreich unterschieden. Für sie wird Petrus, der erste der Jünger und ihr Sprecher, als Bürge und Verwalter von Jesu Lehre mit Lehr- und Disziplinargewalt betraut (in jüdischer Schulsprache: »Binden und Lösen«), freilich ohne sie nur an seine Person oder gar einen einzelnen Amtsnachfolger zu binden. Nach Matth. 18 ist dieselbe Vollmacht der Gemeinde als ganzer verliehen (vgl. auch Joh. 20, 23).

Es ist hier nicht der Ort, über die außerordentlichen Nachwirkungen dieses Spruches in der Geschichte zu sprechen. Für das Verständnis des Matthäusevangeliums ist vor allem wichtig, daß hier von der »Kirche« in einem umfassenden Sinn geredet wird, nicht mehr lokal begrenzt nach Art einer jüdischen Synagogengemeinde und nicht wie diese auf Mosegesetz, Beschneidung, Riten begründet und dem Tempel in Jerusalem zugeordnet.

Was sie eint, ist die ihr zugesagte Gegenwart des Herrn, dem alle Macht im Himmel und auf Erden gegeben ist bis zur Vollendung der Welt. Aber wie ist er gegenwärtig? Hier schieden sich in der Kirche des Matthäus die Geister. In deutlicher Abwehr einer pneumatischen Vollendungstrunkenheit, die Zeit und Geschichte überspielt, verweist der auferstandene Herr der Kirche auf die Lehre des *Irdischen* zurück (»und lehret sie halten alles, was ich euch geboten *habe*« 28, 20). Damit wird der Jüngerschaft ein für allemal die Illusion zerschlagen, ihr Weg sei vollendet, das Ziel schon erreicht. Die Heilszusage an die Jünger ist dadurch in keiner Weise gemindert. Die Seligpreisungen gehen allen Geboten Jesu voran (5, 3 ff.). Sein vollbrachtes, barmherziges Wirken als Hirte der zerschundenen Herde (9, 36), als Licht der im Schatten des Todes Wohnenden (4, 15 f.), als Gottesknecht, der die Gebrechen der Leidenden auf sich nahm (8, 17; 12, 18 ff.) und die Geringsten seine Brüder nennt (25, 31 ff.), behält den ersten Platz. Aber durch ihn in Bewegung gebracht, bleiben die Jünger nicht nur zum Hören, sondern zum Tun aufgerufen (7, 24 ff.). Das Gericht, die Scheidung zwischen Gerechten und Ungerechten, steht auch der Kirche noch bevor (13, 36 ff. 47 ff. u. a.). Denn »viele sind berufen, wenige aber auserwählt« (22, 14). Jede der genannten, an die Jünger gerichteten »Reden« des Matthäusevangeliums mündet in diesem Sinn eschatologisch aus.

Aus diesen Hinweisen wird sichtbar, wie sehr auch dieser Evangelist, bedingt durch Überlieferungen und Situation, die Botschaft von Jesus bewahrt und zugleich vergegenwärtigt.

c) Der Heiland der Welt (Lukas)

Das dritte, dem Paulusbegleiter *Lukas* zugeschriebene Evangelium bildet zusammen mit der Apostelgeschichte ein großes zweiteiliges Geschichtswerk. In ihm wird Jesu Erdenwirken, hier zum erstenmal mit seiner Himmelfahrt abgeschlossen (Luk. 24; Apg. 1), in einer Darstellung der Ausbreitung des Christentums über das römische Imperium unter der Kraft seines Geistes fortgeführt; es endet mit der Predigt des Paulus in der Reichshauptstadt (Apg. 28). Der Entstehungsort des Werkes ist unbekannt; wahrscheinlich ist es in den Neunzigerjahren des 1. Jahrhunderts verfaßt.

Die Ausweitung des behandelten Zeitraumes zeigt bereits den Abstand, aus dem der Verfasser Jesu Geschichte sieht, bekundet aber zugleich sein Interesse an einem kontinuierlichen, bis in die Gegenwart der Kirche reichenden Ablauf der Geschichte. Beides, Abstand und Fortgang, beschäftigen den Autor in einer Weise, die den anderen Evangelisten noch fremd ist, obwohl die Abfassungszeit ihrer Werke relativ dicht beieinander liegt. Auch Lukas ist in seiner Weise Theologe, er aber schreibt mit einem ebenso deutlichen historischen Interesse. Das spricht, wie schon erwähnt, gleich die in der gepflegten schriftstellerischen Manier anderer antiker Werke stilisierte Widmung aus, die sein Evangelium einleitet (1, 1—4; vgl. Apg. 1, 1 f.). Sie nimmt auf die Darstellungsversuche von Vorgängern Bezug, nennt die Gewährsmänner der Überlieferung, aber betont ebenso nachdrücklich, was der Autor besser machen will: Er ist noch einmal allem bis zu den Anfängen »genau nachgegangen« und will es jetzt in der richtigen »Reihenfolge« darbieten. Sein Grundsatz ist unmißverständlich: nicht nur ad fontes, sondern ad facta. Er will sein Evangelium also eindeutig als eine Vita Jesu verstanden wissen.

Die Frage ist nur, wie weit er seine Intentionen wirklich hat durchführen können. Tatsächlich ist ihm das nur höchst mangelhaft gelungen. Die Eigenart der auch ihm zur Verfügung stehenden Überlieferungen hat sich einer im strengen Sinn biographischen Verarbeitung widersetzt, und es ehrt den Verfasser, daß er ihr sein Konzept nicht gewaltsamer aufgezwungen hat. Aufs ganze gesehen tritt es nur »redaktionell« zutage und verrät sich in Einzelzügen: etwa darin, daß er Jesu Geburt (2, 1 ff.) oder das Auftreten des Täufers Johannes und Jesu in einen großen welt- und zeitgeschichtlichen Zusammenhang stellt (3, 1 ff.), auf die Belagerung Jerusalems anspielt (19, 34 f.; 21, 20), Einzelszenen umgruppiert und ihren Ablauf sogar psychologisch verständlicher macht. Auch darin, daß er den Vorgeschichten einen breiteren Raum gibt (1—2) und Jesu Leiden als die Geschichte eines vorbildlichen Märtyrers schildert.

Von einer konsequenten Historisierung der Überlieferung kann jedoch keine Rede sein. Im wesentlichen ist die Arbeitsweise auch des Lukas die gleiche wie die der anderen Synoptiker, und seine Geschichtskonzeption hat Substanz und Aussagekraft der Tradition nur bedingt und graduell von den anderen verschieden gestaltet. Primär ist die Theologie auch des Lukasevangeliums also von der vorgegebenen Überlieferung geprägt. Angesichts der neuesten berechtigten Bemühungen, die eigene Geschichtsauffassung des Lukas herauszuarbeiten, ist das mit Nachdruck zu betonen.

Trotz aller äußeren und inneren Klammern, die beide

Teile des Werkes zusammenhalten, haben Überliefe-
rungsstoff und -eigenart das Evangelium des Lukas so
stark geprägt, daß seine von der Apostelgeschichte ge-
trennte Einordnung und enge Verbindung mit den anderen Synoptikern im Kanon guten Sinn behält.
Der Evangelist hat in einem erstaunlichen Ausmaß noch
weit über die anderen hinaus wertvolles Sondergut verarbeiten können (fast die Hälfte seines Evangeliums).
In ihm erscheint Jesus vor allem als der Künder der su-
chenden, bergenden Liebe Gottes, die keinen verloren
gibt. Das ist nicht im Sinne einer zeitlosen Gottesidee
gemeint (der ewig gütige Vater), sondern als Ereignis
und Geschehen, verwirklicht in Jesu Zuwendung zu Zöllnern und Sündern (5, 1 ff.; 7, 36 ff.; 15; 19, 1 ff.; 23,
34. 43) und seinem Eintreten für die völkisch, religiös
und moralisch Verrufenen (zum Beispiel die Samariter
10, 29 ff.; 17, 11 ff.). Von diesen Leitgedanken ist das
Christusverständnis des Evangeliums aufs stärkste bestimmt, auch und gerade das Bild Jesu in seiner Hoheit.
Er ist der Kyrios, aber als solcher der *Heiland der Welt*
(2, 11). Andere Motive, wie das der Gottverlassenheit
Jesu in seinem Leiden oder die Züge des Weltrichters im
Bilde des Menschensohnes, treten dahinter zurück oder
verschwinden völlig.
Allerdings ist Jesu Geschichte nach Lukas in die Vergangenheit, wenn auch nicht in eine erledigte, eingegan-
gen, also Historie geworden, aber als eine eigene, unvergleichlich ausgezeichnete Epoche, als »Mitte der Zeit«
(Conzelmann). Unter diesem Aspekt hat sich das Bild
der Geschichte im dritten Evangelium gegenüber den anderen Synoptikern verschoben. Die Zeit des irdischen
Jesus liegt weit zurück. Die Kirche hat »mit der Zeit«

ihre eigene Geschichte erlebt und die Erfahrungen und praktischen Aufgaben ihres Glaubens und Lebens zu bewältigen. Alles das hat die Erwartung des unmittelbar bevorstehenden Weltendes und der Wiederkunft Christi überlagert. Auch in den anderen Evangelien zeichnet sich diese Erfahrung der »Parusie-Verzögerung« bereits deutlich ab. Aber erst Lukas bemüht sich, sie konsequent zu verarbeiten und der Kirche eine neue Orientierung inmitten der Welt und ihrer Geschichte zu geben.

Er hat darum auch die Jesusüberlieferung revidiert. Sprüche wie Mark. 1, 15 = Matth. 4, 17, die von der Nähe des Gottesreiches sprechen, haben bei ihm keine Parallele. Ausdrücklich wird sogar vor denen gewarnt, die jetzt schon proklamieren: »Die Zeit ist nahe« (21, 8 f.); Weltkatastrophen gelten Lukas noch nicht als »Anfang der Wehen« (gegen Mark. 13, 7 ff.).

Das heißt keineswegs, daß die Erwartung des Reiches, des Weltendes, der Erlösung überhaupt erloschen wäre, aber sie ist von der Terminfrage gelöst, und nur unter dieser veränderten Perspektive hat der Evangelist auch das apokalyptische Spruchgut der Jesustradition aufgenommen (17, 22 ff.; 21, 25 ff.). Damit hängt engstens zusammen, daß Mahnungen und Weisungen zur Beharrlichkeit in Glauben und Gebet, zur demütigen Selbsteinschätzung, zur Treue im Umgang mit dem anvertrauten irdischen Gut und zur Bewährung der Liebe im Lukasevangelium einen breiten Raum einnehmen. Ebenso gehören in diesen Zusammenhang die charakteristisch lukanischen Reflexionen über eine nach Epochen und Perioden gegliederte, in den Gesamtablauf der Zeit eingebettete eigene Gottesgeschichte (»Heilsgeschichte«).

Diese schon im Evangelium, vollends aber in der Apostelgeschichte erkennbaren theologischen Gedanken sind fraglos ein Tribut an Zeit und Weltlauf, den die ältere Christusüberlieferung und die ersten beiden Evangelisten ihnen in dieser Weise noch nicht gezollt hatten und sicher nicht zu entrichten bereit gewesen wären.

Anhang: Die Apostelgeschichte

Mit dem zweiten, wiederum Theophilus gewidmeten Teil seines Geschichtswerkes hat Lukas Neuland betreten. Die in Jesu irdischem Wirken vollendeten Geschehnisse in einer Schilderung der Ausbreitung und Auswirkung der von seinen bevollmächtigten Boten verkündeten Christusbotschaft weiterzuführen und in diesem Sinne eine Geschichte der Kirche zu schreiben, war vor ihm noch keinem in den Sinn gekommen und hat auch nach ihm keine Nachahmung gefunden. Der Verfasser ist damit zum ersten Historiker der Kirche geworden (M. Dibelius). Diese Charakteristik trifft freilich nur zu, wenn man sein historiographisches Unternehmen zugleich theologisch versteht. Die von Lukas erzählte Geschichte ist für ihn Heilgeschichte; er ist auch hier Historiker und Theologe in einem.

Inhalt und Absicht des umfänglichen Buches sind mit dem Titel »Apostelgeschichte« (nach dem lateinischen Kanon seit alters Acta Apostolorum genannt) nur ungenügend bezeichnet. Er rückt sofort ein Interesse an den großen »Taten« der Apostel in den Vordergrund, das zwar in dem Buch keineswegs fehlt, aber dem wichtigeren, der Verbreitung der Botschaft und dem Wachsen der Kirche, ein- und untergeordnet ist. Erst in der später auswuchernden, romanhaften und legendären Schilderung der Wundertaten, Reisen und Schicksale einzelner

Apostel verselbständigt sich das Interesse an den einzelnen heiligen Männern. Im ersten Teil der Apostelgeschichte jedoch erfahren wir Genaueres nur über Petrus. Nach seiner Gefangensetzung durch König Herodes und seiner wunderbaren Befreiung (12, 1 ff.) spielt aber auch er keine Hauptrolle mehr. Bruchlos geht die Geschichte weiter und handelt fortan von dem Wirken anderer Sendboten, vorab des Paulus und seiner Mission unter den Heidenvölkern. Der wichtigste Einschnitt in den Acta liegt darum weder beim Abtreten des Petrus von der Bühne noch auch bei der ersten Erwähnung des Saulus/Paulus (7, 58) und seiner Bekehrung (9), sondern in der breiten Schilderung des Apostelkonzils (15), bei dem die Jerusalemer Apostel Recht und Notwendigkeit der weiteren Heidenmission deklarieren und für ihre Durchführung klare Richtlinien erlassen (»Aposteldekret«, 15, 22 ff.; s. u. S. 274 ff.). Bis zu dieser »Wasserscheide« läuft die lukanische Darstellung in Richtung auf Jerusalem, von da ab auf die Völkerwelt und Rom.

Schon der mächtige Umfang der Paulusgeschichte zeigt, daß der Verfasser dem großen Völkermissionar in seinem Werk ein Denkmal hat setzen wollen. Um so mehr mag es zunächst überraschen, daß er ihm die Bezeichnung »Apostel« vorenthält. Sie wird nur an einer vereinzelten, wohl aus vorgegebener Überlieferung stammenden Stelle für Barnabas und Paulus gebraucht (14, 4. 14), jedoch in dem allgemeinen, auch aus den Paulusbriefen bekannten Wortsinn des Sendboten — noch ohne Beschränkung auf den Kreis der vom irdischen Jesus erwählten und nach Ausscheiden des Judas durch eine förmliche Nachwahl (Apg. 1, 15 ff.) wieder ergänzten »Zwölf«.

Diese Einzelbeobachtung weist sofort auf das die Apostelgeschichte im ganzen beherrschende Bild der Urkirche und ihrer Geschichte: Jerusalem als Ort des Todes, der Auferstehung und Himmelfahrt Jesu und als Sitz der Urgemeinde hat von Anfang an auch für die sich ausbreitende Weltkirche maßgebende Bedeutung. Die Zwölf behalten darum eine leitende, kontrollierende, die Tradition gewährleistende Funktion auch und gerade, als die Heilsbotschaft über die Grenzen Judäas hinaus nach Samarien (8, 5 ff.) und in die Heidenwelt gebracht wird (10/11; 13 f.). Erst nach seiner Legitimation durch die Jerusalemer Urapostel (15) beginnt Paulus sein eigentliches, weltweites Missionswerk. Wenn auch nicht selbst »Apostel«, richtet er damit den vom Auferstandenen selbst programmatisch gegebenen apostolischen Auftrag aus (1, 8).

Mit der Stellung Jerusalems hängt noch ein anderer, für Lukas charakteristischer, wichtiger geschichtstheologischer Gedanke eng zusammen: die Kontinuität zwischen Judentum und Christentum. Dieses, durch die alttestamentliche Gottesoffenbarung geheiligt und die Erfüllung der prophetischen Weissagungen in der Geschichte bestätigt, ist der legitime Erbe der wahren Väterreligion, der die Juden selbst untreu geworden sind. Der lukanische Paulus bekennt sich darum in den Acta bis zum Schluß als treuer Pharisäer (26, 2 ff.) und sucht »vom Gesetz des Mose und den Propheten aus« seine verstockten Volksgenossen für Jesus und das Reich Gottes zu gewinnen (28, 23 ff.). Man erkennt sofort: Das ist nicht mehr der historische Paulus, der seine Herkunft aus dem privilegierten Gottesvolk und seinen pharisäischen Gesetzeseifer um Christi willen für Schaden und

Dreck erachtet (Phil. 3, 5 ff.), Christus als das Ende des Gesetzes (Röm. 10, 4) und die Rechtfertigung allein aus Glauben, nicht aus Werken, predigt.

Lukas ist mit seinem kritischer Nachprüfung nicht standhaltenden Geschichtsbild und seiner harmonisierenden Theologie ein Repräsentant der nachapostolischen Zeit, die von den Kämpfen, Problemen und Erfahrungen der Pauluszeit nicht mehr viel wußte; sie waren jedenfalls nicht mehr aktuell. Auch ist anzunehmen, daß er die Briefe des Paulus noch nicht kannte; nirgends werden sie zitiert oder wird auf sie angespielt. Ihre Sammlung und Verbreitung kann erst gegen Ende des 1. Jahrhunderts in größerem Umfange eingesetzt haben.

Dennoch will Lukas auch als Historiker gewürdigt sein, wenngleich nicht im Sinne moderner, sondern antiker Historiographie. Das ihm für die Geschichte der Kirche erreichbare Überlieferungsgut war freilich sehr anderer Art als das in seinem Evangelium verarbeitete: uneinheitlich, verstreut, auf unbekannten Wegen zu ihm gelangt; ob und wie weit schon hier und da quellenmäßig fixiert, ist nicht mehr sicher auszumachen. Nachrichten jedenfalls von sehr ungleichem historischen Wert, vom Autor gesammelt und nach bestem Vermögen kommentiert: über Ereignisse, Wunder und Erfolge, Daten, Reiserouten, Orte, Gemeinden, Personen und dergleichen. Doch erweist er sich als Historiker im zeitgenössischen Sinn nicht so sehr in diesem Detail, sondern in der Kunst des anschaulichen, oft dramatischen Erzählens der Einzelszenen. Davon geben viele Stücke des Buches, die hier nicht aufgezählt werden können, ein beredtes Zeugnis. Zu den Darstellungsmitteln damaliger Geschichtsschreibung gehören auch die für die Acta charakteristischen großen Reden (nicht weniger als 24, fast ein Drittel des Buches). Sie sind weder paulinische oder andere Predigt-Kladden noch Nachschriften, auch keine Exzerpte, sondern vom Verfasser gestaltet, an Höhepunkten und Übergängen eingefügt, und spiegeln, wenn auch nicht ohne Bezug auf Situation, Umwelt und Hörerschaft geformt, primär die Gedankenwelt des Autors, nicht die des jeweiligen Redners wider (Beispiele: Petri Pfingstpredigt 2, 14 ff.; Stephanusrede 7, 2 ff.; Areopagrede des Paulus 17, 22 ff. u. v. a.).

Daraus folgt, daß Lukas da, wo er als »Historiker« berichtet und schreibt, nach modernen Maßstäben am wenigsten als verläßlicher Zeuge der wirklichen Ergeignisse gelten kann. Unverdächtige Nachrichten sind vielmehr in mancherlei unauffälligen, beiläufigen Angaben zu suchen und hier auch in nicht geringer Zahl zu finden, zumal wenn sie durch die authentischen Paulusbriefe bestätigt werden. Lange Zeit meinte man, bei bestimmten Abschnitten, in denen die Erzählung unvermittelt aus der dritten Person Singularis in die erste des Plural überwechselt (16, 10 ff.; 20, 5 ff.; 21, 1 ff.; 27, 1 — 28, 16), soliden Quellengrund in Form von Aufzeichnungen eines Reisebegleiters unter den Füßen zu haben (»Wir-Quelle«). Doch ist auch diese Annahme brüchig, weil sich die genannten Passagen nach Wortschatz und Erzählweise vom Kontext nicht wirklich abheben und überdies solcher Stilbruch auch sonst in der antiken Geschichtsschreibung ein beliebtes Mittel lebhafter Darstellung ist.

Unter allen diesen Aspekten ist der Geschichtswert der Acta zu beurteilen: keineswegs nur negativ; die Apostelgeschichte bleibt nach wie vor eine eminent wichtige Quelle für die Geschichte der Urkirche und zumal des

Paulus, aber eine von Fall zu Fall nur kritisch zu verwertende. Geschichtsquelle ist sie primär für ihre eigene Zeit mit ihren weithin gewandelten Lebensverhältnissen und religiösen Anschauungen. Ihr hält der Verfasser das ideale Bild der Urkirche und ihrer nach Gottes Vorsehung und Heilsplan gelenkten, Schritt um Schritt durch den Heiligen Geist unter Jesu Wort und Namen vorangetriebenen Geschichte vor Augen. So will er der Kirche festen Stand geben inmitten der Welt und sie für das Gericht zurüsten, das der in seinem Erdenwirken von Gott ausgewiesene (2, 22) und zum Himmel gefahrene Jesus am Ende aller Tage halten wird (17, 31).

IV. Teil

Das Evangelium in der Botschaft des Paulus

A. Zum Verständnis der Paulusbriefe

Die Geschichte der urchristlichen Literatur beginnt mit Briefen, also einer von Hause aus völlig unliterarischen Schriftengattung. Der erste, der sich dieser und ausschließlich dieser Form schriftlicher Selbstmitteilung bedient hat, ist der Apostel Paulus. Nichts deutet darauf, daß er jemals andere literarische Werke, also etwa wie sein jüdischer Zeitgenosse Philo Kommentare, theologisch-philosophische Abhandlungen oder wie die Evangelisten nach ihm ein Evangelium hat schreiben wollen. Sein vielfach nachgeahmtes, aber nie erreichtes Vorbild als Briefschreiber hat sehr bald Schule gemacht. Auch nach ihm ist der Brief das gebräuchlichste und besonders charakteristische Kommunikationsmittel im Schrifttum der frühen Kirche geblieben. 21 der 27 Schriften des Neuen Testaments sind in dieser Form gehalten, 13 davon — zu Recht oder zu Unrecht — unter dem Namen des Paulus überliefert. Sogar die Offenbarung Johannes ist in Eingang und Schluß als Brief aufgemacht.

Mindestens ein beträchtlicher Bestand der im Kanon als Briefe des Paulus geltenden ist unbestritten von ihm selbst verfaßt, genauer gesagt: diktiert; darunter seine großen Hauptbriefe an die Korinther und Römer, aber auch weniger umfangreiche wie mindestens der erste nach Thessalonich, der Galater- und Philipperbrief und der kleine aus der Gefangenschaft geschriebene an Philemon. Bei anderen ist die paulinische Abfassung umstritten (2. Thess., Kol., Eph.); in einigen Fällen sprechen durchschlagende Gründe gegen sie (1. und 2. Tim., Tit.). Die echten Paulusbriefe sind ausnahmslos wirkliche Briefe, das heißt Dokumente einer lebendigen Kommunikation, einerlei, ob aus ihr erwachsen — wie die meisten — oder dazu verfaßt, sie zu begründen (Röm.). In jedem Fall sind sie von einem bestimmten Verfasser aus besonderem Anlaß an einen konkreten Leserkreis — nicht an ein unbestimmtes Publikum — gerichtet, also situationsbedingte und -bezogene Schreiben, auch wenn die in ihnen zur Sprache kommende Sache Situation und Augenblick weit überragt. Das macht den Reiz dieser Briefe aus, aber erschwert auch späteren Lesern ihr Verständnis. So sind sie in der Tat zeitgebunden. Erfahrungen und Probleme, Sprache, Anschauungen, Vorstellungen und Denkweise des Verfassers und der Adressaten inmitten ihrer damaligen Umwelt sind nicht mehr ohne weiteres die unseren. Mancherlei Anspielungen, Bezugnahmen oder auch gezielte Pointen, die die ersten Leser auf Anhieb und kommentarlos verstanden, bedürfen für uns der Erläuterung oder bleiben uns dunkel.

Dieser geschichtliche Abstand darf nicht eilfertig übersprungen werden. Die Neigung dazu ist, wie zum Beispiel viele moderne Übersetzungen und ein gewisser Predigt- und Schuljargon beweisen, unter uns weit verbreitet. Man glaubt damit Paulus und andere urchristliche Zeugen für die Gegenwart zum Reden zu bringen und merkt nicht, daß man ihnen in Wahrheit das Wort entzieht. Man räumt auf diese Weise nur voreilig den Platz des möglichen Hörers. Wie nur irgendwelche anderen biblischen Schriften verwehren die Paulusbriefe solchen fraternisierenden Umgang, gleichsam auf du und du, aber sie eröffnen dem ernsthaft Bemühten gerade damit, oft in überraschender Weise, über viele Jahrhunderte hinweg die Möglichkeit, an dem bewegten Zwiegespräch zwischen dem Apostel und seinen Gemeinden teilzunehmen. Sachgemäß verstanden, berechtigt die Zeitgebundenheit der Briefe darum nicht zu dem pauschalen Verdikt des Nicht-mehr-Aktuellen. Vielmehr macht sie, je nach ihrem Inhalt, gerade auf ihre Aktualität aufmerksam, sofern die Briefe die Christusbotschaft nicht zeit-los abhandeln, sondern in Leben, Erfahrungen, Wege und Irrwege, Nöte und Hoffnungen der Angeredeten hineinsprechen und diese ausdrücklich oder unausgesprochen mit zu Wort kommen lassen.

Doch sind die Paulusbriefe mit dem Stichwort »zeitgebundene Gelegenheitsschreiben« erst sehr vorläufig, ja mißverständlich und unzureichend gekennzeichnet. Ihre Eigenart und Sonderstellung im Rahmen der antiken Briefliteratur ist damit noch nicht getroffen. Man braucht sich nur einmal zu vergegenwärtigen, welche der uns geläufigen Kategorien auf sie nicht anwendbar sind. Weder sind sie private Briefe an eine befreundete Schar von Glaubensgenossen — womöglich gar nach getaner Arbeit zur Pflege persönlich-geselliger Beziehungen verfaßt —, noch sind sie Informationsschreiben, kirchenamtliche Verlautbarungen, theologische Lehrschriften, Predigtentwürfe, Handreichungen zur Volksmission und was dergleichen mehr ist.

Im Grunde ist schon das Phänomen seiner Briefe als solches, vollends aber ihre Gestaltung Ausdruck und Instrument des unverwechselbar besonderen Auftrages, zu dem sich Paulus als Apostel berufen wußte: in der begrenzten Weltzeit bis zur Parusie die Botschaft von Christus als dem Kyrios der Welt und Heilbringer für alle zu den Heidenvölkern zu tragen. Schon die bloße Tatsache, daß er in einem so erstaunlichen Ausmaß sich der Korrespondenz bedienen mußte, ist bezeichnend. Die uns erhaltenen Briefe sind nachweislich nur ein Bruchteil von ihr; ihr bereits außerordentlicher Umfang spiegelt das Verständnis des Paulus von dem Evangelium und seiner eigenen Berufung wider. Die Weltweite seines Auftrages ebenso wie die Kürze der Zeit ließen ihn in einzelnen Gemeinden und ihrer Umgebung nicht länger verweilen. Sie nötigten ihn, nach mehr oder weniger kurzer Zeit weiterzuziehen, sie sich selbst zu überlassen, die Weiterführung des Begonnenen anderen anzuvertrauen und den noch jungen, vielfach ungefestigten Einzelgemeinden in besonderen Nöten und Fragen durch Entsendung von Mitarbeitern, aber auch durch flüchtige Zwischenbesuche und vor allem eben durch seine Briefe zu helfen.

Obwohl alle Adressatengemeinden gewiß nur als eine verschwindend kleine Schar von gläubig Gewordenen inmitten einer erdrückenden heidnischen Umwelt vorzustellen sind, auch aus dem bergenden Schoß der jüdischen Synagoge gelöst und von ihr verfolgt, von außen und innen vielfach bedroht, sieht Paulus doch jede Einzelgemeinde als Vorhut und Vorort einer ganzen Landschaft an: Galatien, Mazedonien, Achaja (etwa der Bereich des klassischen, inzwischen zur römischen Provinz gewordenen Griechenland), Asia (das Gebiet der kleinasiatischen

Küstenstädte), schließlich Rom selbst als Hauptstadt des Imperiums, aber zugleich als Brücke in den weiteren Westen (Spanien; s. u. S. 292 ff.). Es wäre jedoch grundverkehrt, sich den Apostel als einen planlos, von seiner erhitzten apokalyptischen Phantasie oder seinem unsteten Temperament getriebenen, kreuz und quer herumjagenden Prediger vorzustellen, wenn man so will als einen »rasenden Reporter«. Seine Briefe zeigen, in welchem Maße sich auch in kurzer Zeit zwischen ihm und seinen Gemeinden intensive Beziehungen entwickelt haben, solche des Vertrauens und der Liebe, wie auch solche des Mißtrauens, heftiger Spannungen, ja hier und da tiefster Entfremdung. Auch über räumliche und zeitliche Entfernungen hinweg ist Paulus bis zur Aufzehrung seiner physischen und seelischen Kräfte nach wie vor um seine Gemeinden, ja sogar einzelne ihrer Glieder bemüht, kennt ihre individuelle Situation, ihre Bewährung und ihr Versagen und ist in erstaunlichem Ausmaß auf dem laufenden. Alles das kommt in seinen Briefen reichlich zur Sprache — aber immer unter dem Aspekt des Christusgeschehens, in das alle seine Gemeinden durch das ihnen verkündete Wort heilbringend hineingezogen sind und an dem sie Anteil haben, auch die schon abtrünnig werdenden Galater wie die der Verführung durch Schwarmgeister und Irrlehrer schon fast erlegenen Korinther. Noch im Zustand äußerster Verworrenheit gelten sie ihm als von Gott Berufene und Christi Eigentum.

Mit einer Ausnahme sind alle echten Paulusbriefe an Gemeinden gerichtet und mit Sicherheit in den gottesdienstlichen Versammlungen verlesen worden, in Ausrichtung seines Auftrages als des von Gott berufenen Apostels und Sklaven Jesu Christi geschrieben. Aber auch der kleine Philemonbrief ist, sosehr er persönlich gehalten ist, kein normaler Privatbrief. Er ist aus einem besonderen Anlaß an einen Mitarbeiter des Apostels und seine Hausgemeinde gerichtet. Ein Sklave des Philemon war, offensichtlich nach einem Griff in die Kasse seines Herrn, durchgebrannt und hatte bei dem wahrscheinlich in Ephesus inhaftierten Apostel Zuflucht gesucht. In seinem Brief bringt dieser die leidige Sache in Ordnung, aber schreibt auch hier bezeichnenderweise als »Gefangener Jesu Christi« und beruft sich auf seine geistliche Vaterschaft gegenüber dem inzwischen gläubig gewordenen »Nichtsnutz« (Anspielung auf seinen Namen Onesimus, das heißt: der Nützliche), um ihm so die Wiederaufnahme, und zwar nicht als Sklave, sondern als Mitbruder zu ermöglichen; ein »Onesimus« für Paulus selbst soll fortan Philemon sein. Der kleine Brief ist damit zugleich ein höchst lehrreicher Beitrag zu dem viel diskutierten Thema der Sklavenfrage im Urchristentum.

In ihrer Form haben die Paulusbriefe — besonders in Briefeingang und -schluß — geprägte Elemente aus dem Formular antiker, speziell orientalisch-jüdischer Briefe aufgenommen (Absender, Adressat, Gruß, Wünsche). Aber schon die Art, wie der Verfasser sich selbst einführt, seine Mitarbeiter als Mitabsender nennt, die jeweiligen Adressaten anredet und den Gruß in den Zuspruch des Heils abwandelt, hebt sich unverwechselbar aus der antiken Briefliteratur heraus. Die Briefe weichen auch darin vom Herkömmlichen ab, daß weite Partien durchaus lehrhafter Art sind, Schriftstellen auslegen (zum Beispiel Röm. 4; 1. Kor. 10, 1 ff.; Gal. 3/4), größere theologische Zusammenhänge entfalten (Röm. 9—11

u. a.), in knappen, geprägten Wendungen oder in Anlehnung an sie die Heilsbotschaft zusammenfassen (Röm. 1, 3 f.; 1. Kor. 15, 3 ff. u. a.). Wieder andere sind im traditionellen Stil gehaltene apokalyptische Stücke (1. Kor. 15, 20 ff. 51 ff.; 1. Thess. 4, 15 ff.) oder stilgerechte ethische Mahnreden (Paränesen), ohne ausdrückliche Beziehung zu einer konkreten Situation (sogenannte Tugend- und Lasterkataloge; Haustafeln).

In dieser Ausgestaltung zu Instrumenten und Dokumenten des apostolischen Dienstes sind auch die Briefe eine genuin urchristliche, speziell paulinische Schöpfung und insofern ein Analogon zu der nicht auf Paulus zurückgehenden spezifisch urchristlichen Literaturgattung der Evangelien (s. o. S. 210 ff.; 223). Wie stark die Paulusbriefe nachgewirkt haben, zeigt das spätere frühchristliche, kanonische und außerkanonische Schrifttum. Diese Annahme wird auch dadurch nicht hinfällig, daß die Briefe des Apostels schwerlich schon zu seinen Lebzeiten oder sofort nach seinem Tod über größere Kirchengebiete in Sammlungen verbreitet wurden. Dieser Prozeß der Publikation hat sich, soweit wir sehen, erst nach einigen Jahrzehnten in weiterem Ausmaß vollzogen. Überhaupt muß man sich den Austausch dieses und anderen Traditionsgutes zwischen den Gemeinden erheblich langsamer, zufälliger und mehr sporadisch vorstellen, als wir unwillkürlich annehmen.

Viele der späteren neutestamentlichen »Briefe« sind freilich nur in briefliche Form gekleidet, ihrem Inhalt nach jedoch anderen Gattungen zuzurechnen: Gemeindeordnungen (Pastoralbriefe); Homilien, das heißt Predigten (Hebräerbrief); ethische Spruchsammlungen (Jakobusbrief); apokalyptische Streit- und Lehrschriften (Judas-,

2. Petrusbrief). In vielen Fällen sind freilich die Grenzen zwischen diesen Gattungen fließend. Als literarisches Kunstmittel war der Brief schon im Altertum beliebt (Philosophenbriefe; Horaz u. a.) und hat sich in dieser Gestalt auch in der neueren Literatur erhalten (Goethes »Werther«!).

Von allen Kunstbriefen unterscheiden sich die authentischen Paulusbriefe als wirkliche Briefe. Sie werden darum nur verständlich, wenn man sie im Zusammenhang der Geschichte des Paulus und seiner Gemeinden liest. Es empfiehlt sich darum, sie hier unter diesem Aspekt, nicht in ihrer kanonischen Reihenfolge, zu besprechen. So erst bekommen sie Profil, fangen an zu reden und hören auf, nur ein ehrwürdiges Reservoir gottesdienstlicher Lektionen und religiöser Sentenzen zu sein. Aus langer Tradition sind wir leider gewohnt, sie nur in solcher Weise hinzunehmen. Die Folge ist bekanntlich nicht ausgeblieben: Paulus und zahlreiche andere urchristliche Zeugen sind für den heutigen Bibelleser weithin zu einer Galerie beliebig austauschbarer, fremdartiger Heiligenfiguren geworden ohne Fleisch und Blut und individuelles Profil, von denen, wie auf Darstellungen der frühchristlichen und mittelalterlichen Kunst — mehr oder weniger zufällig — der eine mit diesem, der andere mit jenem legendären Attribut oder irgendeinem Spruchband versehen ist.

B. DIE GESCHICHTE DES PAULUS
UND DAS GRUNDTHEMA SEINER BOTSCHAFT

Wenn wir hier die Briefe des Paulus in den Zusammenhang seines Lebens und Wirkens stellen, so soll das nicht dem verbreiteten Mißverständnis Vorschub leisten, sie seien zuerst und zuletzt ein Niederschlag seiner subjektiv-persönlichen Erlebnisse, der Begabung eines Visionärs, der inneren Erfahrungen eines in seinem religiös-sittlichen Perfektionsstreben gescheiterten Juden und dergleichen. So gewiß Herkunft und Tradition, soziales Milieu, Bildungseinflüsse, Gaben und Veranlagung des Paulus, die unverwechselbare Individualität seines differenzierten Geistes und nicht zuletzt auch die oft jähe Leidenschaft seines Temperaments an vielen Stellen seiner Briefe erkennbar sind, könnten wir uns bei solcher Art, ihn und seine Briefe zu deuten, auf sein eigenes Selbstverständnis jedenfalls nicht berufen und würden auf Schritt und Tritt die Texte selbst vergewaltigen. Seine eigene Person und Lebensgeschichte kommen in den Briefen aufs ganze gesehen nur selten, wenn auch an wichtigen Stellen zur Sprache, jedoch immer nur soweit und insofern sie dazu beitragen, das die Welt im ganzen angehende Christusgeschehen beispielhaft zu erläutern.

Unter diesem Aspekt ist die Geschichte seines Lebens und Wirkens allerdings für das Verständnis der Briefe von großer Bedeutung. Sie sind ohne Ausnahme in einer späten und relativ kurzen, nicht mehr als sechs bis sieben Jahre umfassenden Phase seines missionarischen Wirkens verfaßt, ehe er bei seinem letzten Besuch in Jerusalem gefangengenommen wurde (ca. 56/57 n. Chr.) und danach wahrscheinlich Anfang der Sechzigerjahre in

Rom unter Nero den Märtyrertod starb. Doch werden alle Briefe des Paulus ohne einen Rückblick auf die etwa dreimal so lange Zeit seiner Geschichte unmittelbar nach seiner Bekehrung und Berufung zum Apostel nicht wirklich verständlich. Sie soll darum hier wenigstens in einem kurzen Abriß mit einbezogen werden.

Weder die Briefe noch die Apostelgeschichte enthalten genaue Jahresangaben. Doch läßt sich auf Grund der Erwähnung des Statthalters Gallio (Apg. 18, 12), dessen Amtszeit in Achaja inschriftlich belegt ist (höchst wahrscheinlich 51—52 n. Chr.), der erste eineinhalbjährige Aufenthalt des Paulus in Korinth auf Ende 49 bis Frühsommer 51 datieren und von diesem einzigen Fixpunkt der paulinischen Chronologie aus an Hand anderer verstreuter Angaben der Zeitraum für die Geschichte des Paulus und des Urchristentums vorher und nachher mehr oder weniger genau errechnen.

Auch wenn die Briefe nirgends mit autobiographischer Absicht geschrieben sind und dementsprechend die Vita des Paulus sich aus ihnen nur fragmentarisch nachzeichnen läßt, sind sie doch auch in dieser Hinsicht durchaus ergiebig und auf alle Fälle die beste, authentische Quelle, an der alle anderen Nachrichten über ihn zu messen sind. Das gilt, wie bereits erwähnt, auch für die Apostelgeschichte und die in ihr verarbeiteten Überlieferungen. Sie zeigen, daß man sich nach seinem Wirken und seinem Ende in bestimmten Gemeindekreisen vielerlei Einzelheiten aus seinem Leben und vor allem auch Erstaunliches über die Erfolge und Wundertaten des großen Mannes erzählt hat, freilich weithin nach dem Ideal der großen göttlichen Männer, die man auch in der heidnischen Umwelt feierte. Lukas hat diesen Überlieferungen, für deren phantastisches Auswuchern die späteren, apokryphen Paulusakten weitere Beispiele liefern, einen nicht geringen Raum gegeben und sie überdies im Bann seines nachapostolischen Geschichtsbildes in seiner Weise ausgestaltet. Jedoch zeigt sich nach kritischer Sichtung aller dieser Überlieferungen, daß er auch viele glaubwürdige, unverfängliche Nachrichten zur Geschichte des Paulus beisteuert.

Wahrscheinlich um die Jahrhundertwende im kilikischen Tarsus als Sohn einer jüdischen Familie der hellenistischen Diaspora geboren (Apg. 22, 3), ist Paulus nicht nur seiner Herkunft getreu, sondern auch auf Grund eigener Entscheidung gesetzesstrenger Pharisäer geworden und bis über Jesu Tod und die Anfänge der Jerusalemer und hellenistischen Urgemeinde hinaus geblieben (Phil. 3, 5 ff.; Gal. 1, 13 f. u. a.). In strikter Konsequenz dieses eingeschlagenen Weges hat er, wie er selbst wiederholt erwähnt, die Gemeinde Jesu verfolgt (Gal. 1, 23; Phil. 3, 6; 1. Kor. 15, 9; vgl. Apg. 9, 1ff.; 22, 4 f.; 26, 9 ff.), wenn auch sicher in anderer Weise, als Lukas es sich später vorgestellt hat. Sein Bericht unterstellt der hohenpriesterlichen Behörde eine Jurisdiktionsgewalt auch über außerjudäische Synagogengemeinden (Damaskus!), die sie so nie innehatte. Zu denken ist vielmehr an Prügelstrafen und Ausstoßung aus der Synagoge, wie Paulus sie später selbst des öfteren am eigenen Leibe erlitt (2. Kor. 11, 24).

Über die Gründe seines Eiferns wider die Christen geben Stellen wie Gal. 1, 13 ff. und Phil. 3, 5 f. eindeutige Auskunft, wo Paulus seine einstige Verfolgertätigkeit im Zusammenhang mit seinem Eifer für das Gesetz erwähnt. Die Anhänger Jesu und dieser selbst galten ihm also als Zerstörer des Gesetzes. Als Gesetzesfeinde und Gotteslästerer können Paulus freilich unmöglich schon die in Jerusalem verbliebenen Anhänger Jesu insgesamt erschienen sein. Diese unter Leitung der Urapostel sich zur Urgemeinde formierende Schar hielt sich, wie die Apostelgeschichte sicher richtig berichtet, treu an die heilige Stadt, an Tempel und Gesetz, ohne daran zu denken, aus dem Verband des privilegierten Gottesvolkes auszubrechen. Was sie von den übrigen Juden unterschied, war zunächst nur ihr Glaube, der am Kreuz gescheiterte Jesus sei auferstanden und der in Bälde wiederkommende Messias. Doch war das für Juden höchstens eine wunderliche Illusion, aber noch kein Grund, ihnen den Prozeß zu machen und sie auszustoßen. Derlei apokalyptische Schwärmereien hat es auch später noch gegeben. Einen unerträglichen Angriff auf die Fundamente der jüdischen Religion und damit zugleich eine tiefgreifende Krisis innerhalb der Urgemeinde bedeutete erst, wenngleich schon sehr bald, das Aufkommen der radikalen hellenistisch-jüdischen Richtung unter Führung des Stephanus (Apg. 6/7). Sie stellte den Heilsanspruch des jüdischen Volkes radikal in Frage und löste damit die erste Christenverfolgung aus, in deren Verlauf die ersten heidenchristlichen Gemeinden in Syrien entstanden (Damaskus, Antiochien). In den Grundzügen läßt sich dieser für die Geschichte des Urchristentums und des Paulus epochale Ausbreitungsprozeß der Heilsbotschaft noch aus der Apostelgeschichte (8/9; 11, 19 ff.) ablesen, obwohl Lukas sich nur noch eine unzureichende, die Gegensätze von einst harmonisierende Vorstellung davon machen konnte.

In diesem Zusammenhang fügt sich die durch Paulus

selbst wie auch von den lukanischen Berichten bestätigte Tatsache, daß sein grimmiger Verfolgungseifer sich gegen die Christen in Damaskus richtete und in oder bei dieser Stadt sich die Wende seines Lebens und seine Berufung zum Heidenapostel ereignete. Wie sie sich im einzelnen vorbereitet hat, wie und wo er zum erstenmal mit der Christusbotschaft bekannt wurde und welche Widerstände sie überwinden mußte, darüber schweigen die Quellen, sosehr sich diese Frage aufdrängen mag. Doch ist sie nicht nur unbeantwortbar, sondern auch im Verhältnis zu der Sache, an der Paulus selbst gelegen ist, unwichtig. Was wir mit Sicherheit sagen können, ist nur dies, daß seine Bekehrung und Berufung nicht unter dem unmittelbaren Eindruck der Predigt des irdischen Jesus erfolgte; ihm ist Paulus nie begegnet (2. Kor. 5, 16). Aber auch nicht als ein allmählich reifender Erkenntnisprozeß, bei dem ihm schließlich die Vergeblichkeit all seiner bisherigen Bemühungen um die Gesetzesgerechtigkeit in einem inneren Zusammenbruch zu Bewußtsein kam. Zu dieser verbreiteten Auffassung hat immer wieder eine falsche, autobiographische Deutung von Röm. 7, 7—25, Anlaß gegeben. Hier redet Paulus aber nicht von seiner eigenen, verpfuschten Lebensgeschichte, sondern von der Verlorenheit des Menschen überhaupt unter Sünde, Gesetz und Tod, und zwar rückblickend im Lichte des Christusgeschehens. In Wahrheit ist ihm in der jäh vor Damaskus geschehenen Erscheinung des auferstandenen und erhöhten Herrn nicht Irrtum und Minderwertigkeit des Gesetzes, vielmehr die Größe der Gnade Gottes aufgegangen, nicht nur als Gottes Eingriff in sein persönliches Leben, sondern als weltenwendendes, befreiendes Geschehen (Gal. 1, 15 f.). Dies unter den Heidenvölkern auszurichten, war von nun an sein Auftrag und das Thema seiner Theologie, zusammengefaßt in seiner Botschaft von der Offenbarung der *Gerechtigkeit Gottes* nicht aus Werken des Gesetzes, sondern allein aus Glauben, allein durch Christus (Röm. 3, 21 ff.). In einer fremden, jüdischen Sprache formuliert und durch eine lange christliche Tradition abgenutzt, sind diese Gedanken dem heutigen Menschen nicht mehr ohne weiteres zugänglich, zumal sie für das moderne Denken völlig überlagert scheinen von der vorrangigen Frage nach der Existenz Gottes überhaupt. So gelten sie als gestrig, vergangen, überholt, weil an weltanschauliche Voraussetzungen geknüpft, die für uns nicht mehr zutreffen. Die Existenz Gottes diskutiert Paulus in der Tat nicht. Doch würde er bestreiten, daß sie sich überhaupt als ein weltanschauliches Problem angehen läßt. In seiner Lehre vom Gesetz und von der Rechtfertigung, die allein dem Glauben widerfährt, hat Paulus in Wahrheit jene »moderne« Denk- und Frageweise überholt. Denn hier wie da leitet ihn die Erkenntnis, daß sich von Gott überhaupt nur reden läßt, indem zugleich von Welt und Mensch geredet wird; aber auch umgekehrt: von Mensch und Welt nie ohne die Frage nach Gott. In diesem Spannungsfeld — sozusagen einer wechselseitigen Transzendenz — der Zuwendung Gottes zum Menschen und der Hinwendung des Menschen zu Gott bewegt sich sein ganzes Denken, niemals jedoch im Sinne einer zeitlos theoretischen Reflexion, nein, immer angesichts der die Welt angehenden Geschichte Jesu Christi. Das aber heißt: angesichts dieses nach allen menschlichen Maßstäben am Kreuz gescheiterten Jesus (1. Kor. 1, 18 ff.). Von ihm sagt das paulinische Evangelium als das »Wort vom Kreuz«

und die Botschaft von der »Gerechtigkeit Gottes«: Nicht dieser Jesus, nicht Gott und auch nicht sein Gesetz sind gescheitert, sondern der Mensch, ob als Jude oder Heide, in seinem wie immer frommen oder abergläubischen, ihm bewußten oder unbewußten Bemühen, Gott gleichsam in das eigene Leben zu integrieren.

Dieser wie auch immer grobe oder sublime Drang nach Selbstbestätigung, Selbstbehauptung, der eigenen Leistung den letztgültigen Sinn der Existenz abzutrotzen, ist der verborgene Motor im Leben aller. So will der Mensch sein Leben selbst aufbauen, sich zur Geltung bringen, beispielhaft deutlich im Eifer des Juden, dem Gesetz Gottes durch seine »Werke« zu genügen. Diesem Streben hat die Offenbarung der Gerechtigkeit Gottes ein Ende gesetzt. Gott ist und bleibt darin der Richter, der das letzte Wort über den Menschen spricht. Aber das Bild der blinden Justitia, die den Menschen außer acht läßt und nur seine Werke abwägt, ist auf Gott nicht anwendbar. Er läßt den Menschen gerade nicht aus dem Auge, sondern schafft ihm Recht, läßt ihn gelten und hat ihn trotz seiner Feindschaft bedingungslos angenommen. Das ist der Sinn des Christusgeschehens. Dieses Ja Gottes zum Menschen in einem ebenso unbedingten und rückhaltlosen Ja zur Gnade Gottes sich zu eigen zu machen und sich selbst angenommen zu wissen, das heißt für Paulus Glaube.

So ist der Mensch heilsam zu seiner Befreiung gescheitert, aus der Versklavung an die ihn bannenden Welt- und Lebensmächte »losgekauft« (Gal. 4, 5).

Das vermeintliche Ende dieses Christus ist in Wahrheit das Ende des Gesetzes als Weg zum Heil (Röm. 10, 4). Denn das Gesetz, obwohl dem Menschen zum Leben gegeben (Röm. 7, 10) und ihn als Geschöpf anrufend, trifft ihn in Wahrheit als den, der sich auf allen erdenklichen Wegen seinem Schöpfer entzieht und im Wahn eigenmächtiger Freiheit dem Fluch des Todes erliegt. Das hat nach Paulus erst das Evangelium ans Licht gebracht: Der Mensch, der sein Leben Gott verdankt und schuldet, bleibt es ihm in seiner steten versklavten Selbst- und Weltbezogenheit beständig schuldig. Aber für diesen Menschen, der niemals fähig ist, sich für Gott zu entscheiden, hat Gott sich entschieden und ihn durch Christus zu einem neuen Leben in der Welt befreit (Gal. 5, 1. 11 u. a.).

Der Tod Christi und seine Erhöhung zum Kyrios über alle bedeutet die Annulierung dieses Fluches (Gal. 3, 13). Bis zur letzten Paradoxie gesteigert, ist dies in der Wendung »Rechtfertigung des Gottlosen« (Röm. 4, 5) ausgesagt.

Unter dem Einfluß der in der Apostelgeschichte dreimal in dramatischen, sekundär ausgemalten Schilderungen berichteten Szene der Bekehrung des Paulus (9, 1 ff.; 22, 3 ff.; 26, 9 ff.) sind wir gewohnt, seine Christusvision vor Damaskus zu dem alles beherrschenden Thema seiner Verkündigung und Mission zu machen. Sie gehört in der Tat unlöslich mit dem Ereignis seiner Lebenswende und seiner Berufung zusammen (1. Kor. 9, 1; 15, 8). Aber nicht diese seine Vision ist Inhalt seiner Predigt und Theologie. Visionen sind Paulus auch sonst zuteil geworden (2. Kor. 12, 1 ff.), aber er redet widerstrebend von ihnen und bestreitet ausdrücklich ihre kerygmatische Aussagekraft. Auch unterscheidet er sie von der österlichen Erscheinung Christi und erwähnt, wo er von ihr spricht, sich selbst im Zusammenhang der übrigen

Apostel, die Christi Auferstehung bezeugen und damit die Glaubensbotschaft bekräftigen. Entscheidend und einzigartig ist jedoch die in seiner Rechtfertigungsbotschaft zusammengefaßte Erkenntnis der weltumfassenden Heilsbedeutung Christi, die in dieser Gestalt keineswegs von vornherein Allgemeingut der Urgemeinde und der Jerusalemer Urapostel war.

Paulus hat sein besonderes Verständnis der Christusbotschaft und damit seinen eigenen Auftrag als Heidenapostel in seiner Mission und seinen Briefen sehr verschiedenartig entfaltet, nicht zuletzt auch verschieden nach Art und Glaubensstand der jeweils angeredeten Gemeinden. Seine Briefe bieten darum ein breites Spektrum theologischer Gedanken und Entwürfe, die sich nicht zu einem wohl assortierten System zusammenfügen lassen. Dennoch ist seine Rechtfertigungslehre der verborgene oder auch sichtbar werdende Nerv seiner Botschaft. Und zwar nicht erst, wie fälschlich behauptet worden ist, von dem Augenblick ab, wo er sich hart mit jüdischen und christlich-judaistischen Anschauungen in seinen Gemeinden auseinandersetzen mußte, so gewiß diese späteren Kämpfe zur Ausreifung seiner Lehre beigetragen haben. In ihren Grundzügen bestimmt sie seinen Weg und sein missionarisches Werk von seiner Berufung an.

Nur so wird die in der Apostelgeschichte völlig verschleierte, aber durch Gal. 1, 12 ff. bezeugte, sehr merkwürdige Tatsache verständlich, daß Paulus nach der Bekehrung nicht nach Jerusalem zog, um sich dort nähere Belehrungen bei den Uraposteln zu holen. Vielmehr brach er sofort zur Verkündigung der Heilsbotschaft unter den Heiden auf, zuerst in der Arabia, das heißt im hel-

lenistischen Nabatäerreich (etwa das heutige Jorda-
nien), also nicht, wie oft vorgestellt, zur stillen Meditation in die Wüste. Dies ist die erste, mehrjährige, offenbar nicht sehr erfolgreiche und mit seiner Verfolgung
(2. Kor. 11, 32 f.) endende Phase seiner Mission, die in der
Apostelgeschichte überhaupt keine Spuren hinterlassen
hat. Aber auch weitere lange (insgesamt etwa 15) Jahre
hielt er sich geflissentlich von Jerusalem fern und führte
seine missionarische Arbeit im heidnischen Syrien, Kili-
kien und zuletzt in Antiochien fort. In diese lange Zeit
fällt nur ein kurzer vierzehntägiger Zwischenbesuch bei
Petrus (Kephas). Die auffallende Distanz gegenüber den
Jerusalemern war offensichtlich darin begründet, daß
Paulus in jenen ersten Jahren bei ihnen noch wenig Verständnis für das gesetzesfreie, auch den Heiden geltende
Evangelium erwarten konnte. Andernfalls müßte man
ihm — seinen wahren Intentionen zuwider — ein stures,
eigensinniges Insistieren auf seiner Privatoffenbarung
vor Damaskus unterstellen, mit der allein er dann unter
schnöder Verachtung der von den Uraposteln bewahrten
Jesusüberlieferung über eineinhalb Jahrzehnte sein missionarisches Wirken bestritten haben müßte. Ärger
könnte man ihn nicht mißdeuten.

An der Jerusalemer Urgemeinde und an der Einheit der
Kirche aus Juden und Heiden war Paulus sehr wohl gelegen; nichts deutet darauf, daß er jemals so etwas wie
isolierte christliche Mysterienzirkel gründen wollte. Das
dokumentiert der Apostelkonvent in Jerusalem (ca. 48
n. Chr.), der nach dem ausführlichen Bericht Gal. 2, 1
bis 10, aber auch nach Apg. 15 als das wichtigste Ereignis in der Geschichte des Urchristentums gelten darf.
Hier kam die Frage zum Austrag, ob das von Paulus

verkündigte gesetzesfreie Evangelium volles Recht in der Kirche haben sollte und die Heiden, ohne sich zuvor durch Übernahme des alttestamentlichen Bundeszeichens der Beschneidung dem jüdischen »Gottesvolk« eingliedern zu lassen, vollgültige Glieder der Kirche sein sollten. Nach einem harten Kampf, von dem Apg. 15 nichts mehr verspüren läßt, hat Paulus hier den Uraposteln ein volles Ja und damit nicht nur als faulen Kompromiß die Anerkennung der heidenchristlichen Gemeinden abgerungen, ohne die Jerusalemer zu »Paulinern« zu machen und ihnen ihren Missionsauftrag unter den Juden zu bestreiten.

Zu den wichtigsten Ergebnissen des Apostelkonventes gehörte nach dem Bericht des Paulus aber auch umgekehrt die Anerkennung der anders gearteten Jerusalemer Urgemeinde seitens der durch Barnabas und Paulus vertretenen heidenchristlichen Gemeinden und damit auch ihr Bekenntnis zur Einheit der Kirche Christi über die gegebenen Unterschiede hinweg. Dies sollte nach Gal. 2, 10 durch eine Spende der Heidenchristen für die Armen in Jerusalem besiegelt werden, deren Sammlung sich Paulus in seinen späteren Missionsgemeinden mit großer Sorgfalt und Eifer angelegen sein ließ. Sie sollte in seiner weiteren Geschichte eine ebenso zeichen- wie schicksalhafte Bedeutung erlangen (s. u. S. 296 ff.).

Der spätere Bericht des Lukas (Apg. 15) hebt diese Jerusalemer Konferenz zwar noch richtig als ein kirchengeschichtliches Ereignis ersten Ranges hervor, aber ist sowohl in der Schilderung ihres Verlaufes wie in der Einschätzung ihrer Ergebnisse unbrauchbar. Von einem Ringen zwischen den Verhandlungspartnern ist keine Rede mehr. Die Frage der Beschneidung gilt von vorn-

herein als längst erledigt und nur noch von einigen eng-
stirnigen Pharisäern nachträglich und unnötig ins Spiel
gebracht. Dagegen stehen Petrus (*dieser* als Inaugurator
der Heidenmission überhaupt!) und ebenso Jakobus von
vornherein auf Barnabas' und Paulus' Seite und halten
gut (vulgär-)paulinische Reden. Dem lukanischen Geschichtsbild entsprechend sind sie die maßgeblichen Gestalten (s. o. S. 252 f.).

Zum Schluß erlassen sie einschränkende Direktiven für
die Heidenmission in Gestalt des »Aposteldekretes«
(15, 19 ff. 23 ff.), demzufolge ein Minimum jüdischer
Ritualgebote künftighin auch für übertretende Heiden
verbindlich bleiben soll. Das widerspricht eindeutig den
eigenen Angaben des Apostels (»sie haben uns keinerlei
Auflagen gemacht« Gal. 2, 6) wie auch der späteren
Missionspraxis des Paulus. Offenkundig haben wir hier
eine spätere, wenn auch relativ liberale Regelung aus
judenchristlichen Gemeinden vor uns, von der der wirkliche Paulus noch nichts wußte. Nach dessen fraglos
authentischem Bericht bestand das Ergebnis des Konven-
tes in einer uneingeschränkten Freigabe seiner Heilspre-
digt für die Heiden.

Alle diese historischen Daten und Fakten markieren
nicht nur den äußeren Ablauf der Vita des Paulus, sie
sind in Wahrheit Geschichte gewordener Glaube. Das
zeichnet sich deutlich auch in seinem wohl erst nach dem
Apostelkonvent klar konzipierten weltweiten Missionsplan und -weg ab. Seit der sogenannten 2. Missionsreise
(nach der lückenhaften Zählung der Apostelgeschichte;
den Briefen zufolge hat er erheblich mehr als drei Reisen unternommen), und zwar von seinem ersten Aufenthalt in Galatien ab, muß Paulus bereits Rom und den

Westen des Imperiums als Fernziel in den Blick gefaßt haben. Dafür spricht die gradlinige Durchquerung Kleinasiens (Apg. 16, 8. 10), sein Übergang nach Philippi und Mazedonien und von da ab seine weitere Reiseroute auf der Rom mit dem Osten verbindenden Via Egnatia; diese von Philippi über Thessalonich nach Illyrien (Röm. 15, 19) führende Reichsstraße setzte sich jenseits der Adria in Brindisi bis Rom fort als die berühmte Via Appia. Wohl muß Paulus in den einzelnen Gemeinden, die er unterwegs mit seiner Predigt gründete, einige Zeit länger verweilt haben, als es den Angaben der Acta entspricht. Aber den ungeheuren Plan seiner Mission hat er nicht aus dem Auge gelassen (Röm. 1, 13 ff.; 15, 22 f.), obwohl er durch Verfolgung in Thessalonich von dem eingeschlagenen Weg ins Innere Griechenlands abgedrängt wurde und Jahre vergingen, bis er daran denken konnte, seinen Romplan wieder aufzunehmen (s. u. S. 295 ff.).

Auch hier spiegelt sich in der Geschichte des Apostels sein Glaube und sein Verständnis des Evangeliums wider; der Glaube an Christus als den Herrn und Heilbringer für alle, die Erwartung seiner baldigen Parusie und das unbedingte Zutrauen, daß das Evangelium, einmal verkündigt und zum Lebensinhalt einer Gemeinde geworden, die Kraft hat, weiterzudringen und über die begrenzten einzelnen Ortsgemeinden hinaus ganze Landschaften in die Herrschaft Christi einzubeziehen.

C. DIE BRIEFE DES PAULUS
IM RAHMEN SEINER GESCHICHTE

In die nur ein reichliches halbes Jahrzehnt umfassenden
Jahre nach dem überstürzten Aufbruch des Paulus aus
Thessalonich (Saloniki) fällt seine bedeutendste missionarische Wirksamkeit in der östlichen, griechischen
Reichshälfte. Möglicherweise war sie ihm, seinem ursprünglichen Missionsplan zuwider, durch die äußeren
Umstände aufgezwungen (s. o. S. 277), aber er hat
diese Zeit intensiv genutzt. In sie fällt auch die Abfassung aller von ihm selbst stammenden Briefe. Sie sind
ganz verschiedener Art und zeigen, wie sehr der Apostel
das ihm aufgetragene Evangelium je nach der Situation
seiner Gemeinden variiert, aktualisiert und nach vielerlei Richtungen gedanklich entfaltet hat.

a) Der früheste Brief — das älteste schriftliche Dokument im Neuen Testament überhaupt — ist der *Erste
Thessalonicherbrief*, geschrieben bald nach dem Eintreffen des Apostels in Korinth (Frühjahr 50). Noch liegen
die verheißungsvollen Anfänge der heidenchristlichen
Gemeinde, an die Paulus dankbar erinnert (1, 2—2, 14),
erst kurz zurück, aber auch die ersten Anfeindungen von
heidnischer Seite, die Paulus — wie zuvor schon in Philippi (2, 2) — zur Flucht gezwungen hatten (Apg. 17,
5 ff.). So hat er in Besorgnis um die Gemeinde von Athen
aus seinen Mitarbeiter zu ihrer Stärkung zurückgesandt,
inzwischen aber in Korinth von dem Zurückgekehrten
gute Nachricht erhalten, aber auch von Fragen gehört,
die die Thessalonicher umtreiben. Der Tod einiger Ge-
meindeglieder hat in ihnen die Sorge wachgerufen, die

vor der verheißenen nahen Parusie des Herrn Entschlafenen könnten von dem endzeitlichen Heil ausgeschlos-
sen sein. Das Aufkommen solcher Befürchtung zeigt, wie
realistisch der Apostel selbst von der Nähe der Wiederkunft Christi geredet haben muß, so daß der Gedanke
an Tod und Auferstehung der Glaubenden für die Hörer noch gar nicht in den Blick kam. So muß Paulus hier
zum erstenmal auf diese Frage Antwort geben. Sie enthält höchst seltsam-drastische apokalyptische Vorstellungen von Weltende und Parusie, aber versucht nur die
Konsequenz zu ziehen aus der Botschaft der Auferstehung Christi. Keiner der im Glauben Entschlafenen oder
Überlebenden wird verlorengehen; auferstanden oder
verwandelt werden sie miteinander den vom Himmel
kommenden Herrn »einholen« (4, 13 ff.). Die Frage von
Tod oder Leben wird damit bedeutungslos. Aber auch
die unbeantwortbare Frage nach Zeit und Stunde der
Parusie wird relativ. Dringlich ist allein die Bewährung
der Glaubenden als Kinder des »Tages« und des »Lichtes«, »ob wir wachen oder schlafen« (das heißt lebendig
oder tot sind), und die gewisse Hoffnung, daß wir ewig
bei dem Herrn sein werden (5, 1 ff.). Im Ersten Korintherbrief hat Paulus diese Gedanken lehrhaft ausgeführt.
Sein frühester Brief nach Thessalonich ist noch in keiner
Weise ein eigentliches Lehrschreiben, enthält auch keine
ausdrücklichen Anklänge an seine Rechtfertigungslehre.
Die Befestigung der Gemeinde in ihrer ursprünglichen
Abkehr von den heidnischen Götzen zum lebendigen,
wahren Gott und zu dem durch Jesus eröffneten Heil
(1, 10; 4, 11 ff.; 5, 9) bestimmt seinen Inhalt.
Der *Zweite Thessalonicherbrief* wird von vielen Forschern heute mit Recht einem Späteren, nicht Paulus

selbst zugeschrieben, weil er über große Partien, so könnte man sagen, allzu »paulinisch« ist, soll in diesem Fall heißen: für Paulus selbst ganz ungewöhnlich bis in Wortwahl und geringfügige Wendungen hinein dem Ersten nachgebildet ist, mit anderen Worten: seine literarische Benutzung voraussetzt. Allerdings mit einer Absicht, die in dieser Weise sich in dem ersten Brief noch nicht erkennen läßt, nämlich die Naherwartung überhaupt als eine schwärmerische Irrlehre abzuwehren, bei der man sich zu Unrecht auf den Apostel und angebliche Briefe von ihm beruft. Darum werden in einem breiten Abschnitt, der in den unbestritten echten Paulusbriefen nicht seinesgleichen hat, in langer Kette gleichsam fahrplanmäßig die apokalyptischen Weltereignisse aufgezählt, die der Wiederkunft Christi zum Gericht erst vorausgehen müssen (2, 1 ff.). So sprechen ebenso die engen Beziehungen der beiden Briefe zueinander wie ihre Differenzen dafür, daß hier ein späterer Nachahmer des Paulus unter Inanspruchnahme seiner apostolischen Autorität diesen zweiten Brief abgefaßt hat.

b) Erst etliche Jahre nach Gründung der Gemeinde in Korinth und des Paulus Abschied von ihr sind seine nächsten Briefe geschrieben, und zwar wahrscheinlich fast alle während seines zwei- bis dreijährigen Aufenthaltes in Ephesus (Apg. 19, 8 ff.; 20, 31; ca. 52—55 n. Chr.). Dazu gehört vor allem die intensive, über einen längeren Zeitraum sich erstreckende Korrespondenz mit den Korinthern. Sie liegt uns sicher nicht ganz vollständig in den beiden kanonischen *Korintherbriefen* vor, hier aber wohl erst von einem späteren Sammler aus einem ganzen Briefbündel zu zwei großen Briefen zusammengestellt. Das gilt möglicherweise schon für den ersten, mit größerer Sicherheit jedenfalls für den zweiten. Einen bereits vorangegangenen Brief erwähnt Paulus selbst (1. Kor. 5, 9); ob aus diesem einige Stücke später in unseren 1. Kor. aufgenommen worden sind, ist umstritten. Auch 2. Kor. 2, 4 ff.; 7, 8 nehmen Bezug auf einen in tiefster Besorgnis um die Gemeinde geschriebenen Zwischenbrief, dessen wichtigster Teil höchstwahrscheinlich, wenn auch zeitlich falsch eingeordnet, in 2. Kor. 10—13 erhalten geblieben ist. An ihrem jetzigen Platz können diese Kapitel unmöglich ursprünglich gestanden haben, weil sie mitten in eine aufs äußerste erregte Auseinandersetzung mit den von eingedrungenen Irrlehrern zu Rebellion und Abfall verführten Korinthern hineinführen, während in den Kapiteln 1/2 und 7 in bewegten Worten von der Beilegung dieses Konfliktes die Rede ist. Einmal auf solche Nähte und Sprünge aufmerksam geworden, die deutlich sehr verschiedene Situationen und nicht nur unterschiedliche Stimmungen und Schwankungen des Temperaments auf seiten des Apostels widerspiegeln, entdeckt man auch in den ersten 9 Kapiteln bei genauerem Zusehen noch weitere mehr oder weniger umfangreiche Brieffragmente. Ihre jetzige Anordnung ist sichtlich in einer Zeit zustande gekommen, als man sie zu einem größeren apostolischen Lehrschreiben für einen weiteren Kreis von Gemeinden zusammenstellte.

Wie kaum ein anderes Dokument im Neuen Testament geben die Korintherbriefe einen überaus reichhaltigen Einblick in Wachstum und Gefährdung dieser paulinischen Missionsgemeinde, und zwar aus der Zeit nach dem Weggang des Apostels, über die sich bei Lukas keine Nachrichten erhalten haben. Das Bild dieser Gemeinde ist freilich bei aller Vielfalt ihrer Entwicklungskräfte alles andere als ideal. Ihr Reichtum ist zu ihrer Gefahr geworden.

Schon im *Ersten Korintherbrief* hören wir von Parteiungen, innergemeindlichen Konflikten (1—4), sittlichen Mißständen (5—6), einem exzessiven Mißbrauch christlicher Freiheit und christlichen Glaubens (8—10) und dementsprechend verworrenen Zuständen zumal in den gottesdienstlichen Versammlungen der Gemeinde (11 bis 14).

Wie begegnet Paulus allen diesen Erscheinungen? Auf alle Fälle mit einer erstaunlichen Energie und Sorgfalt, aber ebenso deutlich nicht gesetzlich-kasuistisch. Obwohl er scharf zupackt, nimmt er die Gemeinde doch nicht einfach mit Kommandorufen an die Kandare und rezitiert nicht bloße Glaubenssätze wider die Irrlehre. Vielmehr bespricht er mit der Gemeinde die verschiedensten Einzelerscheinungen und Fragen, von denen er durch Boten aus Korinth oder anderweitig Nachricht bekommen hat, auf das hin, was grundlegend, entscheidend, unaufgebbar wichtig ist, und führt sie so zum Glauben und einem aus dem Glauben gestalteten Leben im Miteinander zurück. Trotz der zunächst verwirrenden Fülle disparater Einzelfragen ist schon der Erste Korintherbrief in diesem Sinn von großen einheitlichen Themen durchzogen, die den jeweiligen konkreten Anlaß weit übergreifen.

Das zeigt bereits die Behandlung der korinthischen Parteien, deren jede sich exklusiv auf einen großen Führer oder gar Christus selbst berief: Paulus, Apollos, Kephas, Christus (1, 12)! Ohne alle diese Parolen im einzelnen zu diskutieren, stellt Paulus sofort heraus, was in allen diesen rivalisierenden Gruppen, seine eigenen Anhänger eingeschlossen, gleichermaßen ein Unding ist: die Zerreißung des einen Leibes Christi und die Verleugnung seines Kreuzes. Wie auch immer theologisch firmiert, dokumentiert sich in jeder Gruppe der Drang zur Selbstbehauptung und Selbstdarstellung und damit der eigenen »Weisheit«, die Gott durch das »Wort vom Kreuz«, ein Skandal für die Juden, ein Unsinn für die Griechen, zur Narrheit gemacht hat. Dieses Nein Gottes zur Weisheit und Vermessenheit des Menschen erklingt schneidend scharf, aber spricht zuerst und zuletzt den Heilswillen Gottes aus, der die Welt nicht ihrer Selbstverfallenheit überläßt. Damit sind die Maßstäbe gesetzt auch für die Einschätzung jeglicher Arbeit in der Gemeinde und wird dieser die ihr durch Christus eröffnete Freiheit zugesprochen (3, 21 ff.). Als Befreite aber sind die Glaubenden Christi Eigentum. Diese Freiheit ist für Paulus nicht wie für die Stoiker seiner Zeit eine allgemeine Wesensbestimmung des Menschen, die er durch Vernunft und Weisheit selbst zu realisieren vermag, vielmehr ein Wunder: das neue Leben aus der befreienden Gnade Gottes. Mitten in der Welt sind die Glaubenden ihr darum entnommen (6, 11. 19 f.). Wiederholt kann Paulus fast wortgleich wie die heidnischen Philosophen Epiktet oder Seneca reden, als ob auch ihm nichts anderes vorschwebte als das Ideal des wahren Weisen, der sich nicht von Lebensumständen und eigenen Begierden in den Bann ziehen läßt und in widrigen Schicksalen Sieger bleibt. Aber die Motivation ist hier und da eine völlig andere und damit zugleich der Sinn dieser Freiheit: Der stoische Weise dünkt sich frei, sofern er, fest in sich

selbst, die Verfügungsgewalt über sich keinem anderen
einräumt; nach Paulus dagegen ist der Mensch unfrei,
solange er über sich selbst verfügen will und nicht Christus als seinen Herrn anerkennt. Damit hängt engstens
zusammen, daß die Freiheit für ihn überhaupt nicht eine
ideale Möglichkeit, sondern eine gnadenhafte Wirklichkeit ist, gleichbedeutend mit dem Geschehen der Erlösung, von dem der Christ herkommt, aus dem er lebt
und das er nicht erst verwirklichen muß, sondern zu be-
wahren und zu bewähren gerufen ist: in der Zucht gegenüber den sexuellen Trieben (5, 1 ff.; 6, 12 ff.), im
Verzicht auf das eigene Recht (6, 1 ff.), im ehelichen Leben wie im religiösen und sozialen Miteinander (7, 1 ff.
17 ff.), in der Erwartung des in Bälde kommenden
Herrn (7, 29 ff.).
Auch die korinthischen Schwärmer verstanden sich nicht
einfach als stoische Weise, sondern als Christen und begründeten ihre Freiheit »religiös«. Der Welt, aber auch
den simplen übrigen Christen in der Gemeinde überlegen, wußten sie sich als »vollendet«, im Besitz der tiefsten Offenbarungserkenntnis und als die vom Geiste
Gottes Erfüllten und zur rücksichtslosen Demonstration
dieser ihrer Freiheit vor den anderen bevollmächtigt. In
diesem Sinne »Gnostiker« (8, 1), haben sie Paulus damit
selbst Parolen geliefert, die auch er ihnen nicht einfach
bestreiten kann (2, 6 ff.; 8—10) und doch radikal anders
verstand. »Alles ist mir erlaubt« (6, 12; 10, 23) — das
konnte auch Paulus sagen. Für jene aber hieß das: Nichts
kann mein wahres, göttliches Ich tangieren. Diese »Freiheit« praktizierten sie entsprechend bedenkenlos auch
und gerade in ihrem sexuellen, kultischen und sozialen
Verhalten, unbekümmert auch gegenüber dem Mitbru-

der in der Gemeinde. Paulus dagegen mißt die Freiheit der Christen allein an dem, was dem anderen dienlich ist und die Gemeinde auferbaut. Freiheit bedeutet darum für ihn nicht einfach: mein Recht. Ihre Kraft und Vollmacht erweist sich vielmehr auch und gerade darin, von ihr keinen Gebrauch zu machen, wenn Leben und Heil der anderen auf dem Spiel stehen (8—10).

Welche Verwirrung die mißverstandene Freiheit in Korinth angerichtet hatte, manifestierte sich vor allem in ihren turbulenten Gottesdiensten, deren Mißstände Paulus in 11—14 geißelt. Hier gibt er sehr bestimmte, kritische und positive Weisungen: für das Herrenmahl (11, 19 ff.), für die Gemeinde als den einen Leib des Herrn in der Mannigfaltigkeit und wechselseitigen Zuordnung ihrer Glieder (12), über die geistgewirkten Gaben in ihr (14) und die Liebe, die mehr ist als alles andere (13). Gemeinsam ist den Weisungen, daß Paulus nirgends bemüht ist, erschrocken über die mannigfaltigen Auswüchse die Geistesäußerungen in der Gemeinde generell zu verbieten oder auf ein erträgliches Mittelmaß zu domestizieren. Wohl aber lenkt er den wild ausgeuferten Sturzbach der Geisterfahrungen entschlossen in das Strombett der Verantwortung für den anderen.

Auch das große 15. Kapitel über die von den korinthischen Enthusiasten geleugnete Auferstehung der Toten will von hier aus verstanden sein. So fremdartig und zeitgebunden seine Argumentation im einzelnen sein mag, ist doch ihr leitendes Motiv eindeutig. Gegenüber einer enthusiastischen Schwärmerei, die unter Überspringung der irdisch-geschichtlichen Existenz der Christen schon die Vollendung proklamiert, ruft Paulus die Gemeinde in das Noch-Nicht ihres zeitlichen Daseins zurück und gibt ihr so die Hoffnung auf die Zukunft Gottes.

Von früh an und noch über lange Zeit hatte sich der urchristliche Glaube der sogenannten *Gnosis* zu erwehren. Die Briefe des Paulus nach Korinth sind dafür die ältesten Dokumente. Aber auch in zahlreichen anderen Schriften des Neuen Testaments (Johannesevangelium, 1. Johannesbrief, Offenbarung Johannes, Pastoral- und katholische Briefe, Hebräerbrief) sowie in der späteren Literatur der Alten Kirche hat die Auseinandersetzung mit diesem gefährlichen Gegner, der geradezu zur Häresie par exellence werden sollte, seinen Niederschlag gefunden. Diese Gnosis ist ein sehr schillerndes Phänomen der Religionsmischung im Zeitalter der orientalisch-hellenistischen Kultur. In ihr spiegelt sich die Überalterung der klassischen, polis-gebundenen Religionen wie das Aufkommen eines tiefen Weltüberdrusses, der Lebensangst des einzelnen und eines begierigen Verlangens nach einer jenseitigen Welt.

Ihre Erscheinungsform war nicht die einer selbständigen Religion mit einheitlicher Lehre und gesonderten Kultgemeinden, vielmehr die einer religiösen Strömung innerhalb sehr verschiedener alter und vor allem neuer Religionen, gleich ob heidnischer, jüdischer oder christlicher Provenienz. Doch liegt der einheitlich gnostische Zug in allen diesen Spielarten in der Umdeutung und Auswertung der hier und da und dort begegnenden Offenbarungen, Lehren und Riten auf die Erlösungssehnsucht der von jener Bewegung Ergriffenen.

So zeichnen sich trotz aller mannigfaltigen Ausprägungen in ihr doch bestimmte charakteristische Merkmale ab. Zu ihnen gehört ein radikal dualistisches Verständnis der Welt als der von den Finsternismächten regierten Sphäre des Verderbens. In ihr versteht der »Gnostiker« sich als ein Fremdling, tragisch aus der himmlischen Lichtwelt in sie verirrt und gebannt, aber nun durch die »Offenbarung« an den Ursprung seiner eigenen göttlichen Existenz erinnert und durch die »Erkenntnis« (Gnosis) des eigenen Selbst der bösen Welt schon entnommen und der jenseitig himmlischen Natur teilhaftig. Welche gnostischen Gedanken, Mythen und Spekulationen bereits in der korinthischen Gemeinde zur Zeit des Paulus Eingang gefunden hatten, ist nicht mehr sicher auszumachen und auch nicht von entscheidendem Belang. Tendenzen dieser Art, wenn auch wohl noch nicht spekulativ ausgebildet, sind jedenfalls in dem »Weisheits«- und »Erkenntnis«-Dünkel der Gegner, ihrer Verachtung der Kreuzesbotschaft, ihrer schwärmerisch-pneumatischen Freiheits- und Vollendungstrunkenheit und ihrem elitären Selbstbewußtsein gegenüber den »unmündigen« Brüdern in der Gemeinde allenthalben zu erkennen. Dem tritt Paulus entschlossen entgegen, indem er alle enthusiastischen Äußerungen des »Geistes« an dem Kreuze Christi mißt, die ausschweifende Mißachtung der Schöpfung Gottes seitens der Gegner nicht hingehen läßt, die Verantwortung für den anderen über die Freiheit stellt und so die Schwärmer in ihre irdisch-menschliche Zeitlichkeit zurückweist.

Die im sogenannten *Zweiten Korintherbrief* zusammengestellten Fragmente führen in eine etwas spätere Zeit, als neue Wanderapostel und Irrgeister in die ohnehin schon anfällige Gemeinde eingedrungen waren und sie gegen Paulus und sein Evangelium aufgewiegelt hatten (s. o. S. 281). Liest man die noch einigermaßen deutlich abgrenzbaren Einzelstücke des »Briefes« in anderer Reihenfolge und nicht, wie sie im Kanon stehen, als ein zusammenhängendes Schreiben, so geben sie erst eigentlich einen Eindruck von einem sich allmählich vorbereitenden, bald aufs äußerste zugespitzten, aber endlich durch leidenschaftliche Bemühungen des Apostels und seiner Mitarbeiter zur völligen Aussöhnung geführten erregenden Kampfes. Nach dieser in der gegenwärtigen Forschung noch umstrittenen, aber, wie ich meine, überzeugenden veränderten zeitlichen und sachlichen Anordnung ist das Fragment 2, 14—7, 4 an den Anfang zu stellen. Ebenso wie der Erste Korintherbrief (16, 8) wohl von Ephesus aus geschrieben, zeigt dieses Briefstück, daß Paulus von den neuerlichen Umtrieben in Korinth gehört und auch schon ein recht deutliches Bild davon erhalten hat, womit jene Eindringlinge die Gemeinde fasziniert und gegen den Apostel aufgebracht haben. Christus war für sie eine Art Macht-Gottheit in Konkurrenz mit anderen zeitgenössischen Göttern, dessen göttliche Wundermacht sie als seine Sendboten mit »Zeichen und Wundern« zu demonstrieren bemüht waren. Daß dieses nach heidnischem Modell geprägte Christus- und Apostelbild auf die frühe hellenistische Jesusüberlieferung und die vulgär-christliche Mission einen nicht geringen Einfluß geübt hat, steht außer Frage. Es hat seine deutlichen Spuren schon in den Evangelien (s. o. S. 226 ff.), stärker noch in der Apostelgeschichte und vollends in der späteren apokryphen Literatur hinterlassen. Das Evangelium des Paulus und sein eigenes Auftreten und Wirken war dem stracks zuwider. Das haben die neuen »Apostel« offenbar sofort gewittert und erkannt und darum seine Legitimation und Autorität untergraben.

Paulus muß sich deshalb schon in dem genannten Briefteil verteidigen und gegen die Verfälscher des Evangeliums, die sich mit Empfehlungen von auswärts eingeführt haben und gegen Bezahlung für ihre Demonstrationen die Christusbotschaft »verhökerten« (2, 17), kräftig polemisieren. Doch glaubte er anfangs, wie aus der Tonart des Schreibens zu ersehen, seiner Gemeinde noch leidlich sicher zu sein.

Wie sehr die Wühlarbeit der Gegner bis an die Wurzel gedrungen war, zeigt erst ein unvermittelter Zwischenbesuch, zu dem Paulus sich jäh entschloß, ein furchtbarer Zusammenstoß, der sich dabei ereignete und den Apostel nötigte, die Gemeinde sehr schnell wieder zu verlassen (2, 5; 7, 12), und der wieder von Ephesus geschriebene »Schmerzensbrief« (2, 4; 7, 8). Kapitel 10 bis 13, die diesem zuzurechnen sind, zeigen, wie vereinsamt, aber unerbittlich in der Sache, mit allen Registern — von der Beschwörung bis zur bittersten Ironie einer Narrenrede — der Apostel in dieser Phase des Streites fast auf verlorenem Posten kämpfen mußte. Doch haben dieser Brief und der persönliche Einsatz des zugleich von Paulus entsandten Titus ihre Wirkung nicht verfehlt. Dieser ist, sehnlichst erwartet, einige Zeit danach zu dem ihm von Ephesus nach Mazedonien entgegengereisten Paulus mit beglückender Nachricht zurückgekehrt, die Korinther sind zur Einsicht gekommen und können sich nicht genug tun, ihrem geschmähten Apostel alle erdenklichen Beweise ihrer Zuneigung zu geben (Versöhnungsbrief 1,1—2,13; 7, 5 ff.; ca. 55 von Mazedonien aus). Was sich in diesem bewegenden Drama, von dem die Apostelgeschichte nichts mehr weiß, abgespielt hat, ist mehr und anderes als ein menschlich-allzumenschliches

Schauspiel persönlicher Rivalität mit allen unerfreulichen Begleiterscheinungen der Verleumdung auf der einen und der ehrgeizigen Gekränktheit auf der anderen Seite, die uns herzlich gleichgültig sein könnte. Seine eigene Person hat Paulus mehr als einmal völlig in den Schatten gestellt (vgl. Phil. 1, 12 ff.). Auch seine »Amtswürde« als Apostel war für ihn kein Tabu. Hier aber stand zugleich mit seinem Apostolat das Evangelium selbst auf dem Spiel. Die Anfechtung seiner Legitimation und Verkündigung richtete sich in Wahrheit auf die Sache, den Gekreuzigten und Auferstandenen selbst, und damit auf Heil und Verderben in einem letzten Sinn (2, 15 ff. u. a.); mit 5, 17 ff. zu sprechen: auf die in Christus geschehene Gottestat der Versöhnung. Dieses Evangelium war für Paulus nicht eine so oder so variable, manipulierbare theologische Lehre, sondern eine Wirklichkeit, die sich auch und gerade in Wort und Leidensgeschick des Apostels, nicht in stupenden, exzeptionellen Kraftdemonstrationen eines göttlichen Wundertäters offenbarte. Der Kampf um den Apostolat, das einheitliche Thema des Zweiten Korintherbriefes in allen seinen Teilen, nicht einmal ausgenommen die beiden Kollektenkapitel 8 und 9 (über sie S. 126 ff.), ist darum ein einziger Kampf für das Evangelium selbst. In diesem Sinne ist das Paulus zuteilgewordene Herrenwort: »Meine Gnade ist genug für dich, denn die Kraft vollendet sich in Schwachheit« (12, 9) mehr als ein nur an ihn gerichteter Zuspruch; es faßt die Heilsbotschaft im ganzen zusammen.

c) In die Zeit seines Ephesus-Aufenthaltes fallen wahrscheinlich auch die Briefe des Paulus an die *Galater* und die *Philipper* sowie der früher erwähnte *Philemonbrief* (s. o. S. 262). Von der höchst intensiven und weitgreifenden Wirksamkeit des Paulus in der berühmten kleinasiatischen Metropole (ca. 52—55), aber auch von seinen dort erlittenen Nöten geben wieder die wenn auch imposanten Berichte der Apostelgeschichte ein unzureichendes Bild. Man vergleiche damit nur seine eigene lange Aufzählung der sicher überwiegend in diese Zeit fallenden Reisen, Mühsale, Entbehrungen und Verfolgungen in 2. Kor. 11, 23—33 — eine Liste seiner »Heldentaten«, die er den Prahlereien der korinthischen Gegner entgegenstellt! In diesen Zusammenhang gehört auch der an die Galater gerichtete Kampfbrief, auch dieser wie die Briefe nach Korinth veranlaßt durch »christliche« Wanderprediger, aber mit einer andersgearteten Irrlehre judaistischer Observanz. Entgegen dem paulinischen Evangelium besagte diese, wahres Christsein verpflichte zur Übernahme der Beschneidung, das heißt zur Eingliederung in das privilegierte jüdische Gottesvolk, und zur Innehaltung des Gesetzes, in Analogie zu den von jüdischen Missionaren an übertretende Heiden (Proselyten) gestellten Forderungen. Unter fälschlicher Berufung auf die Jerusalemer Urapostel griffen auch diese Irrlehrer die willkürlich verstümmelte Botschaft des Paulus an und fanden dabei offene Ohren. Vom Standpunkt ihrer Hörer aus gesehen erschienen also diese neuen Prediger als die legitimen, wahrhaft radikalen und Paulus als der faule Kompromißler — nicht umgekehrt. In dieser Front hat Paulus erstmals im Galaterbrief seine Lehre vom Gesetz und von der Rechtfertigung aus Glauben allein in großen Umrissen entfaltet. Das Schreiben rückt damit in die Nähe des Römerbriefes.

Persönlicher, weniger lehrhaft ist der Brief an die *Philipper* gehalten, auch er wahrscheinlich eine Sammlung mehrerer kurzer Briefe, von Paulus aus der Gefangenschaft an die ihm besonders vertraute Gemeinde gerichtet. Der lebhafte Austausch zwischen dem Gefangenen und den Adressaten, der überall in dem »Brief« vorausgesetzt ist, spricht dafür, daß Paulus vorübergehend in dem relativ nahen Ephesus inhaftiert war und von hier aus schreibt (nicht Rom oder Caesarea). Zwar weiß der auch sonst lückenhafte lukanische Bericht nichts von einer solchen Gefangenschaft, aber einige Stellen der Korintherkorrespondenz (1. Kor. 15, 32; 2. Kor. 1, 8 f.) deuten auf sie hin. Trotz der bedrängten Situation und des ungewissen Ausgangs des Paulus bevorstehenden Prozesses (Phil. 1, 19 ff.) ist der Brief in allen seinen Teilen auf den Ton der Freude gestimmt (1, 18; 2, 27 f.; 3, 1; 4, 4. 10). Doch enthält auch er eine scharfe Warnung vor judaistisch-gnostischen Irrlehrern (3, 2 ff.) und ist damit eines der wichtigsten Dokumente seiner Rechtfertigungslehre.

d) Ihre reifste Darstellung hat diese Lehre jedoch erst im *Römerbrief* gefunden. Dieser große, bedeutende, auch in der Geschichte der Kirche am wirksamsten gewordene Brief nimmt unter allen anderen eine Sonderstellung ein. Im Unterschied zu ihnen ist er an eine nicht von Paulus, sondern von unbekannten Christen schon in frühester Zeit gegründete, ihm unbekannte Gemeinde gerichtet. Vor allem aber unterscheidet sich der Brief dadurch von den übrigen, daß er sich fast nirgends auf konkrete Nachrichten, Erfahrungen und Probleme der Adressaten bezieht. Statt dessen macht er den Eindruck eines ausführlichen, wohl disponierten »Kompendiums der christlichen Lehre« (Melanchthon) von zeitlos-allgemeiner, an keine spezielle Situation gebundener Gültigkeit. Viele Themen und Gedanken des Briefes begegnen verstreut schon in den kurz zuvor an die Korinther, Galater und Philipper gerichteten Briefen, dort aber überall verflochten mit Äußerungen und Weisungen des Apostels zu bestimmten Vorgängen, Fragen, Wegen und Irrwegen dieser oder jener Gemeinde oder auch veranlaßt durch christliche Irrlehrer, die hier und dort ihr Unwesen trieben und das paulinische Evangelium angriffen. Von alledem verlautet im Brief an die Römer nichts mehr. Um so mehr werden hier die Grundgedanken der Rechtfertigungslehre in ihren inneren Bezügen und Konsequenzen weiter durchdacht, genauer begründet und in einen großen Zusammenhang gebracht, während sie zuvor oft nur bruchstückhaft auftauchen. So ist der Römerbrief mit Recht die Magna Charta der Theologie des Apostels geworden.

Zwar ist auch er nicht ein vollständiges System seiner Lehre; so ist zum Beispiel vom Abendmahl (1. Kor. 10/11) nirgends die Rede, auch die breiten Ausführungen über die Auferstehung der Toten und die Parusie des Herrn (1. Kor. 15) haben in ihm kein Gegenstück. Doch ist die Fülle der Einzelthemen erstaunlich. Um hier nur das Wichtigste in Stichworten zu nennen: die programmatische Formulierung des Evangeliums gleich im Eingang (1, 16 f.); die breiten, erregenden Ausführungen über die Verlorenheit aller Menschen, Juden und Heiden, unter dem Schuldspruch des Gesetzes (1, 18—3, 20, vgl. schon Gal. 3/4; 1. Kor. 1, 21 u. a.); die Gegenüberstellung von Adams Fall als Anfang und Ursprung des über der ganzen Menschheit liegenden Schuld- und Todesverhängnisses und Christus als dem Haupt einer neuen, erlösten Menschheit (Röm. 5, 12 ff., vgl. 1. Kor. 15, 21. 45); die durch Christi Opfertod geschehene Rechtfertigung der Glaubenden und die Darstellung Abrahams als Vater und Prototyp eines neuen, befreiten Gottesvolkes (Röm. 3/4, vgl. Gal. 3/4); Taufe und neues Leben (Röm. 6, vgl. Gal. 3, 27 f.); die Sendung des Gottessohnes und die Gewißheit derer, die kraft seines Geistes zur Sohnschaft berufen sind (Röm. 8, vgl. Gal. 4); die Gemeinde der eine Leib Christi in der Vielfalt seiner Glieder (Röm. 12, 3 ff., vgl. 1. Kor. 12); die »Starken« und »Schwachen« in ihr — wider Rücksichtslosigkeit und Rivalität im Gemeindeleben (Röm. 14—15, vgl. 1. Kor. 8—10).

Alle diese Motive und Themen sind durch die früheren Briefe bereits vorbereitet, viele von ihnen in harten Kämpfen um das Evangelium dringlich geworden, hier aber im Römerbrief in ihrer grundsätzlichen, alle umgreifenden Bedeutung entfaltet. Den umfassenden, weltweiten Dimensionen der Gedanken des Briefes, in dem nicht zufällig auch zum erstenmal die Missionspläne des Apostels in ihrem ungeheuren Ausmaß (Rom, Spanien) klar ausgesprochen werden, entspricht aber zugleich eine so nur in diesem Schreiben begegnende Intensität, mit der Paulus die Situation des Menschen überhaupt durchreflektiert. Kein anderer Brief ist so ergiebig und aufschlußreich für die paulinische Anthropologie, das heißt sein Verständnis des Menschen als Gottes Geschöpf inmitten der Welt: der Mensch als leibhaftiges, mit Herz, Geist, Gewissen, Vernunft geschaffenes Wesen vor Gott, aber gerade so aufsässig gegen seinen Schöpfer, auffahrend in seinem beständigen Drang zur Selbstbehauptung (Sünde), auch und gerade in seinem »religiösen« Gebaren; der Mensch in allen seinen vom »Fleisch«, das heißt von dem vitalen Begehren nach Selbstverwirklichung geleiteten Verhalten und eben darin ein verkaufter Sklave, im Bann der Verderbensmächte, als Lebenwollender ein Kind des Todes, todesträchtig in seiner Lebensgier. Nirgends sonst wird in den Briefen, auch nirgends in der antiken, griechischen oder jüdischen Literatur, diese Situation des ausgelieferten Menschen in seinem Widerspruch so eindringlich geschildert wie in Röm. 7, 7—25. Aber auch nirgends wird so mächtig von der befreienden Kraft der Gnade und dem neuen Leben aus dem Glauben gesprochen wie in diesem Brief, bis in die konkreten Fragen der alltäglichen Praxis (Kap. 12—15), wenngleich viele bedeutende Aussagen aus den vorher verfaßten in ihm konvergieren, unbeschadet aller Variationen in Sprache und Denkweise, in denen sie zuvor je nach Art ihrer mehr von heidnischer oder jüdischer Tradition geprägten Leser formuliert waren.

Im Römer-, Galater-, Philipperbrief ist es vor allem die im Gegenüber zum jüdischen Heilsverständnis geprägte Sprache der Rechtfertigungslehre, aber so übersetzt und ausgeweitet, daß auch die Heidenchristen sie verstehen und sich mit einbezogen wissen konnten. Paulus konnte sie darum auch den überwiegend heidenchristlichen Römern zumuten.

Warum aber schreibt er den Brief und gerade an die Römer? Obwohl das lehrhafte Schreiben auf konkrete Gemeindefragen in Rom kaum Bezug nimmt — einzige Ausnahme der Konflikt zwischen »Starken« und »Schwachen« Röm. 14/15, der sichtlich nach dem Modell von

1. Kor. 8—10 behandelt wird —, hat auch dieser wie alle anderen Briefe einen Anlaß. Das zeigen einige Sätze aus Röm. 15, 14—33, die man leicht als briefübliche »Mitteilungen« und »Reisepläne« überliest. Vor seinem längst geplanten, aber immer wieder verhinderten Aufbruch zu seinem neuen Arbeitsfeld im Westen nach Abschluß seiner Mission in der östlichen Reichshälfte muß Paulus zuvor noch eine in seinen Gemeinden für Jerusalem gesammelte Kollekte dorthin überbringen — eine, wie er selbst ausspricht, für ihn gefährliche Unternehmung, deren Ausgang völlig ungewiß war. Er rechnet mit Verfolgung von seiten der Juden. Das ist nur allzu verständlich, denn er war für das Jerusalemer wie für das Diaspora-Judentum inzwischen zu einem verrufenen Gesetzesfeind und Gotteslästerer geworden.

Merkwürdigerweise aber befürchtet er auch Widerstände seitens der Urgemeinde, die die schon auf dem Apostelkonvent 6—7 Jahre zuvor beschlossene und von Paulus mit Eifer und Erfolg (1. Kor. 16, 3 f.; 2. Kor. 8/9) gesammelte Kollekte möglicherweise zurückweisen werde. Das deutet darauf, daß diese Sammlung keineswegs nur zur Linderung wirtschaftlicher und sozialer Nöte bestimmt war. Wie hätten die »Armen« in Jerusalem sie dann nicht annehmen sollen? In Wahrheit sollte durch sie die Einheit der Kirche aus Juden und Heiden bekundet und damit die Rechtmäßigkeit des von Paulus verkündeten gesetzesfreien Evangeliums manifestiert werden. Das aber war zur Zeit der Abfassung des Römerbriefes für die Jerusalemer Urgemeinde längst nicht mehr selbstverständlich. Seit dem Apostelkonvent unter der Leitung des streng judenchristlichen Herrenbruders Jakobus (Gal. 2, 11 ff.), durch Zustrom von Juden größer geworden und nach jüdischer Art verfaßt, auch durch Konflikte (Apg. 12, 1 ff.) mit dem nichtchristlichen offiziellen Judentum zunehmend bedrängt, die eigene Treue gegenüber Gesetz und Tradition unter Beweis zu stellen, war die palästinische Urgemeinde nicht mehr ohne weiteres gewillt, die inzwischen ebenfalls beträchtlich angewachsenen heidenchristlichen Gemeinden des Paulus als gleichberechtigt anzusehen und seine weitere Mission bedingungslos zu tolerieren. Darum mußte Paulus darauf gefaßt sein, daß die Jerusalemer sich nicht durch Annehmen der Kollekte auf eine solche Demonstration der Einheit der Kirche aus Juden und Heiden einlassen würden. Die dem lukanischen Bericht (Apg. 21, 15 ff.) zugrundeliegenden Nachrichten lassen die veränderte, gespannte Situation, in der um die alte Frage Judentum-Christentum, altes oder neues Heilsverständnis, gerungen werden mußte, noch hinreichend deutlich erkennen. Freilich muß man sie auch hier wieder kritisch aus dem späteren Geschichtsbild des Verfassers der Acta lösen. Dieser weiß jedoch noch etwas von der letzten Jerusalemreise des Paulus, nennt sogar seine Begleiter (20, 4) und berichtet durchaus glaubwürdige Einzelheiten von den näheren Umständen und Stationen. Aber von der Kollekte hat er nur noch etwas läuten hören, weiß nicht mehr, daß sie überhaupt der Anlaß der Reise war, und deutet sie an einer vereinzelten und beiläufigen Stelle (24, 17) notorisch falsch, geradezu als persönliche Spende des Paulus für sein jüdisches Volk, also als Beweis seiner Gesetzestreue.

Versteht man sie jedoch nach Röm. 15, 25 ff.; 2. Kor. 8 und 9 in jenem anderen Sinn, so wird verständlich, warum Paulus die Überbringung der Kollekte nicht anderen

Gemeindegliedern überlassen konnte (1. Kor. 16, 3 f.), um sich von Korinth aus unverzüglich seinem neuen Arbeitsfeld im Westen zuzuwenden. Er mußte darauf gerüstet sein, das gesetzesfreie Evangelium für die Heiden wie einst auf dem Konvent, diesmal jedoch unter äußerlich und innerlich erschwerten Bedingungen zu verteidigen und zu begründen.

Nach wie vor lag ihm alles an dem festen Band zwischen der schon gewachsenen und noch werdenden Heidenkirche und Jerusalem, wo das weltenwendende Christusgeschehen seinen Ausgang genommen hatte. Der geschichtlich-heilsgeschichtliche Zusammenhang der Kirche mit dem noch ungläubigen jüdischen Volk, das Gott nach seinem souveränen Heilswillen erwählt, gesegnet und zum Träger der Verheißung gemacht hatte, war ihm keineswegs gleichgültig. Auch dem Volk Israel, das von seinem Ursprung her dazu berufen und bestimmt ist, allein aus der Gnade Gottes zu leben, wird sich nach der Erwartung des Paulus das Heil wieder zuwenden, freilich jetzt nach seiner Verstockung auf dem Umweg über die Heiden, die zur Beschämung Israels die Gnadenbotschaft angenommen haben. Das ist das große Thema von Röm. 9—11, ein Abschnitt, der unvergleichlich ist.

Im Römerbrief haben die Gedanken, die Paulus im Blick auf die bevorstehende letzte Auseinandersetzung in Jerusalem bewegten, ihren mächtigen Ausdruck gefunden. Daß er die Römer an ihnen teilnehmen läßt, ist wohl verständlich, denn für die überwiegend heidenchristliche Gemeinde dort wie für seine weitere Mission war der Ausgang der Verhandlungen in Jerusalem entscheidend. Darum ruft er sie auf, ihm fürbittend beizustehen (15, 30 ff.).

Die Hoffnung des Paulus hat sich nicht erfüllt; seine Befürchtungen sind eingetroffen. Sein Weg nach Jerusalem führte in die Gefangenschaft und in den Tod, den die Apostelgeschichte (21—28) zwar nicht mehr berichtet, aber unmißverständlich andeutet (20, 25 ff.; 21,4.11 ff.). So ist der Römerbrief der letzte des Paulus und sein Vermächtnis geworden.

Anhang: Die deuteropaulinischen Briefe
Obwohl umstritten, mißdeutet und weithin vergessen, ist das Erbe des Apostels auch von Schülern und Anhängern bewahrt, wenn auch im einzelnen abgewandelt worden. Das zeigen die unter seinem Namen und damit unter Inanspruchnahme seiner Autorität abgefaßten und im Kanon als Paulusbriefe geführten deuteropaulinischen Briefe. Ihre Pseudonymität, die auch für andere, mit sonstigen Apostelnamen firmierte Schriftstücke festzustellen ist, darf nicht an unseren modernen moralischen und juristischen Maßstäben von Autorschaft und -recht gemessen werden. Derlei gab es in der Antike noch nicht und wird insbesondere dem urchristlichen Schrifttum nicht gerecht, in dem die gewählten Verfassernamen nicht so sehr geistige Individualitäten, als Autoritäten der Offenbarung, Lehre und Tradition bezeichneten. Daß damit nicht alles und jedes gedeckt ist und es im Bereich dieser Literatur auch plumpe Fälschungsversuche gibt, ist damit nicht bestritten.
Ein erstes Beispiel der Bemühung, das paulinische Erbe gegenüber schwärmerischer Irrlehre zur Geltung zu bringen, haben wir bereits in dem *Zweiten Thessalonicherbrief* kennengelernt (s. o. S. 279 f.). Aber auch die beiden als Briefe des Paulus aus der Gefangenschaft an die *Ko-*

losser und *Epheser* abgefaßten sind dieser Gruppe zuzurechnen. Beide enthalten genuin paulinisches Gedankengut. Auch berührt sich der Brief nach Kolossä (Phrygien) hinsichtlich der äußeren Situation eng mit dem an Philemon. Anders der nach Ephesus, der nichts von den engen Beziehungen zwischen Paulus und dieser ihm aus jahrelanger Arbeit vertrauten Gemeinde andeutet; er könnte an jede beliebige andere gerichtet sein (ein gewichtiges Argument unter anderen gegen seine Echtheit). Beide Briefe sind in Stil und Inhalt einander engstens verwandt; der Epheserbrief liest sich partienweise geradezu wie ein Kommentar zum Kolosserbrief. Sie führen, wenn auch mit charakteristischen Unterschieden, bestimmte Gedanken des Paulus in eine so andere Richtung selbständig weiter, daß die Annahme, sie seien von Paulusschülern verfaßt, berechtigt ist. Schon ihr Stil unterscheidet sich auffallend von den echten Paulusbriefen: riesige, schier nicht endende, eigentümlich meditativ gehaltene Satzgebilde, durch immer neue Zwischensätze, Wortverbindungen, Parallelwendungen unterbrochen, gleichsam ausufernd und ineinanderfließend mit zahlreichen hymnisch-liturgischen Partien. Nicht minder heben sich auch Sprache, Denkweise und theologische Besonderheiten beider Briefe von Paulus ab: Anknüpfungen an die großen Themen seiner Theologie (Rechtfertigung, Versöhnung, die Gemeinde als Leib Christi, Taufe, neues Leben, Auferstehung usw.) finden sich zwar allenthalben, aber die Akzente sind anders gesetzt, die Gewichte verlagert, die Perspektiven und Dimensionen verändert. Alles dies offensichtlich unter Aufnahme und Abwehr anderer religionsgeschichtlicher Vorstellungen und Motive. Das tritt offen zutage im Kolosserbrief, der

ausdrücklich und heftig gegen eine gnostische »Philosophie« streitet (2, 8 ff. 16 ff. 20 ff.), unausdrücklich aber
auch in dem unpolemisch gehaltenen Brief an die Epheser.

Die Gedanken beider Briefe bewegen sich in weit aus-
schwingenden, den Kosmos mit allen seinen Sphären und
Mächten umgreifenden Kreisen um das offenbarte Chri-
stusmysterium (Kol. 1, 26 f.; 2, 2; 4, 3; Eph. 1, 9; 3, 3 f.
9 ff. u. a.): die Versöhnung des Alls durch den Kreuzes-
tod Christi (Kol. 1, 20; Eph. 1, 7. 10), sein Triumph
über alle gottfeindlichen Gewalten (Kol. 2, 15; Eph. 1,
21 f.), Christus als der »Friede« zwischen Gott und
Menschheit, durch den die trennende Wand zwischen
beiden beseitigt ist, aber damit auch die Unterschiede
zwischen dem Volk der Verheißung (Juden) und den
Fremdlingen (Heiden) aufgehoben sind und alle gleiches Bürgerrecht von Gott empfangen haben. Diese zentrale paulinische Erkenntnis ist vor allem Thema des
Epheserbriefs (2, 15 ff.). In diese vollendete Heilswirk-
lichkeit sind die Glaubenden durch die Taufe versetzt.

Alle diese Gedanken werden in beiden Briefen vornehmlich in räumlichen Kategorien verkündet und entfaltet,
nicht eigentlich wie bei Paulus in zeitlich-eschatologi-
schen Gedanken. Dementsprechend ist das paulinische
Motiv von der Kirche als Leib hier weitergeführt zu der
Vorstellung von Christus als dem »Haupt des Leibes«,
der Kirche, und dem gnadenhaften Hinaufwachsen ihrer
Glieder zu ihm, dem im Himmel Erhöhten (Kol. 1, 18;
2, 10; Eph. 1, 22; 4, 15). Dem soll, wie die paränetischen Teile beider Briefe sagen, der Wandel der Glaubenden »im Herrn« entsprechen.

Ebenfalls aus der späteren Zeit des Kampfes gegen Irrlehrer stammen die Briefe an die Mitarbeiter des Paulus *Timotheus* und *Titus*. Verglichen mit den beiden eben genannten, eigenständig in kosmische Weiten führenden Briefen sind sie Dokumente völlig anderer, auf den »kirchlichen Binnenraum« (U. Wilckens) beschränkter Art. Nach Sprache und Charakter gehören sie ebenso unter sich zusammen, wie sie sich von den echten Paulinen unterscheiden. Auch sie geben sich als Schreiben des Apostels, enthalten Anklänge an Formeln und Wendungen seiner Briefe und sentenzhaft wiedergegebene Aussprüche von ihm, auch allerlei biographische Details und Situationsnotizen aus verschiedenen, im einzelnen nicht mehr aufzuhellenden Überlieferungen, die beim Leser wohl auch den Eindruck ihrer Authentizität verstärken sollen. Diese tragen für den Inhalt jedoch nur insofern etwas aus, als sie ihm — so im 2. Timotheusbrief — das Vermächtnissiegel des in Ketten liegenden, todbereiten Apostels aufdrücken und vor allem auch den bedeutungsvollen Übergang der apostolischen Lehre an seine Nachfolger veranschaulichen. Damit ist bereits gesagt, daß alle drei nicht private, sondern amtliche Briefe sind und nur nominell an Timotheus und Titus gerichtet. Diese figurieren in Wahrheit, repräsentativ für die Kirche überhaupt, als Bevollmächtigte, durch Handauflegung eingesetzte Amtsträger, die entsprechend in den ihnen zugewiesenen Wirkungsbereichen weitere bewährte Männer zu Gemeindebischöfen und Diakonen bestellen sollen. Ihrer Form nach sind die wichtigsten Partien der Briefe als nachapostolische Gemeindeordnungen zu bezeichnen (zum Beispiel Bischofs- und Diakonenspiegel 1. Tim. 3, 1 ff.); andere Stücke als geprägte und einzuprägende Lehrformeln (1. Tim. 3, 16; 2. Tim. 2, 8) und allgemeine, das Ideal christlicher Bürgerlichkeit widerspiegelnde Anweisungen für einen rechtschaffenen Wandel.

Tiefsinnige theologische Reflexionen liegen den Briefen fern. Worauf es ihnen ankommt, ist die Bewahrung der gesunden, reinen Lehre, das praktische christliche Leben im Alltag und die Ordnung sozusagen im eigenen Haus. Nicht zufällig wechseln sittliche Ermahnungen mit Abschnitten über Gottesdienst und Ämter ab und sind die letzteren nichts anderes als allgemeine »Haustafeln«.

Der Zweck der Briefe ist, die Kirche auf festen Grund zu stellen und sie damit vor der Häresie der Gnosis zu schützen. Diese wird an zahlreichen Stellen summarisch gegeißelt, und dem rechten Amtsträger und Christen wird verboten, sich auf jegliche Diskussion ihrer krausen Spekulationen und Fabeleien einzulassen.

Aus dem Gesagten erhellt, daß Paulus unmöglich als Verfasser dieser »Briefe« gelten kann, weder im Sinne eines direkten Diktates noch auch indirekt als Auftraggeber, der seine Gedanken mündlich einem »Sekretär« mitteilte und diesem dann für die Ausarbeitung einen gewissen Spielraum ließ. Zu deutlich ist der geistige und theologische Abstand, weisen aber auch die vorausgesetzten Verhältnisse, Verfassungsformen und Tendenzen der Kirche in eine spätere Zeit.

Was ihnen gleichwohl Wert verleiht, ist weniger ihre Gesamthaltung als die in ihnen gesammelte und aufbewahrte Überlieferung und die schlichte Bestimmtheit, mit der sie hier und da in verworrenen und verführerischen Situationen der Gemeinde wie des einzelnen Christen klare Orientierungshilfen geben. Sie haben darin auch ein gutes Teil paulinisches Erbe bewahrt.

V. Teil

Christusbotschaft und Glaube in den späten Schriften des Neuen Testaments

A. Zum Verständnis der späten neutestamentlichen Schriften

Es ist weithin üblich, das Christentum gegen Ende des 1. Jahrhunderts mit seinen Schriften ganz in den Schatten der großen Zeit des Anfanges, der Zeit Jesu und der ersten Ausbreitung des Evangeliums zu stellen und damit summarisch als Epigonenzeitalter abzustempeln. Doch wird man damit der Zeit der »dritten« Generation nicht gerecht. Schon die Bezeichnung »nachapostolisch« ist zwar nicht einfach falsch, aber enthält gemeinhin jenen abwertenden Beiklang. Unwillkürlich verbindet man mit ihm die schon im lukanischen Geschichtsbild wirksame Vorstellung einer ersten idealen Epoche der Kirche, die es so niemals gegeben hat. Anfechtbar ist auch die summarische Charakteristik des späteren christlichen Schrifttums als »frühkatholisch«. Sie verführt leicht dazu, erst später ausgebildete Wesensmerkmale der Kirche als einer einheitlich durch Lehre und Tradition, Amt und Amtsnachfolge geordneten Heilsinstitution in die Texte zurückzuprojizieren. Von einer derartigen Uniformität kann in ihnen jedoch nicht die Rede sein.

Wir tun darum gut, die in den neutestamentlichen Kanon aufgenommenen Schriften dieser Periode nicht sofort nach den Maßstäben einer vorangegangenen oder nachfolgenden Epoche theologisch zu zensieren, sondern nach der geschichtlichen Bedeutung dieser Zeit selbst zu fragen. Sie zeigt sich schon darin, daß in den genannten Jahrzehnten erstmalig überhaupt so etwas wie ein christliches Schrifttum entsteht, wenn auch sehr verschiedenartig und -wertig und noch ohne einen »kanonischen« Anspruch. Dabei fällt auf, daß sich darunter auch nicht eine einzige Missionsschrift befindet; als Leser, Vorleser und Hörer sind durchweg Christen vorausgesetzt. Bereits die Entstehung der Evangelien fällt, wie wir sahen, in diesen Zeitraum; desgleichen die Abfassung der Deuteropaulinen, sehr wahrscheinlich auch die erste Sammlung und Verbreitung der authentischen Paulusbriefe über den Umkreis ihrer Adressatengemeinden hinaus. Bezeichnenderweise werden in dieser Zeit auch zum erstenmal Schriften verfaßt, die nicht mehr an eine Einzelgemeinde gerichtet, sondern für eine größere Allgemeinheit bestimmt sind. In diesem Sinne will der von der altkirchlichen Überlieferung geprägte Ausdruck »katholische« Briefe verstanden werden. Sie hat ihrer sieben unter diesem Begriff zusammengefaßt: Jakobus-, Erster und Zweiter Petrus-, Judas- und die drei Johannesbriefe. Die letzten drei sind allerdings fälschlich in diese Gruppe geraten, da der Erste Johannesbrief überhaupt kein Brief ist und der Zweite und Dritte Johannesbrief sich nicht an eine Allgemeinheit wenden. Eher läßt sich der dem Paulus zugeschriebene Epheserbrief als »katholisch« charakterisieren. Gleiches gilt für den in der Alten Kirche ebenfalls als paulinisch geltenden Brief an die Hebräer, dem freilich bis auf seinen Schluß (13, 18 ff.) alle brieflichen Merkmale fehlen.

Auch die Offenbarung Johannes gibt sich in Eingang und Schluß als ein allen Christen geltender »Himmelsbrief« und redet zwar in den Sendschreiben Einzelgemeinden (2—3) an, aber kennzeichnet sie schon durch die heilige Zahl sieben als eine höhere, ideale Einheit.

Trotz großer Unterschiede haben bestimmte gemeinsame Erfahrungen und Tendenzen der Kirche in dem späten neutestamentlichen Schrifttum ihren Niederschlag gefunden. Dazu gehört erstlich die Erfahrung des Abstandes der eigenen Zeit von der des Anfanges. Man sucht ihn aufzuholen und stellt darum, wie der Jakobus- und Judasbrief, Schriften unter den Verfassernamen zweier Brüder Jesu oder, wie die beiden Petrusbriefe, unter die Autorität des erstberufenen Jüngers. Entsprechendes haben wir bereits für die Deuteropaulinen festgestellt (s. o. S. 129 ff.). Die Verankerung und Befestigung von Lehre und Glauben in der Tradition sind ein hervorstechendes Merkmal dieser Schriften, wobei auch die apostolische Legitimation des kirchlichen Amtes von Bedeutung wird (Pastoralbriefe; Apg. 20, 18 ff.).

Eine weitere, damit eng verbundene Erfahrung ist die beständige Bedrohung der Gemeinden durch Irrlehrer. Die Warnung vor den falschen Propheten — oft mit Nachdruck als Zeichen endzeitlicher Drangsal hervorgehoben — fehlt fast in keiner der Schriften (Jud. 17 ff.; 2. Petr. 2, 10 ff.; 3, 2 ff.; 1. Joh. 2, 18 ff.; 4, 1 ff.; 5, 1. 5 ff.; Hebr. 13, 9 ff.; vgl. auch Mark. 13, 22; Matth. 7, 15 ff.; Apg. 20, 29 ff.; 1. Tim. 1, 4; 4, 3; 6, 20; 2. Tim. 2, 18; Tit. 3, 9 f. u. a.). Anders als Paulus in seinen echten Briefen weisen die Verfasser dieser Schriften in der Regel die häretischen Lehren nicht argumentierend zurück, sondern prangern ihre Verderbtheit und Gefährlichkeit summarisch an, alle erdenklichen Bosheiten auf sie häufend.

Ferner zeigt sich an zahlreichen Stellen, daß die Kirche inzwischen auch von außen schwere Verfolgungen erlitten und erneute Leiden solcher Art zu gewärtigen hat (2. Tim. 2, 8; Hebr. 10, 32 ff.; 12, 7 f.; 1. Petr. 4, 1 ff. 12 ff.; 5, 8 f.; Offb. 2/3; 13, 7 ff. u. a.).

B. DIE KIRCHENBRIEFE

Die Ausprägung und theologische Verarbeitung des Christusglaubens ist in den einzelnen Schriften denkbar verschieden. Im *Jakobusbrief* tritt er in solchem Maße zurück, daß man fragen kann, ob dieser überhaupt von Hause aus als eine christliche Schrift konzipiert worden ist. Der Name Jesu Christi findet sich in dem ganzen, nur der Form nach brieflich eingekleideten, »an die zwölf Stämme in der Diaspora« gerichteten Schreiben nur zweimal (1, 1; 2, 1). Auch sonst liegt ihm jede theologische Reflexion über das Heilsgeschehen fern. Nur 5, 7 ff. wird auf das baldige Kommen des Herrn zum Gericht hingewiesen, jedoch nicht anders als jeder Jude von dem Gerichtstag reden konnte. Inhalt der Schrift ist vielmehr das praktische gottgemäße Leben. Von ihm ist in einer locker gefügten, vielfach stichwortartig aufgereihten Kette von Einzelmahnungen und -warnungen die Rede: von der Bewährung in Versuchungen (1, 2 ff.); vom Hören und Tun des göttlichen Wortes (1, 19 ff.); von Dünkel und liebloser Parteilichkeit, zumal der Reichen gegenüber den Armen (2, 1 ff.), leichtfertigem Geschwätz und trügerischer Selbstsicherheit (3, 1 ff.; 4,

13 ff.) u. ä. Schon das Vorherrschen der Imperative —
in 108 Versen nicht weniger als 54! — weist darauf, daß
wir es in dem »Brief« mit Paränese zu tun haben, und
zwar unter ausgiebiger Verwertung hellenistisch-jüdi-
scher, jedes heilsgeschichtlichen Partikularismus entklei-
deter, allgemein ethisch gehaltener Spruchweisheit, aber
auch christlichen Spruchgutes und griechisch-hellenisti-
scher Moral. Einen eigenen theologischen Akzent enthält
nur der polemische Abschnitt über Glaube und Werke
(2, 14—26). Dieser setzt unmißverständlich die paulinische Lehre von der Rechtfertigung allein aus Glauben
voraus, wenn auch in vulgärer Entstellung; einem »toten« Glauben, gegen den Jakobus kämpft, hat der Apostel selbst nirgends das Wort geredet. Das ändert jedoch
nichts daran, daß in der Frage der Rechtfertigung Jakobus gegen Paulus einen gut jüdischen Standpunkt ver-
tritt (Glaube *und* Werke).

Ungleich stärker von der christlichen Heilsbotschaft geprägt ist der *Erste Petrusbrief*. Auch er enthält eine Fülle
von Mahnungen, aber sie sind eingebettet und verankert in den Zuspruch der den Glaubenden widerfahrenen
und sie dereinst erwartenden Gnade Gottes. So ist, wie
in der Paränese der Paulusbriefe, der Indikativ dem
Imperativ vorgeordnet und das neue Sein der Christen
der Grund aller Weisungen für ein brüderliches Verhalten untereinander und gegenüber der Welt. Durch
Christi Opfertod losgekauft (1, 18 ff.) und durch seine
Auferstehung zu einer lebendigen Hoffnung wiederge-
boren (1, 3 ff.), leben sie »bewacht vom Glauben« (1, 5);
hier auf Erden zwar noch nicht im Schauen (1, 8), durch
Leiden geprüft (1, 6 f.), Fremdlinge und nicht heimisch
in der Welt (2, 11) und doch Gottes auserwähltes Ge-

schlecht, sein Volk und Eigentum und Christi geistlicher Tempel (2, 9. 5). Dementsprechend mahnt der »Brief« zu ungeheuchelter Bruderliebe (1, 22 ff.; 3, 8; 4, 8 u. ö.), zur Selbstzucht (2, 11), Demut (3, 8; 5, 5 f.), zu einem untadeligen Verhalten inmitten der heidnischen Umwelt (2, 12), zur Unterordnung unter die gottgesetzte Obrigkeit (2, 13 ff.), zur Geduld im Ertragen von Unrecht nach dem Vorbild Christi (2, 18 ff.) und zur Leidensbereitschaft in Verfolgungen (4, 12 ff.). In der Nachfolge Christi sind diese Erfahrungen nichts Befremdliches, sondern die Fußtapfen des Herrn (2, 21) und ein Grund zur Freude für den Glaubenden auf dem nur noch kurzen Weg dem ewigen, im Himmel schon bereiteten Erbteil entgegen (1, 4 ff.). Noch ist die Erwartung des baldigen Weltendes und des künftigen Heils ungebrochen (4, 7) und als das gewisse Ziel ebenso bestimmend für das Verständnis rechten Christseins wie die in Christus schon gegenwärtige Heilszeit (1, 6—12).

In Sprache, Gedanken und Vorstellungen enthält der Erste Petrusbrief geprägtes Gut. Zumal in den Eingangskapiteln finden sich in auffallender Häufung Motive, die an die Taufe anklingen: auf Grund der Auferstehung Christi von den Toten werden die Hörer angeredet als von Gott neu gezeugt durch sein lebenschaffendes, ewiges Wort (1, 3. 22 ff.; 2, 2). Früher waren sie verirrte Schafe, nun aber sind sie bekehrt zu dem Hirten und Wächter ihrer Seelen (2, 25). Auf die Taufe wird 3, 20 ff. ausdrücklich Bezug genommen, die in der Geschichte der Rettung Noahs bei der Sintflut ihr alttestamentliches Gegenbild hat. Auch wenn sich daraus nicht, wie man vermutet hat, eine ganze Taufrede rekonstruieren läßt, sind diese Bezüge doch eindeutig. Ebenso heben sich an-

dere Stücke einer schon vorgeformten Tradition in dem
»Brief« ab: bekenntnisartige Sätze und Hymnen (2,
21 ff.; 3, 18 ff.), liturgische Formen, »Haustafeln« im
Rahmen der Paränese (2, 18 ff.; 3, 1 ff.; 5, 1 ff.) und
zahlreiche, verstreute alttestamentliche Zitate. Wer das
Schreiben auf besonders »originelle« Konzeptionen ab-
sucht, wird ihm nicht gerecht. Um so mehr aber zeigt es,
welcher Schatz von Erfahrungen und Erkenntnissen des
Glaubens in seinen einfachen, überlieferungstreuen
Aussagen gesammelt und aufgehoben ist.

Daß dieses Trost- und Mahnschreiben nicht von Petrus
stammt, wird daran deutlich, daß der Verfasser sich
nirgends auf seine Beziehungen zum irdischen Jesus beruft. Auch wendet er sich in gepflegter griechischer Sprache an kleinasiatische Heidenchristen (1, 14. 18; 2, 9 f.;
4, 3 f.) aus dem weiteren Umkreis der Mission des Paulus und berührt sich in vielem eng mit dessen Theologie.
Schließlich weist ihn auch die vorausgesetzte Situation
der nicht mehr lokal begrenzten staatlichen Verfolgung
und die Erwähnung Roms unter dem Decknamen »Babylon« (5, 13; vgl. Offb. 14, 8; 16, 19; 17, 5; 18, 2 ff.)
in eine spätere Zeit. Das pseudonyme Schreiben wird
darum in der Ära Domitians (81—96 n. Chr.) in den
neunziger Jahren verfaßt sein.

In dieselbe Zeit gehört auch der sogenannte Brief an die
Hebräer. Unter allen neutestamentlichen Schriften, die
Johannesoffenbarung eingeschlossen, ist er für den Leser heute das vielleicht fremdartigste und am schwersten
zugängliche Dokument, und doch ist er wert, neu entdeckt zu werden. Er macht es einem allerdings nicht
leicht, weil er sich nur schwer eingruppieren läßt. Vergeblich hat schon die altkirchliche Überlieferung ver-

sucht, seine Sonderstellung abzuschwächen, indem man ihn auf Grund seines Schlusses (13, 18—25) unter die Briefe rechnete und für ihn wegen seines auffallend stark alttestamentlich bezogenen Inhaltes einen bestimmten Adressatenkreis, nämlich Judenchristen (Hebräer), ersann. Aber seinem Charakter nach ist er überhaupt kein Brief (kein Präskript; keine konkreten Bezüge zu einer Einzelgemeinde), sondern eine im Predigtstil gehaltene Lehrschrift. Auch ist er nicht speziell für Judenchristen geschrieben. Einzelne Stellen zeigen, daß der Verfasser einstige Heiden als Angeredete vor Augen hat. Nur auf sie paßt das ABC christlicher Lehre mit der Bekehrung zu dem einen Gott (6, 1 f.; vgl. auch 11, 6) und die Warnung vor dem Abfall von ihm (3, 12). Von jeher war das Alte Testament für die gesamte Christenheit Heilige Schrift, so daß der Verfasser seine Gedanken auch Heidenchristen zumuten konnte. Ebenso ist der »Brief« sicher nicht, wie früher weithin angenommen, von Paulus verfaßt. In Sprache und Gedankenwelt ist er völlig eigenständig geprägt.

Das Bild der angeredeten Gemeinde trägt gleichwohl sehr bestimmte, wenngleich für eine spätere Generation typische Züge. Man läßt sich in der Heilslehre unterweisen und taufen, ist im Besitz von Bibel (Altes Testament) und Bekenntnis und feiert die Gottesdienste. Aber das verkündigte Wort hat sich abgenutzt, die Hörer sind abgestumpft (5, 11), von Verhärtung (3/4), Erschlaffung (12, 12 ff.), Überdruß (10, 25), ja von Abfall bedroht (3, 12; 4, 1) und in Gefahr, wie ein steuerloses Schiff abgetrieben zu werden (2, 1).

In dieser Situation ruft der Prediger die Gemeinde zu ihrem Bekenntnis zurück, jedoch nicht nur mit beschwörenden Appellen und nicht eintönig längst Bekanntes wiederholend, vielmehr so, daß er sie das Heil, zu dem sie sich immer schon bekannt haben, in seinen weiten Dimensionen in neuer Weise verstehen lehrt.

Die in beständiger Anlehnung an das Alte Testament entwickelten Grundgedanken des Hebräerbriefes lassen sich unter den christologischen und ekklesiologischen Leitworten zusammenfassen: Christus der ewige Hohepriester und die Gemeinde das wandernde Gottesvolk. Beide Themen gehören engstens zusammen und sind im Grunde eines unter zwei Aspekten, die in einem den ganzen Brief durchziehenden Wechsel von lehrhaften und paränetischen Abschnitten entfaltet werden. Der Psalm 110 entnommene Hoheitsname des (Hohen-)Priesters nach Gottes Heilswillen faßt das Heilsgeschehen im ganzen zusammen: der Sohn Gottes ist um unserer Rettung willen aufs tiefste erniedrigt, uns gleich geworden, ausgesetzt wie wir Versuchung und Sünde, Angst und Tod (2, 6—18; 5, 7 ff.), aber von Gott zum Bringer des Heils erhöht. Auf diesem paradoxen, im Gehorsam durchschrittenen Weg hat er den teuflischen Bannkreis unserer Versklavung durchbrochen und »ein für allemal« (7, 27; 9, 12; 10, 10) durch sein Selbstopfer uns den Himmel, das heißt den Zugang zu Gott aufgetan (4, 14 ff.; 8, 1 ff.; 10, 19 ff.). So waltet er jetzt für immer über uns als der Hohepriester.

Damit ist dem Glaubensweg der Gemeinde Verheißung und Ziel gegeben, aber dieser zugleich die Furchtbarkeit des Verderbens vor Augen gestellt, wie es einst über das verstockte Israel in der Wüste hereingebrochen ist (3/4). Von hier aus bekommt der Glaube im Hebräerbrief seine wahrhaft entscheidende Bedeutung: als Ge-

horsam gegenüber dem Wort und Ruf Gottes, als unbe-
irrte Hoffnung und Durchhalten in der sich dehnenden
Zeit (11); Glaube jedoch nicht nur verstanden als gott-
gemäßes Verhalten des Menschen, sondern in einem geradezu objektiven Sinn als Wirklichkeitserweis des er-
hofften Heils und Beweis der unsichtbaren Dinge,
denen gegenüber alles Sichtbare schattenhaft und ver-
gänglich ist. Das meint die zum ersten und einzigen Mal
im Neuen Testament in Hebr. 11, 1 versuchte »Defini-
tion« des Glaubens. Er wird in dem großen nachfolgenden Kapitel an der »Wolke« von heilsgeschichtlichen
Zeugen, die der christlichen Gemeinde vorangegangen
sind, erläutert, aber hat seinen ersten und letzten Grund
in Jesus, dem »Anführer und Vollender des Glaubens«
(12, 2).
In seiner eigentümlich verschlüsselten Gedankenführung
ist der Traktat aufs stärkste abhängig von der Schrift-
exegese des hellenistischen Diasporajudentums (bekannt
aus Philon von Alexandrien). Auch haben sichtlich dua-
listische Vorstellungen der Gnosis auf ihn eingewirkt.
Doch hat der Verfasser, gebunden an alttestamentlich-
jüdische und christliche Tradition, das Verständnis der
Welt als Gottes Schöpfung nicht preisgegeben und Heil
und Erlösung als Befreiung von der Sünde verstanden
— im Gegensatz zur Gnosis, die nur von einem schicksal-
haften Verhängnis, aber nichts von Sünde und Sühnung
weiß. Auch verbindet der Hebräerbrief ein in zeitlosen
Sphären sich bewegendes Denken mit einem zeitlich-
eschatologisch ausgerichteten. Die alttestamentliche Gottesoffenbarung ist und bleibt in der Theologie des Hebräerbriefes grundlegend wichtig, als vorausweisend-
verheißendes Zeugnis, aber zugleich als eine abgetane

Ordnung eines beständigen Leerlaufes kultischer Bemühungen, beispielhaft darin für den vergeblichen Betrieb
aller »Religion«. Sie ist überwunden und abgelöst durch
den neuen Bund Gottes, durch das himmlische Heiligtum und das allein wirksame Selbstopfer des Hohenpriesters Jesus am Kreuz (7—10; 12).

In der Deutung des Christusgeschehens und des Glaubens berührt sich der Hebräerbrief in mancher Hinsicht
mit Paulus: vor allem in der Antithese zum jüdischen
Heilsverständnis (Alter/Neuer Bund) und in der Erkenntnis, daß das alte Gesetz als Heilsweg abgetan ist
(Hebr. 8, 13). Doch steht im Hebräerbrief allein das alttestamentliche Kultgesetz im Blick, das für Paulus kaum
eine Rolle spielt, und seine Gedanken bewegen sich nirgends in den Bahnen der Rechtfertigungsbotschaft des
Apostels. So ist die Theologie dieser Schrift unbeschadet ihrer befremdlichen Einkleidung ein eigenständiger,
weit ausgreifender, auch in erstaunlicher, machtvoller
Sprache formulierter theologischer Entwurf.

In weitem Abstand davon sind der *Judasbrief* und der
Zweite Petrusbrief zu nennen. Beide streiten aufs hef-
tigste für den überlieferten Glauben gegen die verruchten
Irrlehrer, die das verdiente Gericht Gottes treffen wird.
So schon der als Brief des Herrenbruders Judas firmierte
mit einer langen Aufzählung alttestamentlicher Beispiele
für die göttlichen Strafen über derlei Bösewichter. Im
Zweiten Petrusbrief ist dieses kleine Schreiben verarbeitet worden (Kap. 2), und zwar in spezieller Kampf-
richtung gegen die Bestreiter der Parusie. Aber er führt
seinen Kampf ausschließlich im Rückzug auf die von
den Aposteln, vorab von Petrus, garantierte reine Lehre
und mit lose aneinandergereihten apologetischen Argu-

menten der Tradition. Die Fiktion der Verfasserschaft tritt nicht zufällig in dem Schreiben verstärkt hervor, das Bild der Gegner wird nach üblicher Manier der Ketzerbekämpfung schematisiert, und die verteidigte Eschatogie erscheint mehr wie ein theologisch unverarbeitetes Teilstück orthodoxer Lehre, auch in seinem Sinngehalt etwa gegenüber Paulus, aber auch dem Ersten Petrus- und Hebräerbrief beträchtlich verschoben und nicht mehr eigentlich in der Bezeugung lebendigen Glaubens. Darüber können auch beherzigenswerte Einzelstücke nicht hinwegtäuschen. So gewinnt man bei genauerem Zusehen angesichts der Berufung auf die Apostel und die Erinnerung an ihre heilige Vergangenheit den Eindruck, daß hier eine ehrwürdige Veteranenkompanie von der rechtgläubigen Kirche an einen gefährdeten Frontabschnitt geworfen wird.

Der »Brief« ist erst gegen Mitte des 2. Jahrhunderts verfaßt und damit die späteste Schrift des Neuen Testaments.

C. Die Offenbarung Johannes

Ganz anders die *Offenbarung Johannes*. In ihr geschieht noch einmal ein elementarer, gleichsam vulkanischer Ausbruch urchristlicher Naherwartung und wird nicht nur ein Stück überlieferter Lehre zäh und mühsam verteidigt. Seit langem ist diese Schrift, in ihrer eigenen Bildersprache gesprochen, ihrer ursprünglichen Intention freilich entgegen, ein »Buch mit sieben Siegeln« geworden, das man in der Regel den Sekten überläßt. Im Sinne ihres Verfassers will sie gerade umgekehrt als ein

Buch der *geöffneten* Siegel und *enthüllter* letzter Geheimnisse verstanden werden, die der Seher auf Geheiß und Diktat des erhöhten Christus als ein alle angehendes göttliches Manifest niedergeschrieben hat. Die sieben kleinasiatischen Gemeinden, an die er sich eingangs in den Sendschreiben (2/3) wendet, vertreten dabei die gesamte Christenheit (2, 7. 11. 17 u. a.).

Der Inhalt des Buches erschließt sich nur, wenn man es nicht sofort abstandslos, wie vom Himmel gefallen, nach sektiererischer Manier (man denke an den »Wachtturm«!) in unsere Zeit hineinsprechen läßt, sondern ihm seinen uns fremden religions- und zeitgeschichtlichen Ort beläßt. Schon mit seinem ersten Wort »Offenbarung« (Apokalypse) stellt es sich selbst ausdrücklich in Tradition, Denkweise und Literaturgattung der zeitgenössischen jüdischen Apokalyptik hinein. Das Wort bezeichnet eine Spätform alttestamentlicher Prophetie, mit dieser zwar noch eng verbunden (alttestamentliche Zitate, Bilder und Wendungen durchziehen das ganze Buch), aber von dieser durch die kosmisch-dualistischen Dimensionen ihrer Enderwartung unterschieden. Ihre großen, in einer Unzahl von Entwürfen, Bildern und Spekulationen ausgeführten Themen sind das Weltende, das Weltgericht und der Anbruch der neuen Welt Gottes. Die Bedeutung dieser Tradition für das gesamte Urchristentum läßt sich nicht hoch genug einschätzen, wie immer dieses Erbe auch in christlichen Schriften verändert übernommen, positiv oder kritisch verarbeitet oder umgeprägt worden ist. Auf diesem Hintergrund wollen auch das weithin phantastische Gedankengut und die eigentümlich archaische Sprache der Offenbarung Johannes verstanden werden.

Doch ist ihr Inhalt mehr als nur ein vergessenes religiös-theologisches Erbe, das ein eschatologisch spekulierender Wunderling aus der Vergangenheit wieder ans Licht gezogen hat. Johannes schreibt in einer aktuellen zeitgeschichtlichen Situation, aller Wahrscheinlichkeit nach in der Mitte der Neunzigerjahre, als unter Domitian der Konflikt zwischen Kirche und heidnischem Staat offen zum Ausbruch gekommen und über die Christen Verfolgung hereingebrochen war. Der von diesen Leiden selbst mitbetroffene Seher, wohl als Verbannter auf der Insel Patmos (1, 9), will mit seinem Buch seine Mitbrüder im Glauben und im unbeirrten Zeugnis stärken, und zwar dergestalt, daß er, durch Entrückung und prophetische Schau in die Ratschlüsse Gottes eingeweiht, ihnen den Sinn der Erfahrungen und des Ablaufes ihrer schon gegenwärtigen und dem baldigen Kommen Christi entgegeneilenden Geschichte verkündet.

Damit ist bereits ausgesprochen, was ihn mit der jüdischen und traditionell urchristlichen Apokalyptik verbindet, aber auch das Besondere seines Buches schon angedeutet. In seiner Aufmachung als »Apokalypse«, in der Weise, wie der Seher sich selbst einführt, in Vorstellungen und Symbolen und in der den Eindruck einer fortlaufenden Ereignisfolge erweckenden Wiedergabe der einzelnen Gesichte ist Johannes ein Kind seiner Zeit, auch wenn er seinen Namen nennt und sich nicht wie sonst üblich hinter irgendwelchen großen Gottesmännern der grauen Vorzeit verbirgt. Er hat sogar offensichtlich Quellen und überlieferte Traditionen eingearbeitet und des öfteren seine Schrift nach heiligen Zahlen disponiert: 7 Sendschreiben (2/3); 7 Siegel-, Posaunen- und Schalenvisionen (6/7; 8–11; 15/16). Sowenig wie andere zeitgenössische Apokalypsen ist also auch die Offenbarung Johannes im Trancezustand der Ekstase niedergeschrieben, sondern planvoll konzipiert.

Doch unterscheidet sich das Werk von anderen jüdischen, aber auch christlichen, der gleichen Literaturgattung zugehörigen Dokumenten durch das Verständnis der Geschichte. Schon die Abfolge der Geschehnisse läßt sich in Wahrheit nicht in ein Zeitschema pressen und wie ein Kursbuch lesen, das die Stationen und Ereignisse bis zum Weltende angibt. Vielmehr wird in einem dreimaligen, parallel laufenden Durchgang die gleiche Spanne der Geschichte von Anfang bis Ende durchmessen: in den Siegelvisionen in einem summarischen Abriß (dies die Außenseite der »innen« und »außen« beschrifteten Buchrolle in der Hand des erhöhten Christus, die erst nach Lösung des letzten Siegels voll lesbar wird, 5, 1; 8, 1); in den Posaunenvisionen schon deutlicher, doch immer noch fragmentarisch und verhüllt; erst in den Schalenvisionen und in allem, was dieser Reihe folgt (15, 1—22, 5), klar und vollständig überschaubar.

Das mag zunächst nur wie eine raffinierte Kompositionstechnik anmuten. In Wahrheit aber spricht sich darin die Sache aus, um die es dem Buche geht: die Welt steht im Aufruhr wider Gott und offenbart sich zunehmend mehr in ihrer Verstocktheit und Hybris unter den Schlägen seines Gerichtes bis hin zur Apotheose des römischen Kaisers und der staatlichen Gewalt, die alle in ihren Bann schlägt und alsbald gegen die sich nicht unterwerfenden, nur mit Standhaftigkeit und Glaubenstreue bewaffneten »Heiligen« einen furchtbaren Krieg eröffnet. Aber ihre Macht ist als Babel — die große Hure — entlarvt und ihr tierisches Toben auf Erden nur ein letz-

tes Sich-Aufbäumen des vom Himmel gestürzten, vor
Gott zum Schweigen gebrachten, besiegten Satans (12/
13). Die Entscheidung Gottes über die Welt ist in Christus schon gefallen zu Heil und Frieden. Am Anfang —
wohlgemerkt nicht erst am Ende wie in anderen apokalyptischen Texten des Neuen Testaments (Mark. 13,
26 ff.; 2. Thess. 2, 8 ff.) — steht darum die große Vision
von der Inthronisation Christi als des geschlachteten
Lammes in dem Thronsaal Gottes. Er ist zum Schicksal
der Welt geworden und allein würdig, aus Gottes Hand
das Schicksalsbuch der Geschichte zu empfangen, seine
Siegel zu öffnen und damit die Endgeschichte der Welt
zu vollstrecken. Unter ihren Schrecknissen erklingt die
bange Frage: Wer kann bestehen? (6, 17) Doch werden
die Glaubenden schon jetzt unter das verheißende Bild
des wahren erlösten Gottesvolkes gestellt (7, 9 ff.; 14,
1 ff.; 19, 1 ff.), das Gottes Eigentums- und Schutzzeichen
trägt, und einem neuen Himmel und einer neuen Erde
entgegengeführt (21/22).
So wird auch in der Offenbarung Johannes die Christusbotschaft noch machtvoll vernehmbar, wenn auch gleicherweise ekklesiologisch verengt, wie zu einer Ge-
schichtstheologie ausgeweitet und von phantastischen
Spekulationen überwuchert.

D. Das Johannesevangelium
und die johanneischen Briefe

Das *vierte Evangelium* ist ein so eigenartiges Gebilde,
daß es sich nur schwer den übrigen neutestamentlichen
Schriften zuordnen läßt. Der späte Platz, den wir ihm

in diesem Buche einräumen, will freilich nicht nur eine Verlegenheit andeuten und besagen, daß dieser Fremdling eigentlich nirgends unterzubringen ist. Einige erste, seine Entstehungsverhältnisse betreffende Fragen lassen sich sehr wohl beantworten. Dazu gehört, wenn auch mit einer negativen Antwort, die nach seinem Verfasser. Sie ist schon in der Alten Kirche lebhaft diskutiert worden und wurde noch in der älteren Bibelforschung geradezu als »die« johanneische Frage bezeichnet. Dieses Gewicht können wir ihr nicht mehr geben. Daß das Evangelium von dem Zebedäussohn Johannes aus dem ersten Jüngerkreis Jesu verfaßt wurde, ist erst eine aus durchsichtigen Gründen vertretene Meinung des späten 2. Jahrhunderts, die sich auf keine Aussage des Buches selbst stützen kann und aus vielerlei Gründen sich als irrig erwiesen hat. Auch der Rekurs auf andere Gewährsmänner führt auf brüchigen Boden. So tut man gut, dem Evangelium seine Anonymität zu belassen. Seine Abfassungszeit läßt sich ziemlich genau angeben, da ein winziger, 1935 in Oberägypten gefundener und auf das erste Drittel des 2. Jahrhunderts datierbarer Papyrusfetzen mit ein paar Versen aus Joh. 18 beweist, daß das Evangelium damals in jener Gegend schon bekannt war. Andererseits deuten das fortgeschrittene Stadium der Jesusüberlieferung, auch Sprache, Theologie und Gedankenwelt des Evangeliums darauf, daß es sicher nicht vor den synoptischen Evangelien verfaßt ist. Alles das führt auf die Zeit um 100 n. Chr. und läßt vermuten, daß das Buch in Syrien oder Kleinasien beheimatet ist. Insoweit ist der Umkreis anderer neutestamentlicher Schriften, die synoptischen Evangelien eingeschlossen, also noch nicht wesentlich ausgeweitet.

Nach altkirchlicher Überlieferung soll das Evangelium von demselben Johannes stammen wie die Apokalypse. Auch diese hier und da noch heute vertretene Annahme ist unhaltbar. Beide Schriften sind nach Sprache und Anschauungen grundverschieden. Dennoch berühren sie sich, wenn auch gegensätzlich, in verschiedener Hinsicht. Beide entstammen offensichtlich ähnlich strukturierten Gemeinden, die man soziologisch als Konventikel bezeichnen könnte. Schon die Offenbarung Johannes kennt nur pneumatisch-prophetisch gelenkte, nicht hierarchisch geordnete Gemeinden, die keineswegs für die Kirche des ausgehenden 1. und des anfangenden 2. Jahrhunderts, zumal in Kleinasien, repräsentativ sind. Lukas, Pastoralbriefe, 1. Petrusbrief, Ignatius, Polykarp setzen Älteste, Bischöfe, Diakonen in den Gemeinden voraus. Davon deutet auch das Johannesevangelium nichts an. Der Geist ist hier der ganzen Gemeinde gegeben (20, 19 ff. u. a.). Wir haben uns seinen Verfasser eher als einen nicht amtsmäßig an eine Lokalgemeinde gebundenen, charismatischen Wanderlehrer vorzustellen und in diesem Sinn wie den »Ältesten« des *3. Johannesbriefes* (wenn nicht überhaupt als denselben), der sich und seine Mitarbeiter gegenüber einem anmaßenden Vertreter des kirchlichen Amtes hart verteidigen muß. Vielleicht darf in diesen Zusammenhang auch die Tatsache gerückt werden, daß die Aufnahme des Johannesevangeliums mit seinen höchst eigenwilligen Anschauungen unter die gesamtkirchlichen Schriften nicht reibungslos und erst nach einer schon früh einsetzenden Überarbeitung vonstatten ging.

Das Johannesevangelium berührt sich mit der Offenbarung Johannes aber auch in nicht wenigen theologischen

Motiven und Begriffen, die in beiden freilich sehr verschieden verstanden und verwendet werden: Christus der Logos Gottes; das Opferlamm, erniedrigt und erhöht; Leben und Tod; Zeugnis und Bezeugen. Eschatologisch-apokalyptische Themen sind in beiden von großer Bedeutung: Weltgericht; Sturz des Satans; Auferstehung der Toten. Hier wie da wird schon die irdische Geschichte endzeitlich verstanden. Hinzu kommt in beiden Schriften die schroffe Antithese von christlicher Gemeinde und Judentum. Das ist nicht wenig Gemeinsames, wenn auch die tiefgreifende Verschiedenheit in Sprache und Gedanken beide trennt. Von daher drängt sich die Vermutung auf, daß beide, der Apokalyptiker und der Evangelist, zwar eine verwandte apokalyptische Tradition voraussetzen, doch nimmt der eine sie ungebrochen auf und führt sie weiter, der andere dagegen gibt ihr eine radikal neue Deutung im Sinne einer konsequent präsentischen Eschatologie (s. u. S. 328 ff.). Höchst bedeutsam ist, daß sich der Blick des Apokalyptikers ganz auf Zukunft und Gegenwart richtet — von dem irdischen Jesus verlautet kaum etwas; der Evangelist dagegen wendet sich der irdischen Geschichte Jesu zu. Damit ist die Frage nach seinem Verhältnis zu den Synoptikern gestellt. Hat Johannes sie überhaupt gekannt? Einiges gemeinsame Überlieferungsgut, besonders aus der Passionsgeschichte und ihrem weiteren Umkreis, und darüber hinaus einige Wundererzählungen (4, 46 ff.; 6, 1 ff. 16 ff.), auch einzelne, verstreute Herrenworte scheinen dafür zu sprechen. Doch ergibt sich daraus nur ein sehr bescheidener, im einzelnen stark variierter Grundbestand von Nachrichten über Jesu irdisches Wirken und Geschick. Größere Wahrscheinlichkeit hat darum die Annahme für sich, daß der vierte Evangelist die synoptischen Evangelien nicht gekannt hat.

Ist das richtig, so folgt daraus, daß man das Johannesevangelium nicht, wie uns unwillkürlich naheliegt, im Sinne des Lukasprologs (1, 1—4; s. o. S. 247 ff.) verstehen darf, als habe sein Verfasser aus den schon vorhandenen Evangelien und ihren Quellen eine neue, dann freilich sehr willkürlich ausgefallene Auswahl getroffen und eine korrigierte Darstellung der Geschichte und vor allem der Gestalt und Botschaft Jesu auf Grund einer andersgearteten theologischen Konzeption geben wollen. Dann aber steht das Johannesevangelium nicht eigentlich in der literarischen Nachfolge des Markusevangeliums, sondern muß als ein ihm vergleichbares, in mancher Hinsicht ihm sogar theologisch verwandtes, wenn auch auf anderem Boden erwachsenes Werk ihm an die Seite gestellt werden.

Überlieferungen hat auch Johannes verarbeitet, sogar vorgeformte Sammlungen. Das gilt für die Passionsgeschichte, aber auch höchstwahrscheinlich für den Komplex seiner sieben Wundergeschichten: Hochzeit zu Kana (2, 1 ff.); Heilung des Sohnes des Königischen (4, 46 ff.); des Lahmen am Teich Bethesda (5, 1 ff.); Speisung der Fünftausend und Seewandel Jesu (6, 1 ff. 16 ff.); Blindgeborener (9); Auferweckung des Lazarus (11). Alle diese sind gegenüber den synoptischen Wundern noch ungleich mehr ins Mirakelhafte gesteigert. Diese stark hervortretende Tendenz verbindet die johanneische »Zeichenquelle« mit den hellenistischen Erzählungen von göttlichen Wundermännern. Aber damit ist noch nicht das Christusbild des Evangelisten selbst getroffen, obwohl er den Wundern Jesu einen breiten Raum ge-

währt und in dem ursprünglichen Schluß seines Buches
(Kapitel 21 ist ein Nachtrag von späterer Hand) seinen
Inhalt sogar unbefangen mit dem Stichwort der »Zeichen«, die Jesus tat, um seine Messianität und Gottessohnschaft zu manifestieren, zusammenfassen kann (20,
30 f.).
Entscheidend ist jedoch, wie Johannes diese »Zeichen«
verstanden wissen will und dementsprechend verarbeitet. Sie sind für ihn nicht im vulgären Sinne stupende
Taten, die den Nichtglaubenden Jesu göttliche Vollmacht demonstrieren sollen. Was sie sagen und bedeuten,
versteht nur der Glaube. Ihre Absicht ist nicht nur, auf
den hinzuweisen, der sie vollbringt, vielmehr empfangen sie umgekehrt von ihm her erst ihren Sinn. Der Unglaube mißversteht sie ständig und sucht in ihnen eine
sinnenfällig-greifbare, irdisch-vergängliche Lebenssstei-
gerung. Allenthalben sind die johanneischen Wundererzählungen ebenso wie Jesu Reden von diesen Mißverständnissen durchzogen. Den wahren Sinn der Taten
Jesu sprechen im Johannesevangelium erst Jesu Offen-
barungsreden aus und vor allem seine »Ich-bin«-Worte.
Zumal diese letzteren sind für das Johannesevangelium
im höchsten Maße charakteristisch und begegnen in immer neuen Variationen: Ich bin das Brot des Lebens (6,
35 u. a.), das Licht der Welt (8, 12; 9, 5), der gute Hirte
(10, 11), die Auferstehung und das Leben (11, 25), Weg,
Wahrheit und Leben (14, 6), der wahre Weinstock
(15, 1). Sie alle sind Verheißung und Angebot und sagen: Was ihr sucht, wonach die Menschen in ihrem Hunger nach wirklichem Leben verlangen, bin Ich. Aber sie
sind darin zugleich ein entschiedenes Nein zu allem Le-
bens- und Heilsersatz, mit dem sich die Welt begnügt.

Einige der erzählten Wunder sind ausdrücklich diesen »Ich bin«-Worten zugeordnet (Kapitel 6; 9; 11), in anderen ist ein solches unausgesprochen enthalten. In jedem Fall wollen die Wunder Jesu in einem beispielhaft-transparenten, symbolischen Sinn verstanden werden als Hinweis auf die Werke Gottes, die Jesus als der Sohn vollbringt (5, 19 ff.).

Damit ist bereits das eigentliche Thema des Evangeliums genannt: das Gottesgeschehen der Offenbarung im Medium der Geschichte des irdischen Jesus. Um ihn als den Offenbarer Gottes kreist in immer neuen Variationen die ganze Theologie des Johannes.

Nicht erst mit Jesu Taufe durch Johannes (wie Markus) oder Jesu Geburt (Matthäus, Lukas), sondern vor aller Zeit und Welt in der Ewigkeit Gottes einsetzend, redet der Evangelist darum in seinem programmatisch dem ganzen Evangelium vorangestellten hymnischen Prolog von dem urewigen göttlichen Logos, der in Jesus Fleisch geworden ist. Seine Herrlichkeit haben die Glaubenden geschaut und preisen ihn in dem Lied, das der Evangelist aus der Gemeindeüberlieferung aufgenommen und erläutert hat (1, 1—18).

Alle nachfolgenden Berichte von Jesu irdischem Wirken, Reden und Geschick sind damit in ein überirdisches Licht gerückt. In ewiger Einheit mit dem Vater handelt, verkündet, leidet und siegt er, vom Vater gesandt, bevollmächtigt, bezeugt. So ist er selbst in Person als der Offenbarer, also nicht nur als Mystagoge und Künder himmlischer Geheimnisse, das einzige Thema des ganzen Evangeliums.

Als solcher ist er ein Fremdling in der Welt. Denn diese hat sich von jeher, obwohl sie doch als Gottes Schöpfung ihm Leben und Licht verdankt, der Wahrheit verschlossen, sich für Trug und Lüge entschieden und demonstriert ihren Aufstand wider Gott in der Konfrontation mit Jesus in immer neuen Anstürmen gegen ihn; denn sie will nur einen Gott und Heilbringer wahrhaben, der sie selbst bestätigt und sich vor ihr legitimiert. Diesen Willen zur Selbstbehauptung bekundet die Welt auch und gerade durch ihre beständige Berufung auf ihre geheiligte, religiöse Tradition (Abraham, Mose, Tempel und Schrift), wie die Juden, die im Johannesevangelium als die Gottesfeinde, ja als Kinder des Teufels (8, 44) par exellence figurieren. Blind für die Wahrheit, das heißt die in Jesus begegnende Wirklichkeit Gottes, gerade als die vermeintlich Sehenden (9, 39 ff.), sehen sie in Jesus einen Ketzer und Besessenen (7, 20; 8, 48. 52; 10, 25), der beseitigt werden muß, soll nicht das ganze Volk zugrunde gehen (11, 49; 18, 14).

Das Evangelium ist darum durchzogen von dualistisch-antithetischen Motiven und Begriffen: Wahrheit/Lüge; Leben/Tod; Licht/Finsternis; Freiheit/Sündenknechtschaft. Doch wird darüber nicht metaphysisch spekuliert, sondern als von einem dramatischen Kampf in der Geschichte Jesu geredet.

Aber ist das wirklich noch Geschichte? In dem uns geläufigen Sinn einer Abfolge von Ereignissen in der Zeit jedenfalls nicht, auch nicht mehr nach Art der synoptischen Jesusdarstellungen, in denen ja immerhin noch ein beträchtliches Maß von der Historie Jesu aufbewahrt ist. Von ihr ist im Johannesevangelium, auch wenn sich hier und da zuverlässige Erinnerungen in seinem Überlieferungsgut erhalten haben, erstaunlich wenig zu finden, und es gelingt schlechterdings nicht, das synoptische und das johanneische Bild der Geschichte und Gestalt Jesu zur Deckung zu bringen. Was alles fehlt im vierten Evangelium: nichts von Jesu Reich-Gottes-Botschaft (Gleichnisse), seiner Gesetzesauslegung (Streitgespräche), seinem Umgang mit Verachteten und Verfemten u. a. m. Noch in einem ganz anderen Maße sind die auftretenden Menschen Schattengestalten und nur dazu da, so oder so Jesus selbst zu bezeugen: selbst Johannes der Täufer ist nicht mehr Bußprediger und Vorläufer, sondern Zeuge (1, 6 ff. 15. 19 ff. 29 ff. 35 ff.; 3, 36 ff.) Auch haben die Erzählungen des Johannesevangeliums in der Regel wohl einen szenischen Anfang, aber verlieren sich dann im Zeitlos-Gültigen der Reden Jesu (vgl. Kapitel 3; 5; 6 u. a.). So entsteht der Eindruck, die Geschichte des irdischen Jesus sei hier aufgesogen von einer eigenartigen Theologie.

Dieser Eindruck ist nicht einfach falsch. Unverkennbar unterscheidet sich das Johannesevangelium nicht nur von den synoptischen Jesusüberlieferungen, sondern ist auch in seinem Christusbild aufs stärkste von gnostischen Vorstellungen und Mythen geprägt, wenn auch ebenso bestimmt von der Gnosis unterschieden. Das Verständnis der Welt als Schöpfung ist nicht preisgegeben. Sie ist also nicht das gottwidrige Chaos, in das die gottentstammten Menschenseelen tragisch versunken sind. Finsternis und Verderben ist die Welt nach Johannes, weil und sofern die Menschen sich selbst schuldhaft wider Gott verschließen. Die Erlösung geschieht darum nicht so, daß eine himmlische Lichtgestalt die ihr verwandten Seelen aus der Fremde in ein Jenseits zurückholt. Auch wo derlei gnostische Motive anklingen — und solcher Anklänge sind nicht wenige —, ist doch die bestimmende Anschauung von Verderben und Heil im Johannesevangelium eine andere.

Vor allem aber ist der Erlöser ein irdisch-geschichtlicher Mensch, das in Jesus »Fleisch gewordene Wort« Gottes, und die Erlösung geschieht in seiner irdischen Geschichte, die ihr Ende gefunden hat in seinem Tod. Ihr Ende? Nein, nicht Ende allein, vielmehr zugleich einen neuen Anfang. Denn in und mit seinem Abschied von der Welt und seinem Hingang zum Vater ist das Erlösungswerk des irdischen Jesus erst vollendet (19, 30) und in Kraft gesetzt. Damit ist seine Geschichte im eigentlichen Sinne eröffnet, das heißt nicht mehr als weltverhaftete, vergehende Zeit, sondern als Gottesgeschehen, das sich im »Jetzt« der Glaubensbegegnung mit Jesus und seinem Wort ereignet. In diesem Sinn hat der vierte Evangelist die traditionelle apokalyptische Eschatologie des Urchristentums radikal präsentisch umgeprägt. Wer Jesu Wort hört und glaubt, der *ist* aus dem Tode ins Leben hinübergeschritten und kommt nicht mehr ins Gericht (5, 24 f.). Denn Jesus selbst ist die »Krisis« der Welt, in ihm ist letztgültig der Spruch auf Leben und Verderben gefallen; als der Retter ist er der Richter (3, 16 ff.). So fallen auch im Johannesevangelium die nach christlicher Lehre sonst unterschiedenen »Heilsgeschehnisse« (Auferstehung und Himmelfahrt Jesu, Geistausgießung und Parusie) in eins zusammen; in allen ereignet sich das Kommen Jesu zu Heil und Gericht.

Deutlich hat auf diese johanneische Konzeption zeitlosgnostisches Denken eingewirkt, und das etwa von Paulus gegenüber gnostischer Vollendungstrunkenheit (1. Kor. 15; vgl. 2. Tim. 2, 18) leidenschaftlich zur Geltung gebrachte Noch-Nicht scheint bedenklich preisgegeben.

Doch wird Johannes nicht wirklich von dieser Kritik getroffen, denn was bei ihm Glaube heißt, ist nicht gleichbedeutend mit dem enthusiastischen Selbstbewußtsein jener Schwärmer, die sich schon in einen anderen Äon versetzt dünken. Im Gegenteil, die irdisch-zeitliche Situation der Glaubenden nach Jesu Tod in der Welt wird im Johannesevangelium in ihrer ganzen Härte zur Sprache gebracht. Für Menschenaugen ist die Zeit über Jesus hinweggegangen und die Welt geblieben. Sie triumphiert, die Jünger dagegen werden trauern (16, 20 ff.), sogar in Gottes Namen ausgestoßen, auseinandergetrieben, getötet werden (16, 2. 32 f.). Allem Anschein nach sind sie sogar von ihrem Herrn verlassen, denn auch sie werden — wie die Welt — ihn nicht mehr in irdischer Gestalt sehen (16, 16; 13, 33). Aber der Augenschein trügt. Denn gerade für diese Zeit scheinbarer Verlassenheit gibt Jesus den auf Erden Zurückbleibenden die Verheißung des Geistes, die während seines irdischen Daseins sich noch nicht erfüllen konnte (7, 39; 16, 5 ff.).

Diese Zusage wird den Jüngern in den Abschiedsreden gegeben (13, 31—17, 26). Ohne ein vergleichbares Gegenstück in den synoptischen Evangelien sind sie für das Christus- und Geschichtsverständnis des Johannesevangeliums von einzigartiger Bedeutung. Denn hier wird unter dem Bild der zum letztenmal um ihren Herrn versammelten Jünger in der Nacht vor seiner Gefangennahme das Bild der Gemeinde auf Erden bis zum Ende der Welt sichtbar, also ihre eigene Geschichte, aber durchstrahlt von der nun vollendeten Geschichte Jesu. Völlig frei von dem geringsten Ton der Schwermut, erfüllt von einem unvergleichlichen Frieden, obwohl der Todesring sich nunmehr endgültig um Jesus geschlossen hat, kündigen diese Reden das Kommen eines »anderen Beistandes« an, des Geistes der Wahrheit, der über alles hinaus, was Jesus vor seinem Sterben den Jüngern zu sagen vermochte, erst die ganze, volle Wahrheit offenbaren wird (14, 16. 26; 15, 26; 16, 5—15). Ein anderer, der Jesus überbietet und seine Offenbarung gleichsam in den Schatten stellt? So befremdlich das zunächst klingt — ja. Denn den Irdischen werden die Glaubenden in der Tat nicht mehr sehen. Und doch ist dieser »andere Beistand« Jesus selbst in neuer Gestalt, nämlich als der mit seiner vollendeten Geschichte in das Wort der Verkündigung Eingegangene und immer neu zu den Jüngern Kommende. So wird der Scheidende zum Bleibenden, der Dahingehende zum Kommenden. Er wird sie also nicht verwaist zurücklassen (14, 18). Vielmehr begründet und eröffnet sein Abschied den Jüngern eine niemals endende Gemeinschaft mit ihm, die ihnen der Umgang mit Jesus zu seiner Erdenzeit noch gar nicht zu gewähren vermochte. Der Augenblick, in dem der Irdische ihren Blikken entschwindet, wird so zur Geburtsstunde des Glaubens.

Eine Verheißung für die Jünger, aber zugleich die Ankündigung, daß der große Gerichtsprozeß zwischen Gott und der Welt, der sich schon in der irdischen Geschichte Jesu abgespielt hat, für Gott und den von ihm Gesandten siegreich abgeschlossen ist. Jesu Richter werden zu Gerichteten, der Verurteilte im Zeugnis des Geistes zum Richter (16, 5 f.). So deutlich hier noch die Sprache jüdisch-urchristlicher Apokalyptik laut wird, ist doch nicht mehr von einem supranaturalen Enddrama die Rede, sondern von einem Geschehen in der Geschichte, das in Jesu Tod am Kreuz seine Mitte hat.

Auch das Johannesevangelium kennt wie Paulus und Markus eine »Theologie des Kreuzes«, wenn auch anderer Art. Sie hat ihren radikalsten Ausdruck gefunden in der paradoxen Erkenntnis, daß Jesu tiefste Erniedrigung zugleich seine Erhöhung, die »Stunde« seines Sterbens zugleich die seiner »Verherrlichung« ist (3, 12 ff.; 6, 63 ff.; 12, 23 ff. 32 f.; 13, 1. 31 ff.; 17, 1 ff.). Keineswegs ist Jesu Tod nach Johannes nur der Durchgang eines vom Himmel gekommenen und in die Herrlichkeit zurückkehrenden mythischen Gottwesens, sondern der Durchbruch dieser Herrlichkeit in einem höchst realen, mit den Augen des Glaubens geschauten und gedeuteten Geschehen. Was der blinde, an die Welt verlorene Unglaube nicht sieht, ist dem Glauben Gewißheit: In der Hingabe des Sohnes ist Gottes rettende Zuwendung zur Welt Ereignis geworden (3, 16), vollendet in Jesu Dienst (Fußwaschung, 13, 1 ff.). In diesem Geschehen ist nun auch die Liebe der Jünger untereinander begründet. Beispielhaft ihnen vor Augen gestellt, ist sie sein Vermächtnis und das Unterpfand bleibender Gemeinschaft mit ihm (13, 31 ff.; 15, 1 ff.). Mitten in Drangsal und Not ist ihnen damit nicht erst für eine apokalyptische Zukunft, sondern jetzt schon der errungene Sieg ihres Herrn zugesagt (16, 33).

Sichtlich hat auch Johannes ähnlich wie Markus im Sinne seiner theologia crucis die ihm vorliegende Tradition kritisch verarbeitet. Das zeigt sich daran, daß die Passionsmotive noch radikaler als irgendwo sonst bis zum Anfang der dargestellten Geschichte Jesu vorgeschoben sind und immer wieder auf das Ende vorausweisende Signale gesetzt werden: schon im Zeugnis des Täufers (1,26. 29) wie in dem Hinweis auf Jesu »Stunde« in der Kana-

geschichte, in der programmatisch schon in 2, 13 ff. erzählten Geschichte von der Tempelreinigung und so
durch das ganze Evangelium. Darum auch die scharfe
Kritik jedes bloßen Mirakelglaubens (4, 48 u. ö.). Einen
Jesus, der, wie alle Welt erwartet, von seinem Demon-
strationsrecht Gebrauch macht, erkennt Johannes nicht
an; sichtbare, handfeste Beweise, auf die hin man glauben könnte, gibt es für ihn nicht. Wohl aber erkennt der
auf das Wort vom gekreuzigten Jesus gegründete Glaube
von rückwärts her nun auch in der Geschichte des Irdischen das Aufstrahlen seiner Herrlichkeit.

Johannes hat diese Erkenntnis in einer unvergleichlichen
Tiefe reflektiert und mit einer grandiosen, oft auch fast
beklemmenden Monotonie und Einseitigkeit zur Sprache
gebracht. Die Christenheit heute hat allen Grund, sich
darüber zu freuen, daß wir außer ihm auch die synoptischen Evangelien besitzen, aber nicht minder Grund,
sich von Johannes die Dimensionen des Glaubens eröffnen zu lassen, in denen die Geschichte Jesu als Geschehen
zwischen Gott und Welt verstanden sein will.

Daß seine Botschaft nachgewirkt hat, wenn auch zunächst wohl in bestimmten johanneischen Gemeinden,
zeigt der *Erste Johannesbrief.* (Der Zweite Johannesbrief darf hier beiseite gelassen werden, da er keine
neuen Gedanken bringt.) In ihm werden einzelne große
Themen, die schon im Evangelium angeschlagen sind, in
Anwendung auf Glauben und Leben der Gemeinde in
einer Folge von Meditationen erörtert (Gotteskindschaft
und Bruderliebe, Sündenbekenntnis und Freiheit von
der Sünde, Glaube und Irrlehre und dergl.).

Sprache und Gedankenwelt sind dem Johannesevangelium eng verwandt. Dessen weiter Horizont ist freilich

hier »kirchlich« verengt, und Gedanken traditionell urchristlicher Lehre, die im Evangelium zurückgedrängt
sind, treten wieder stärker hervor. Sie betreffen insbesondere die Sakramente (5, 5 ff.), den Kampf gegen
die Häresie (2, 18 ff.; 4, 1 ff.) und die hier durchaus
futurische Eschatologie (2, 1 ff.). So sind schwerlich beide
vom selben Autor verfaßt. In der Richtung der im Ersten Johannesbrief erkennbaren Angleichung johanne-
ischer Gedanken an die allgemein christliche Lehre ist,
wie sich deutlich erkennen läßt, auch das Evangelium an
einigen Stellen von späterer Hand überarbeitet und mit
Zusätzen versehen worden, sichtbar besonders in Joh. 6,
51—58 (Herrenmahl, dessen Stiftung in Joh. 13 nicht berichtet wird) und in Joh. 5, 27 ff. (Totenauferstehung
zum Weltgericht).

SCHLUSS

Das eine Thema des Neuen Testaments

Wer dem Durchgang durch die Schriften des Neuen Testaments in diesem Buch gefolgt ist und die Fragen mit bedacht hat, die uns dabei beschäftigten, mag erstaunt, wenn nicht gar verwirrt sein angesichts der Mannigfaltigkeit der hier dargestellten urchristlichen Glaubenszeugnisse. Vielleicht wird er nur verwundert den Kopf schütteln über das Aufgebot von verschiedenartigen Konzeptionen und Gedanken über Jesus von Nazareth, der an sich selbst am wenigsten gedacht und nicht nach sich gefragt hat. Läßt sich aus allen diesen Stimmen seine Stimme noch vernehmen? Wir hören sie freilich nicht anders als durch die Stimmen von Menschen, die an ihn glaubten und ihren Glauben in der Sprache ihrer Zeit und in den Grenzen ihres Vermögens sehr verschieden bezeugten. Eine über allen Wandel der Zeiten hinweg uniforme Lehre ist dem Neuen Testament darum ebensowenig abzugewinnen wie dem Alten Testament. Hier wie da gibt es kein gradlinig reguliertes Strombett göttlicher Offenbarung.

Doch bietet das Neue Testament damit nicht weniger, sondern mehr und will in allen seinen Schriften dennoch auf *ein* Thema hin befragt und verstanden werden: Jesus Christus und seine Geschichte als Gottesgeschehen von endgültiger, entscheidender Bedeutung. So geben sie sein

Wort weiter, indem sie selbst vielstimmig auf die Frage antworten: Nicht nur wer *war*, sondern wer *ist* Jesus? Diese Frage halten sie wach und warten auf neue Antwort auf die Herausforderung Gottes und sein heilbringendes Angebot an die Welt in Christus.

Man sollte sich abgewöhnen, diese vielfältigen Stimmen des Neuen Testaments allzu schnell als einen wohlklingenden, polyphonen Chor zu bezeichnen, oder in einem anderen, beliebten Bilde zu sprechen: die urchristlichen Glaubenszeugnisse wie ein Prisma anzusehen, in dem das eine Licht der Offenbarung sich in einem wunderbaren Farbenspiel gebrochen hat. Derlei ästhetische Vergleiche verfälschen die Sache eher als daß sie sie sichtbar machen. Wer das Neue Testament aufmerksam liest, wird sehr bald inne, daß es zwar wirklich große Zusammenklänge, aber auch schrille Dissonanzen in ihm gibt und in seinen vielerlei Antworten sich ebenso ein echter, Jesu Wort bewahrender und weiterdringender Glaube ausspricht wie ein in gewohnte Traditionen zurückfallendes und in die Irre gehendes Verständnis und Mißverständnis des Glaubens.

An diesem Ringen der Geister wird die Christenheit weiter beteiligt und ihr also nicht die Rolle bloßer Zuhörer und Zuschauer überlassen. Sie selbst ist, wie die Welt mit ihr, gefragt, ob der für Menschenaugen am Kreuz Gescheiterte ein »Skandal« sei wie einst für die Juden zur Zeit des Paulus und ein »Unsinn« wie für die Griechen, oder ob der Gekreuzigte für sie Gottes Kraft und Weisheit ist (1. Kor. 1, 18–25). Er ist derselbe einst wie jetzt, und die durch die Botschaft heute Angeredeten sind gewissermaßen auch dieselben wie die ihm Begegnenden damals.

In dieses für Zeit und Ewigkeit entscheidende Geschehen wird jede neue Generation von Jesus Christus selbst hineingezogen. So ist das Neue Testament nicht nur historisch verstanden die Ur-kunde des christlichen Glaubens. Nach wie vor wird die Geschichte dieses Glaubens die Geschichte der Passion Jesu bleiben, aber auch die Geschichte seiner Auferstehung.

LITERATURHINWEISE ZUM NEUEN TESTAMENT

Die Angaben beschränken sich auf eine Auswahl neuerer Werke; dort Hinweise auf weitere Literatur (* = allgemeinverständlich). Vgl. ferner die einschlägigen Artikel in den Nachschlagewerken:
Die Religion in Geschichte und Gegenwart (1957—1965[3]) (RGG[3])
Evangelisches Kirchenlexikon (1962[2])
Lexikon für Theologie und Kirche (1957—1968[2])
Biblisch-Historisches Handwörterbuch (1962 ff.)

I. GESCHICHTE DER FORSCHUNG

W. G. Kümmel, Das Neue Testament. Geschichte der Erforschung seiner Probleme (1970[2])
W. G. Kümmel, Das Neue Testament im 20. Jahrhundert. Ein Forschungsbericht (1970).

II. TEXTAUSGABEN

a) Griechisch
E. Nestle-K. Aland (Hg.), Novum Testamentum Graece (1963[25])
A. Huck-H. Lietzmann (Hg.), Synopse der drei ersten Evangelien (1950[10])
K. Aland (Hg.), Synopsis quattuor Evangeliorum (1970[7])
b) Deutsche Übersetzung
* Zürcher Bibel (verschiedene Ausgaben)
* U. Wilckens, Das Neue Testament. Übersetzt und erklärt (1971[2])
* C. H. Peisker, Zürcher Evangelien-Synopse (1970[10])
c) Apokryphen des Neuen Testaments
E. Hennecke-W. Schneemelcher (Hg.), Neutestamentliche Apokryphen in deutscher Übersetzung I (1968[4]), II (1964[3])

III. EINFÜHRUNG IN DAS NEUE TESTAMENT (LITERATURGESCHICHTE)

* M. Dibelius, Geschichte der urchristlichen Literatur I/II (1926) (Sammlung Göschen)
R. Knopf-H. Lietzmann-H. Weinel, Einführung in das Neue Testament (1949[5])
(P. Feine-J. Behm-) W. G. Kümmel, Einleitung in das Neue Testament (1969[16])
* W. Marxsen, Einleitung in das Neue Testament (1965[3])
* J. Schreiner (Hg.), Gestalt und Anspruch des Neuen Testaments (1969)

IV. THEOLOGIE DES NEUEN TESTAMENTS

R. Bultmann, Theologie des Neuen Testaments (1968[6])
H. Conzelmann, Grundriß der Theologie des Neuen Testaments (1968[2])
* W. G. Kümmel, Die Theologie des Neuen Testaments nach seinen Hauptzeugen (1969)
* H.-D. Wendland, Ethik des Neuen Testaments (1970)

V. UMWELT UND GESCHICHTE DES URCHRISTENTUMS

* R. Bultmann, Das Urchristentum im Rahmen der antiken Religionen (1962) (rde)
* H. Conzelmann, Geschichte des Urchristentums (1971[2])
W. Bousset-H. Greßmann-E. Lohse, Die Religion des Judentums im späthellenistischen Zeitalter (1966[4])
B. Reicke, Neutestamentliche Zeitgeschichte (1968[2])
Umwelt des Urchristentums I—III (1967—1970[2])

* E. Lohse, Umwelt des Neuen Testaments (1971)
M. Hengel, Die Zeloten (1961)

VI. KOMMENTARREIHEN

Kritisch-exegetischer Kommentar über das Neue Testament (MeyerK)
Handbuch zum Neuen Testament (HNT)
Herders Theologischer Kommentar zum Neuen Testament (HThK)
* Das Neue Testament Deutsch
* Regensburger Neues Testament

VII. KANON

H. v. Campenhausen, Die Entstehung der christlichen Bibel (1968)
E. Käsemann (Hg.), Das Neue Testament als Kanon (1970)

ZUM I. TEIL

Jesu Botschaft

* R. Bultmann, Jesus (1964) (Siebenstern)
* G. Bornkamm, Jesus von Nazareth (1971[9])
* H. Braun, Jesus. Der Mann aus Nazareth und seine Zeit (1969[2])
* E. Schweizer, Jesus Christus im vielfältigen Zeugnis des Neuen Testaments (1968)
J. Jeremias, Neutestamentliche Theologie I: Die Verkündigung Jesu (1971)
G. Klein, »Reich Gottes« als biblischer Zentralbegriff. In: Evangelische Theologie 30 (1970) 642—670

ZUM II. TEIL

Das Evangelium und die Evangelien

Der historische Jesus und der kerygmatische Christus (1961[2])
J. M. Robinson, Kerygma und historischer Jesus (1967[2])

ZUM III. TEIL

Die synoptischen Evangelien

A. *Die Quellen*
* G. Bornkamm, Art. Evangelien, formgeschichtlich und synoptische. In: RGG[3] II (1958), 749—769

B. *Die älteste Jesusüberlieferung*
M. Dibelius, Die Formgeschichte des Evangeliums (1971[6])
R. Bultmann, Die Geschichte der synoptischen Tradition (1970[8])
* R. Bultmann, Die Erforschung der synoptischen Evangelien (1966[5])

C. *Typen der Christusbotschaft*
H. Köster-J. M. Robinson, Entwicklungslinien durch die Welt des frühen Christentums (1971)
R. Pesch, Jesu ureigene Taten? (1970)
Die Bedeutung des Todes Jesu (1968[3])
Die Bedeutung der Auferstehungsbotschaft für den Glauben an Jesus Christus (1968[7])
U. Wilckens, Auferstehung (1970)

D. *Markus — Matthäus — Lukas*
* S. Schulz, Die Stunde der Botschaft (1970[2])
a) Markus
W. Wrede, Das Messiasgeheimnis in den Evangelien (1969[4])
W. Marxsen, Der Evangelist Markus (1959[2])
M. Horstmann, Studien zur markinischen Christologie (1969)
K. Kertelge, Die Wunder Jesu im Markusevangelium (1970)
b) Matthäus
G. Bornkamm-G. Barth-H. J. Held, Überlieferung und Auslegung im Matthäusevangelium (1970[6])
G. Strecker, Der Weg der Gerechtigkeit (1971[3])

R. Hummel, Die Auseinandersetzung zwischen Kirche und Judentum im Matthäusevangelium (1966²)
W. Trilling, Das wahre Israel
(1964³)
c) Lukas
H. Conzelmann, Die Mitte der Zeit
(1964⁵)
Anhang: Apostelgeschichte
M. Dibelius, Aufsätze zur Apostelgeschichte (1968⁵)
C. Burchard, Der dreizehnte Zeuge
(1970)
Grundlegend ferner die Kommentare von E. Haenchen (MeyerK III;
1968⁶) und H. Conzelmann (HNT
7; 1963; Neuaufl. mit Nachträgen
im Druck)

ZUM IV. TEIL

Das Evangelium in der Botschaft des Paulus

* M. Dibelius-W. G. Kümmel, Paulus (1970⁴)
* G. Bornkamm, Paulus (1970²)
B. Rigaux, Paulus und seine Briefe
(1964)
K. H. Rengstorf (Hg.), Das Paulus-
bild in der neueren Forschung
(1964)
E. Käsemann, Paulinische Perspektiven (1969)
D. Georgi, Die Gegner des Paulus
im 2. Korintherbrief (1964)

D. Georgi, Die Geschichte der Kollekte des Paulus für Jerusalem
(1965)
Zur Gnosis s. o. Lohse, Umwelt

ZUM V. TEIL

Christusbotschaft und Glaube in den späten Schriften des Neuen Testaments

Zum Hebräerbrief
E. Gräßer, Der Glaube im Hebrä-
erbrief (1965)
Zum Johannesevangelium
E. Käsemann, Jesu letzter Wille
nach Johannes 17 (1971³)
W. Thüsing, Die Erhöhung und
Verherrlichung Jesu im Johannes-
evangelium (1970²)
Grundlegend die Kommentare von
R. Bultmann (MeyerK II; 1968¹⁰)
und R. Schnackenburg (HThK IV/
1; 1967²). Vgl. ferner Schulz, Bot-
schaft (s. o.)

Genauere Ausführungen zu Einzel-
themen dieses Buches in G. Born-
kamm, Gesammelte Aufsätze I-IV:
  I. Das Ende des Gesetzes. Pau-
     lusstudien (1966⁵)
 II. Studien zu Antike und Urchri-
     stentum (1970³)
III. Geschichte und Glaube. Erster
     Teil (1968)
IV. Geschichte und Glaube. Zweiter
    Teil (1971)

NAMEN- UND SACHREGISTER

341

BIBELSTELLENREGISTER

347

EDUARD LOHSE
DIE URKUNDE DER CHRISTEN

Was steht im Neuen Testament?

190 Seiten, davon 32 Seiten Fotos, gebunden mit farbigem Überzug

„Diese Einführung zeichnet sich durch verständliche Sprache aus. Sie setzt beim Leser Interesse, jedenfalls Neugier, aber keinesfalls ein breites Wissen voraus. Darum werden immer wieder biblische Geschichten kommentierend erzählt. Lohse versagt sich einer verflachenden Aufbereitung der Fakten; er mutet dem Leser also ein gutes Maß an Arbeitsbereitschaft zu. Er lenkt den Blick auf die Umwelt des Neuen Testamentes, weil dadurch das Verstehen gefördert wird. Stichworte und Rückverweise in der Randspalte, das sorgfältig ausgewählte Bildmaterial und die jedem Kapitel hinzugefügten Literaturangaben, weisen dies Werk als ein verläßliches Arbeitsbuch aus. Es setzt ein beim Zentrum des Neuen Testamentes, der Gestalt und der Verkündigung Jesu, berichtet vom Entstehen der christlichen Kirche und gibt schließlich auf knappem Raum Einblick in die Entstehung und Eigenart der biblischen Schriften."

Deutsches Allgemeines Sonntagsblatt

HANS GREWEL
CHRISTENTUM — WAS IST DAS?

Ein Elementarbuch

263 Seiten, kartoniert mit vierfarbigem Umschlag

Grundfragen und Grundlagen des christlichen Glaubens werden in diesem Elementarbuch für jeden verständlich gemacht, der unvoreingenommen aber interessiert nach dem Wesen des Christentums fragt. Es ist jedoch mehr beabsichtigt als trockene Informationsvermittlung: Hans Grewel nimmt den Leser mit auf einen Weg des Durchdenkens und Verstehens der Kernstücke christlicher Verkündigung. Ausgangspunkt ist dabei jeweils die lebendige Erfahrung des Menschen von heute. Ziel des Buches ist eine sachgemäße Einführung in das theologische Gespräch, Vollständigkeit im Sinne einer abgeschlossenen Dogmatik wird jedoch nicht erstrebt.

KREUZ VERLAG STUTTGART · BERLIN

BIBLIOTHEK THEMEN DER THEOLOGIE

Herausgegeben von Hans Jürgen Schultz
Jeder Band ca. 175 S., Ppbd. mit Schutzumschlag

KREUZ VERLAG STUTTGART · BERLIN